Yale University Press
Little Histories

若い読者のための
宗教史

リチャード・ホロウェイ
Richard Holloway
上杉隼人／片桐恵里＝訳

すばる舎

挿絵／ゲイリー・ブロック（Gary Bullock）
装幀／遠藤陽一（デザインワークショップジン）

ニックとアリスへ
愛をこめて

若い読者のための宗教史＊もくじ

◉本文中に、現在の観点からすると一部差別的、侮蔑的な表現が使われていますが、本書が論じている時代には今のような表現がなかったこともあり、そうした観点から読者の皆様に混乱を与えないように訳者が腐心した結果であることをご理解いただけますよう、お願い申し上げます。

◉日本人の読者の理解の助けになると思われる情報は、適宜訳注として付け足しました。

Chapter 1 誰かいるのか？

　宗教とは何か？　どこから生まれて来たのか？　宗教は人間の頭のなかから生まれた。わたしたちが生み出したものだ。地球上のほかの動物は宗教を必要としているようには見えない。そしてわたしたちが知る限り、人間以外の動物はどのような形の宗教も生み出してはいない。なぜなら、動物たちは人間以上に生きることがすべてだからだ。動物は本能的に行動する。常に考えながら行動するのではなく、ただ生きようとするだけだ。人間という動物はその能力を失ってしまった。わたしたちは脳の発達によって自意識をもつに至った。人間は自分たちについて興味をもつ。物事について不思議に思わずにいられない。考えずにいられないのだ。

　わたしたちが考えるいちばん大きなものは何かと言えば、宇宙の存在そのものであり、どこから宇宙が生じたのかという疑問だ。宇宙を造った人がどこかに存在するのか？　その人、あるいはその存在をわたしたちは簡潔に「神」（ギリシャ語ではtheos）と呼ぶ。神がいると信じる者は「有神論者」と呼ばれる。神などいない、宇宙にいるのはわたしたちだけだと考える者は「無神論者」とされる。神についての研究、神が人間に何を求めているかの研究は「神学」と呼ばれる。もうひとつ、わたしたちが問わずにいられないのは、死んだらどうなるのかという大きな疑問だ。死ねばすべて終わりか、それとも何かほかのものが待っているのか？　もし何かほかのものがあるとすれば、一体どのようなものか？

こうした疑問に答えようとする最初の試みが、宗教と呼ばれるものだった。最初の質問への答えは簡単だった。宇宙は宇宙を超える力、時に神と呼ばれる力によって創造されたのであり、神は自ら造り出した世界への興味を失わず、今なおお力をおよぼしつづけているというのが答えだ。神と呼ばれる力ある存在がどのようなものか、人間に何を求めているか、宗教によって説は異なる。だが、神と呼ばれる力が何らかの形で存在する、宇宙にいるのがわたしたちだけではないとどの宗教でも説いている。わたしたちを超えたところにほかの現実が、ほかの次元が存在するという。ほかの現実やほかの次元はわたしたちの五感で直接感じられる自然界の外にあるので、「超自然」と呼ばれる。

宗教でもっとも大切なのが、この世界を超えた現実があると信じること、つまりわたしたちが神と呼ぶ存在を信じることだとすれば、その信念は一体いつ、どのようなきっかけで生まれたのか？　大昔から、というのがその答えだ。事実、いまだかつて人間が超自然界の存在を信じなかった時代はないようだ。そして信じるようになったきっかけは、わたしたちの死後に何が起こるかを考えたことだったのかもしれない。あらゆる動物は死ぬが、人間はほかの動物と違って、倒れた死者をそのまま放置して腐らせるようなことはしない。痕跡をさかのぼれる限りずっと昔から、わたしたちは死者を弔ってきたようだ。どのような弔いが行われたかを知れば、人類初期の信仰の姿が見えてくる。

もちろん、ほかの動物が仲間や伴侶を亡くしても悲しまないというわけではなく、悲しむ動物の例はたくさんある。スコットランドのエディンバラには、忠犬グレーフライアーズ・ボビーの有名な銅像が立っている。この像は大切な誰かを失って嘆き悲しむ動物がいることを証明している。忠犬ボビーは、1858年に主人のジョン・グレイが亡くなってグレーフライアーズ教会に葬られると、1872年に死ぬまでの14年間、主人の墓に寄り添いつづけた。ボビーが友の死を悲しんだことに疑いはないが、きちんとした葬儀を営んでジョン・グレイを葬ったのは人間の家族だった。故人を埋葬するというグレイ家の人々の行動は、もっとも人間的な行為のひとつだ。では、どうして人間は亡くなった人たちを埋葬するようになったのだろうか？

死者についてもっとも明らかな特徴は、生きている体に起こっていたことが止まることだ。死者はもはや息をしなくなるのだ。だから、呼吸するという行為と、何か体のなかにあっても肉体とは別のものが命を与えているという考え方とが結びつくのは自然なことだった。その何かをギリシャ語ではpsyche（魂）、ラテン語ではspiritus（精神）という。どちらも「呼吸する」あるいは「息を吐く」を意味する動詞から派生した言葉だ。肉体を生かし、呼吸させているのは精神や魂だという考え方だ。魂はしばらく体に宿り、肉体が死ぬと離れていくのだ。では、どこへ行くのか？　ひとつの考え方によれば、超越した世界に、精神の世界に、地上のわたしたちが住む世界の裏側に戻るという。

この考え方を裏づけるものが、人類初期の埋葬儀礼から見つかっている。ただし、はるか昔の祖先たちが残してくれたのは、彼らが考えていた可能性のあることを無言で伝える痕跡だけだ。文字がまだ発明されていなかったので、祖先の思想や信念は、わたしたちが今日読める形では残っていない。だが、一体何を考えていたのかという手がかりは残してくれた。まずはその手がかりを検証することからはじめよう。そのためには紀元前（ＢＣＥ）数千年までさかのぼらなくてはならないが、その前にこのＢＣＥという言葉について説明しておく必要がある。

過去に起こった出来事を説明するに当たって、世界共通の暦や日付のつけ方を決めておくことは合理的だ。わたしたちが今使っているのは、キリスト教が西暦６世紀に考案したもので、その事実だけでも宗教がわたしたちの歴史においていかに強い影響力をもちつづけてきたかがわかる。千数百年間、カトリック教会（キリスト教）は地球上で最大の力を備えた組織のひとつだった。強大な権力があったからこそ、今でも使用される暦を決められたのだ。彼らの暦で軸となる重要な出来事は、創始者イエス・キリストの生誕だ。そこで、キリスト[※1]が生まれた年が西暦１年と定められた。生誕より前の年は紀元前（ＢＣ）、つまり「キリスト以前」（Before Christ）、生誕以後の年はキリスト紀元後（ＡＤ）、つまり「わが主の年」（Anno Domini）と定め

※1　ただし、現在イエスの生年は紀元前４年頃と推定されている。

られた。

今の時代になり、ＢＣとＡＤの代わりに、ＢＣＥとＣＥが使用されるようになった。このＢＣＥとＣＥは、キリスト教徒か非キリスト教徒かによって解釈が異なる。つまり、キリスト教徒はＢＣＥをBefore the Christian Era（キリスト紀元前）、ＣＥをChristian Era（キリスト紀元）とし、非キリスト教徒はＢＣＥをBefore the Common Era（共通紀元前）、ＣＥをCommon Era（共通紀元）とする。ＢＣＥとＣＥをどちらの意味とするかは自由に選ぶことができる。本書では、キリスト紀元前あるいは共通紀元前に起こった出来事を示す場合は「紀元前」（ＢＣＥ）を使うことにする。ただし、説明を複雑にしないために「紀元」（ＣＥ）はなるべく使わず、必要があるときだけにする。したがって、西暦の数字だけが出てくるときは、キリスト紀元あるいは共通紀元において起こった出来事と考えてほしい。

さて、紀元前13万年頃からわたしたちの祖先がある種の宗教的な信念をもって死者を埋葬していたことを示す証拠が見つかっている。墓のなかから食べ物、各種道具、そして装飾品の数々が出てきているのだ。こうした品々によって、死者は何らかの死後の世界へと旅立ち、その道中の準備をする必要があると彼らが信じていたことがうかがえる。ほかにも死者の体に赤黄色土を塗るという習慣があり、継続する生命を象徴していたようだ。この習慣が見つかったのはイスラエルのカフゼー洞窟遺跡にある世界最古の墓のひとつで、紀元前10万年のものとされる母子の人骨に施されていた。そこから世界を半周移動したオーストラリアのマンゴ湖でも同様のものが見つかっている。[※2]マンゴ湖で発見された紀元前４万２０００年のものとされる人骨化石にも、赤黄色土が塗られていた形跡があるのだ。死者に色を付ける行為は、人間がもっとも高度な思考のひとつである象徴的思考ができるようになったことを示している。宗教において象徴的思考はさまざまな形で見られるので説明しておこう。

ギリシャ語から入ってきた多くの便利な言葉のなかに、「シンボル」（象徴）という言葉がある。シンボルとは元々、割れてしまった皿の破片を接着剤でくっつけるように、バラバラになってしまったものをひとつに合わせるという意味だ。その意味から、何か別のものを象徴したり表したりするものという意味になった。何かをひとつにまとめるという元の意味も生きてはいるが、陶器をひとつに接着する以上の複雑な意味ももつようになったのだ。よい例として、国旗がある。たとえば星条旗を見れば、アメリカ合衆国が頭に浮かぶ。星条旗はアメリカのシンボルであり、アメリカを象徴する。

シンボルは言葉で表現するより深く忠誠心を示すことができるので、神聖なものとされる。だからこそ、人はシンボルが汚されるのを受け入れられない。ただの古い布を燃やすのは構わなくても、燃やされた布があなたの国を象徴するものならば、怒りを覚えるだろう。シンボルが宗教的で、ある共同体にとって神聖なものならば、より強い力をもつ。シンボルを侮辱するようなことをすれば、殺されるほどの怒りを買うことになるだろう。本書ではこのシンボル（象徴）について何度も繰り返し言及するので、シンボルに関する考

※2　定説ではマンゴ湖の化石は紀元前４万年〜３万８０００年のものと推定されている。

え方をしっかり心に留めておきたい。つまり何かひとつのもの、たとえば赤黄色土が、まったく別の事柄、たとえば死者が別の場所で新しい命を得るという信念を象徴すると考えるのだ。

象徴的な考え方の例をもうひとつあげると、墓、特に有力な重要人物の眠る場所を示すのに象徴的方法が見られる。有力者の埋葬場所の多くは、巨石の下や、巨石を工夫して組み合わせた石室のなかだ。巨石の石室はドルメン（支石墓）と呼ばれ、複数個の自然石を立てた上に大きな平石を載せたものだ。死者に捧げられた記念碑として人類史上もっとも感動的なものは、エジプトのギザにあるピラミッドだろう。ピラミッドは墓所であるだけでなく、そこに眠る高貴な人物たちの魂を不死の世界に向けて打ち上げる発射台と考えられていたのかもしれない。

やがて埋葬の儀式はさらに手の込んだものになっていっただけでなく、地域によってはひどく残酷なものにもなった。あの世で故人を慰め、故人の地位を維持するために、妻や従者たちが生贄《いけにえ》に捧げられることもあったのだ。宗教にはそもそもの始めから、一人ひとりの命をほとんど考慮しない無慈悲な一面があったことを指摘しておく必要があるだろう。

以上の手がかりをうまく読み解けば、わたしたちの祖先は死を、存在の別の局面への入口と見ており、別の局面とはこの世界の変形だと想像していたことがわかる。彼らはこの世界を超えた世界があると信じ、死がふたつの世界をつなぐドアだと考えていた。

こうして見てくると、宗教的信念はまるで霊感に頼った当てずっぽうの積み重ねのように思える。わたしたちの祖先は、世界はどこから生まれたのかと自問し、それはどこか高みにある超越的な力によって創造されたにちがいないと考えた。彼らは呼吸を止めた死体を見て、体のなかにいた魂が抜け出してどこか別の場所に向かったのだと判断した。

ところが宗教史における重要人物の集団は、この世を超えた世界の存在や、肉体を離れた魂が向かう先について、当て推量をしたとは言わない。自分は向こうの世界を訪ねたことがある、または向こうから会いに来たと言うのだ。わたしたちに何が求められているのかを聞いたと言い、自分が何を見て何を聞いたか、人々に伝えるよう命じられたのだと言う。だから自分が受けたメッセージを皆の前で話す。彼らの言葉を信じた人々が信者となり、彼らの教えにしたがった生活をはじめる。こうしたメッセージを伝える人たちが預言者や聖者と呼ばれる。そして彼らから新しい宗教が生まれる。

さらにまた別のことが起こる。預言者や聖者が伝える物語を信者が記憶するのだ。最初は口伝えだが、やがて紙に書き留められる。そしてわたしたちが聖書や聖典と呼ぶものになっていく。バイブル、唯一絶対の書の登場だ！　書き留められたものがその宗教でいちばん力のあるシンボルとなる。そのシンボルは当然、本の形で存在する。人の手で書かれたものだ。本の由緒をたどることができる。しかし、その本に書かれた言葉こそが、向こうの世界からのメッセージをわたしたちの世界にもたらすのだ。その本が永遠の世界と現在の世界をつなぐ橋となる。人間と神の橋渡しをする。だからこそ畏怖をもって読まれ、熱心に研究される。だからこそその本が愚弄されたり破壊されたりするのを信者は許さない。

宗教の歴史とは、こうした預言者や聖者、彼らがはじめた運動、彼らについて書かれた聖典に関する物語だ。だが、歴史にはおびただしい論争と異論も存在する。懐疑論者は預言者のなかに架空の人物が混じっているのではないかと疑う。彼らが見たり聞いたりしたという事柄を疑う。その姿勢は確かに正当ではあるが、疑っていては本筋から逸れてしまう。預言者たちは語られた「物語」のなかに存在し、その物語が今日も多くの人々にとって意味あるものになっているのは間違いないのだから。

本書では、さまざまな宗教が自らについて語る話を、本当にそんなことが起こったのかと常に問うようなことはせずに読み進めることにしよう。だが、この疑問を完全に無視するのも正しい態度ではない。だから次章では、預言者や聖者が神からの啓示を目にし、声を聞いたとき、一体何が起こっていたのかを考えてみたい。その預言者のひとりはモーセという人物だ。

Chapter 2 それぞれのドア

紀元前1300年のある朝、あなたはエジプトのシナイ砂漠にいるとしよう。棘《とげ》のある藪《やぶ》の前に、髭をはやした裸足の男がひざまずいているのが見える。男は藪に向かってじっと耳を傾けている。そしてその藪に話しかける。ふたたび耳を傾ける。最後に立ち上がり、何かやるべきことがあるという足取りで去っていく。男の名前はモーセという、宗教史上もっとも有名な預言者のひとりで、ユダヤ教の始祖だ。その後いつの日かこの男について書かれる物語によれば、この日、燃える藪のなかから神が彼に話しかけ、エジプトの奴隷たち（イスラエル人）を解放し、パレスチナの約束の地に連れて行けと命じたのだ。

傍から見るあなたにすれば、藪は燃え尽きることのない炎によって燃えているようには思えない。赤々とした実が輝いているだけだ。モーセがどれほど注意深く耳をすませているかはわかるが、はたして彼が何を言われているのかは聞こえない。それでも彼の答えは聞こえる。だが、特にその状況に驚くことはない。あなたの妹は楽しそうに人形と会話をしているではないか。幼いいとこは想像上の友だちに話しかけているが、いとこにすればその友だちは自分の両親と同じくらい本物だ。精神を病んだ人が姿の見えない人に真剣に語っているのを目にすることもあるだろう。だから、ほかの誰にも聞こえない声が聞こえる人もいるという考えは受け入れられるはずだ。

だが、ここでいったんモーセから目を逸らし、彼に話しかけていた姿の見えないものについて考えてみよう。目には見えない現実が時空を超えて存在し、人間に直接話しかけることができるという考えに集中してみよう。この考え方をしっかりつかめれば、宗教の中心思想を理解できたも同然だ。宇宙には人間の五感でとらえられるものを超えた力が存在し、「その力を知らされた特別な者たちが、知らされたメッセージをほかの者たちに広める」。当面、この考えに対し、賛成も反対もしない。ただ、この考え方を心に留めよう。「わたしたちが神と呼ぶ目に見えない力が存在し、その神との接触がずっとつづいてきたのだ！」これが神についての主張だ。本書で宗教史をたどれば、この主張についてあらゆる宗教がそれぞれ異なる解釈をしていることがうかがえるし、何を伝えようとしてきたかもわかる。だが、ほとんどの宗教は神が存在するのを当然と考えている。そして自分たちの信仰の形こそが、神の存在への最高の応じ方だと考えているのだ。

では、ふたたびモーセのところに戻り、彼が砂漠でどのような遭遇を体験したのかを考えてみよう。あなたには藪は燃えているようには見えず、神の声も聞こえてこなかった。ならばどうしてモーセは炎の熱を感じ、自分に命じる声にじっと耳を傾け、命令にしたがったのか？　声を聞いたのはモーセの頭のなかだけで起こったことで、だからあなたには何が起こっているのかわからなかったのか？　あるいはモーセの意識はもうひとつの意識に触れていて、その意識はあなたには届かず、理解できないものなのか？　もし宗教がそれぞれの預言者や聖者たちの頭のなかの経験からはじまるものであり、あなたがその経験を単なる幻想だろうと切り捨てずに公平に耳を傾けようとするならば、ほかの人たちには見えない、聞こえない現実に通じている者たちがいる可能性について考えてみる必要がある。

ひとつ考えられるのは、わたしたちの頭がふたつの異なる階層で、たとえば地下室を備えたアパートの1階で、活動しているという説明だ。この階層の違いは夢で経験することになる。日中、意識は1階の室内で目覚め、予定通り規則正しく活動する。だが夜になって消灯して眠りに就くと、地下室のドアが開き、夢を見る頭のなかに、語られなかった願望や忘れ去られた恐怖の断片が散乱する。とりあえず目に見える以上のものがこの宇宙にあるかどうかという問題は置いておき、通常の目覚めた意識の存在を超えるものが自分には存在することが少なくとも認識できる。人間の頭のなかには、潜在意識と呼ばれる地下室があり、眠りに就くとそのドアが開いて、わたしたちが夢と呼ぶイメージや声がドアを通ってどっと押し寄せるのだ。

本書で紹介する宗教史に登場する人たちは、わたしたちが夢のなかでしか遭遇しないことを、目覚めていながら経験する。彼らは預言者や夢想家と呼ばれるが、創作家としてとらえられることもできるかもしれない。彼らは自分のもつイメージを絵画や小説にそそぎ込むのではなく、イメージを多くの人々へのメッセージに変えずにはいられない。そしてそのイメージを自分が見たこと、聞いたこととして信じてもらうように説得するのだ。モーセはこの神秘的行動で有名な人物だ。何かがどこからかモーセに接触し、その遭遇によってイスラエル人の歴史が永久に変わってしまったのだ。では、接触したのは何だったのか、どこから来たのか？　接触したものはモーセの内にあったか？　それとも外にあったか？　あるいは内にも外にも同時に存在したのか？

シナイ砂漠でモーセに何が起こったかを一例とし、意識と潜在意識のあいだのドアの比喩を理解の手がかりにしたアプローチで、宗教的体験に対する3つの異なる考え方を提案したい。

宗教的体験では、意識と潜在意識のあいだのドアが開く。つづいてドアを通って夢のようなものが出てくる。現れたものは外から来たと預言者たちは信じているが、実際は彼らの潜在意識から出てきたのだ。彼らの聞く声は現実だ。声が彼らに話しかける。だがその声はほかでもなく預言者自身の声で、彼らの頭のなかから出てきている。だからほかの人には聞こえない。

あるいは、預言者の宗教的体験では、ふたつのドアが開いているのかもしれない。預言者の潜在意識、つまり夢を見ている頭のなかは、さらに向こう側にある超自然界に通じているのかもしれない。向こう側にもうひとつの現実があるとしたら、あるいはわたしたちの意識を超えたひとつの意識があるとしたら、その現実や意識が、わたしたちと接触しようとする可能性がある。そのもうひとつの現実と出会うことこそ、預言者への啓示であり、その意識が彼らの意識に語りかける。そして、告げられたことを預言者が世界に向けて話すのだ。

ひとつのドアの理論とふたつのドアの理論のあいだに、中立的な立場もある。そう、人間の潜在意識にふたつのドアがあるのかもしれない。そして人間の潜在意識は向こう側にあるものとの真の出会いを経験してきたとする。だが、他者の心を理解する人間の能力は当てにならないとわかっている。だから、神の心に通じていると言う人の主張には注意しなければならない。人間の潜在意識のなかには確かにふたつのドアがあるとしても、向こうの世界につながるドアが少しでも開くことはあまりないようだ。したがって、預言者たちが何を見て何を聞いたと主張しても、そっくりそのまま受け入れることはできない。

こうしたドアの比喩を使って、砂漠にいるモーセに何が起こったかについて、さらにこの比喩が示唆する宗教への3つの異なるアプローチについて、もう一度考えてみよう。もしドアがひとつだけのアプローチをとるとすれば、モーセはある夢を見て、イスラエル人を奴隷としていたエジプトから解放する力と決意を得たことになる。エジプトからの解放についてはあとの章でもっと詳しく見るが、この経験は本物だった。実際に起こったのだから。だがすべては彼の潜在意識からもたらされた。宗教に対するこのアプローチによく似たものとして、わたしが子供の頃に好きだった古い映画館の話をしよう。当時の映画はセルロイドのリールに現像されていた。映画館の後ろの上部に張り出した小部屋があり、そこの映写機から前の壁に張られた銀幕に向けて映像が投影された。わたしたちは座っている場所から前方に映されるものを見ているが、映像は実際には後ろの映写機から出ていた。宗教についても、わたしたちの潜在意識にある不安や憧れを人生のスクリーンに映し出すものとする考え方がある。宗教は外部にあり、そこで独自の活動を行っているように思える。だが実は宗教は、わたしたちの想像力の深い場所から湧き上がっている。完全に人間の制作物だ。

ここで立ち止まってもう深入りしないこともできるし、今述べたようなことをほぼ受け入れて、つづいて、第2のドアがあるという考えに踏み込むこともできる。つまり、人間による宗教的体験は細部までそのまま、実は神がもたらした宗教的体験だと信じることも可能だ。モーセが聞いていた声が傍では聞こえなかったのは、神の心がそのとき直接モーセの心に語りかけていたからだ。わたしたちには見えないし、聞こえなくても、モーセにとってはもうひとつの現実との真の出会いだった。この出来事を完全には理解できなくても、結果についてはわかっている。

さらに第2のドアがあるという考えに対して、見方を変えてみることができる。人間は他者との日々の出会いを誤解しやすいとわかっているので、誰かが神と会うと聞けば用心し、その人たちを疑い、距離を置いて接する必要がある。つまり、宗教的主張には批判をもって臨むべきだし、それを相手の独自の価値観のまま受け入れるべきではない。

だから人は無信仰者にも、真の信仰者にも、批判的な信仰者にもなれる。今述べたようなことを考えてみれば、自分の立場が何年にもおよんで次々と変わってきたことがわかるもしれない。多くの人が同様な体験をしている。本書に記した各物語をどう解釈するのがいちばんいいか、判断はそれぞれにお任せしたい。本書の最後のページまで決めなくても構わない。あるいは解釈は決められないとする「不可知論」(agnosticism)――「わからない」を意味するギリシャ語が語源――の立場を取ることもできる。

ここまでは宗教全般について考えてきた。ここからは各宗教を個別に見ていくことにする。だが、まずはどのような順序で見ていくのがいいかという問題に注目しよう。科学や哲学の歴史と違って、宗教学に厳格な時系列を当てはめようとしてもうまくはいかない。異なる物事が異なる場所で同時に起こっていたのだから、ひとつの進展のみを連続して追うことはできない。時系列上も地理上もジグザグにたどることになるだろう。

ジグザグにたどることで明らかになるのは、人類が創生時からずっと問いつづけてきた大きな質問に対し、それぞれの宗教がいかに多様な答えを示してきたかということだ。「誰かそこにいるのか？　死んだらどうなるのか？」と同じ質問が繰り返されてきたのだとしても、答えは大きく異なっていた。だからこそ、宗教史は魅力的な学問なのだ。

ありがたいことに、わたしたちの旅には明白な出発点があるようだ。現存する宗教のなかで最古の、そしていろいろな意味でもっとも複雑なヒンドゥー教だ。それでは、まずインドからはじめよう。

Chapter 3 輪廻

　SFによく見られるテーマに、ヒーローが過去に戻り、人類史上、壊滅的な影響を与えたかつての出来事をその直前で変えるという筋書きがある。ある物語の冒頭で、線路を猛スピードで走る列車におそろしい爆破犯が乗っている。爆破犯は巨大なダムの前を通り過ぎる瞬間に列車を爆破して、下流の都市全域に大洪水を引き起こそうと狙っている。だが幸いなことに、政府の秘密機関が人を過去に送り込む方法をついに完成させた。その新装置を使い、列車が駅から出る前にひとりの工作員を忍び込ませ、2時間で爆破犯を発見して、爆破を止めようとする。そして工作員が間一髪任務をやり遂げて都市は救われる。こんなふうに過去に戻れたらいいのにと、わたしたちはよく願うものだ。人を傷つけて自分も不幸にするような言葉を直前で取り消したり、そんな衝動を抑え込んだりしたいと思う。だが、因果律（ある原因がある結果につながるという法則）が支配している以上、自分がしたことから決して逃れることはできない。

　因果律はヒンドゥー教では「カルマ」（業《ごう》）あるいは因果応報と呼ばれる。

だが、このカルマがおよぶ範囲は、現在生きている人生だけにとどまらない。ヒンドゥー教の教えによれば、人の魂あるいは精神は現在の人生に至るまでの過去において多くの生を過ごしてきている。そして今の人生を終えたのち、将来さらに別の生に何度も生まれ変わる。こうした生はすべて、各自がそのときまでにしてきたことによって決定されるのであり、直前の生で、さらにその前の生で、さらにまたその前の生でというように、はるか昔までさかのぼって行いが判断される。今の人生でどのような行いをするかによって、次回生まれ変わるときにどのような生を得るかの決定に影響がおよぶのだ。

インドの預言者や聖者たちが遠くを見つめて、人間が死んだあとどうなるかを考えていたところ、驚くべき答えが与えられた。人は死なない。まったく存在しなくなるわけでもなければ、まったく別の生の形になるわけでもない。そのどちらでもなく、各自のカルマによって決定された別の命を得てふたたび地上に戻るのだ。人間としてではないかもしれない。全存在が巨大な再生工場であり、そこで「死」という文字が刻まれたドアから運び込まれる命の質は、反対側の「再生」と刻まれたドアから運び出される命の状態に影響を与える。魂がここに運び込まれ、次の形、また次の形となって何度も地上に戻っていくことから、この工場の名前は「輪廻」(「流転」を意味する)という。良いことであれ、悪いことであれ、ある生でのあらゆる行いによって、次の命がどのような姿で生まれ変わるかの決定に影響がおよぶことになる。輪廻にとらえられているのは人間だけではない。この世界そのものが同じ死と再生の法則にしたがう。現在の存在のサイクルを終えると、休息の状態に入るが、時が熟せばふたたび新たな存在となる。このようにして存在の輪が何度も繰り返し回転をつづける。

だが、インドの預言者や聖者たちはカルマについて、魂を取り調べる超自然者が作り出した懲罰とは考えなかった。カルマは重力のように、人格をともなわない法則であり、たとえばドミノにひとつ触れればほかのドミノも次々と倒れていくように、あるものが別のものから生じるという因果関係の法則なのだ。魂は輪廻のなかを流転し、800万回も姿を変えるが、最後には「解脱」して、つまり存在から解き放たれ、海に落ちる雨粒のように永遠に姿が消えてなくなる。終わりなく回転をつづける存在の輪から脱し、救いを得ることがヒンドゥー教の最終目標だ。

この死後に起こることを表す専門的な言葉が「輪廻転生」だ。輪廻転生は世界中の多くの共同体で信じられてきたが、インドの宗教ほど熱烈に受け入れられたところはほかにない。輪廻転生を定義するためにわたしが使った言葉は、因果関係の法則「カルマ」(karma)と、「解脱」(moksha)を求める魂の「輪廻」(samsāra)だが、どの言葉もサンスクリットと呼ばれる古代の言語から来ている。サンスクリットは北部からの粗暴な侵入者たちによってインドにもたらされた。したがって、この侵入者がインドで勢力を増した紀元前2000年頃にヒンドゥー教がはじまったと考えられる。

インドのずっと北に、中央アジアのステップと呼ばれる細長い草原地帯がある。この荒れた大草原は馬を自在に乗りこなす遊牧民に理想的な地で、彼らは草を食《は》む家畜を見守りながら、最良の草原を常に探していた。理由は定かではないが、紀元前2000年の初めに、この民族がさらによい生活を求めてステップから移動しはじめた。その多くが南下してインドに侵入した。彼らは自分たちを、彼らの言葉で同国人を意味する「アーリヤ人」と呼んだ。好戦的な民族で、スピードが出る二輪の戦車を走らせる。そしてインド北西部のインダス川流域に波のように押し寄せてきた。

インダス川流域には洗練された文明がすでに存在していた。技術、建築、宗教の高度な体制も整っていた。そしてあらゆる発展した社会がもつ長所も短所も備えていた。その地に馬に乗って踏み込んだアーリヤ人は、自分たちが洗練さに欠けているところを、精力と勇猛さによって埋め合わせようとした。彼ら侵入者とこの地域の人々を区別するもうひとつの特徴は、アーリヤ人のほうが肌の色が薄いことだった。この肌の色の違いが何世紀ものちの現代にまで影を落とし、アーリヤ人という言葉そのものに、ある醜いイメージをもたらすことになる。だが、侵入者がインドにもたらしたのは薄い色の肌だけにとどまらなかった。彼らの神々も伝えられ、「ヴェーダ」とのちに呼ばれる驚くべき宗教文学の萌芽ももち込まれた。

ヴェーダが文書の形式になったのは、アーリヤ人がインドに定住し、地域の人々を支配しはじめた紀元前1200年から1000年までのあいだだ。ヴェーダは「聞くこと」という意味の「シュルティ」(天啓文学)として知られ、視覚と聴覚という、ふたつの別個だが関連のある感覚を介して理解されてきた。ヴェーダの内容は元々、存在の意味が天から明らかにされるのを待ち受けていた過去の聖者たちが耳にしたものだ。天の声は、最初に聞こうとした聖者たちに向けられた。そして彼らが聞いたことは何度も繰り返し語り継がれ、師から弟子へと同じように繰り返された。このようにしてヴェーダの内容が数世紀にわたって伝えられた。今でもヒンドゥー教の文献を理解する上で、声を上げて読むことが好ましい方法とされる。ヒンドゥー教の寺院には「聖書」や「クルアーン」（コーラン）に相当するものはないが、そこで行われる各儀式でこの聖典が声に出して読み上げられるのを耳にする。

ヴェーダとは「知識」を意味する。語源は英語の「機知」や「知恵」と同じだ。そして次の4種類がある。この『リグヴェーダ』（神々への賛歌を集録）、『ヤジュルヴェーダ』（祭詞を集録）、『サーマヴェーダ』（歌詠を集録）、『アタルヴァヴェーダ』（呪詞を集録）の4種類はそれぞれ、「サンヒター」（本集）、「ブラーフマナ」（ヴェーダ本文の説明と注釈）、「アーラニヤカ」（森林書）、「ウパニシャッド」（奥義書）から構成される。ヴェーダの各書について簡単に紹介しよう。『リグヴェーダ』の「サンヒター」が最古のヴェーダだ。ここには神々への千編を越える賛歌が集録されている。宗教において、神々をたたえることは「崇拝」と呼ばれる。言ってみれば、有力な支配者たちを喜ばせようと機嫌をとるようなもので、今ならばイギリス女王に「陛下」（ユア・マジェスティ）と呼びかけることや、謁見を許された者たちが丁重にお辞儀をすることが期待されるのとよく似ている。『リグヴェーダ』の例を示そう。

ヴィシュヴァ・カルマンは、すぐれて賢く、すぐれて強大、
創造者・排列者にして、また最高の示現なり

（辻直四郎訳『リグ・ヴェーダ讃歌』「ヴィシュヴァ・カルマン（造一切者）の歌」その2の2節、岩波文庫）

きっと思うだろう。ずいぶんおおげさなお世辞だ！　地上の君主たちは息苦しいほどのほめ言葉だけでなく贈り物も喜んで受け取るが、神々も同様だ。賛歌が神に寄せるご機嫌とりなら、供儀《くぎ》は賛歌に合わせた贈り物だ。このような贈り物は経験豊かな者が慎重に執り行う儀式で捧げる必要がある。ヒンドゥー教の伝統において、供儀を捧げるのはバラモン（ブラフミン）と呼ばれる僧侶であり、彼らが編纂したその儀式の手引書は「ブラーフマナ」と呼ばれる。

この種の規則書は多くの人には退屈だが、ある種の宗教心を備えた人には異常なほど興味深いものとなりうる。わたしがまだ若く、司祭になろうとしていた頃、キリスト教のさまざまな伝統の典礼や儀式の手引書に心が引きつけられた。超大型版の『ローマ典礼の儀式』もあれば、『諸式集《リチュアルノート》』と呼ばれる重みのないイギリス国教会版もあった。どちらの本も貪るようにして読み、清らかな香《こう》が濃く漂う大聖堂のなかにゆっくり進んでいく司教団を思い浮かべたものだ。2冊とも「ブラーフマナ」のキリスト教版にあたる。だが、正装して手の込んだ儀式を執り行うのを好むのは聖職者だけとは限らない。私的な集まりや学生の社交クラブも、それぞれ独自の秘密の伝統をもつものが多く、人間が象徴や儀式を必要とすることを想起させる。

もしわたしと同じく宗教の外側の儀式ではなく信仰の内容に興味があるなら、特に気を引かれるのは、進化していったヴェーダの最終段階だろう。最終段階が書かれているのは、およそ3世紀の年月をかけて紀元前300年頃に完成したという「ウパニシャッド」（奥義書）だ。「ウパニシャッド」（「師の近くに座る」を意味する）では、ヒンドゥー教の儀式や実践の側面から、その哲学的、神学的側面へと関心が移っている。本章の冒頭でカルマと輪廻の教義について紹介したが、この「ウパニシャッド」で初めてその教義に出会うことになる。

次章では、このようなヒンドゥー教特有の教えがどのように出現し、どのように教えられたかを見ていくことにする。だが、本章を終える前に、宗教のもうひとつ大きな問題に対してヒンドゥー教が出した答えに目を向けたい。死んだらどうなるかという問題にヒンドゥー教がどう答えたかについてはすでに見た。「ウパニシャッド」での答えは、注目に値する輪廻転生説だった。もうひとつ宗教が常に問うのは、宇宙の向こうの暗闇にもし何かがあるとすれば、それは何なのかという疑問だ。ヒンドゥー教以外の宗教ではたいていこれらの疑問に答えた預言者の名前を挙げ、その名前がその宗教の名称となる。だが、ヒンドゥー教の名前は違う。この宗教の名称となるような創始者はなく、霊感をもっていたと皆が振り返る人物も見当たらない。ヒンドゥー教ははるか昔のインドで、まったく無名の夢想家たちから生まれた。しかし、その創成期の夢想家たちの名前は伝わらなかったとしても、それぞれが語った言葉は残っている。

そして神々への賛歌を集録した『リグヴェーダ』で、向こう側に何があるのかという宗教的疑問に答えようとする。その答えを聞くために、北インドの満天の星の下でかがり火のそばにわたしたちも腰をおろし、名の知られていない聖者のひとりが時を突き抜けて、世界がはじまった瞬間とその向こうまで見透す様子を想像してみよう。この聖者は夜空をうっとり眺めながら、話すというより唱えているのだ。

そのとき無もなかりき、有もなかりき。空界もなかりき、その上の天もなかりき。

かの唯一物は、自力により風なく呼吸せり。これよりほかに何ものも存在せざりき。

神々はこの［世界の］創造より後なり。しからば誰か［創造の］いずこより起こりしかを知る者ぞ。

そは［誰によりて］実行せられたりや、あるいはまたしからざりしや、――

最高天にありてこの［世界を］監視する者のみ実にこれを知る。あるいは彼もまた知らず。


（辻直四郎訳『リグ・ヴェーダ讃歌』「宇宙開闢の歌」1～7節抜粋、岩波文庫）

わたしたちはこの人物の歌から驚くべきことを耳にする。「神々」について言及されるが、神々は「この世界の創造より後《あと》」のものだというのだ。つまり、神々も人間と同じように創られ、時の輪の回転に支配されている。人間と同じように生まれ変わるのだ。だが、この夢想家は変化するすべてのものの背後に、決して変わることのない何かがあるとほのめかす。その何かを「かの唯一のもの」と呼ぶのだ。まるで歴史もその創造物も一切が霧のようなもので、その霧が巨大な山を、その唯一のものをおおい隠し、ゆがめているかのようだ。では、その唯一のものとは何なのか？　その手足として働くのはどのような神々か？

Chapter
4
唯一から多数へ

ある日、あなたの好きな女性作家が町にやってきて作品について話すという知らせを聞く。早速この作家が話をする書店に行き、彼女の新刊の朗読に耳を傾けるが、その本にはずっと前からあなたがよく知っている登場人物たちの最新の冒険がいっぱい詰まっている。この人物たちはどこから来たのですか、とあなたは作家に尋ねる。彼らは現実の人間ですか？　どこかに実在しているのですか？　女性作家は笑って「わたしの想像のなかにいるだけよ」と言う。作家がすべて作り上げたのだ。登場人物全員が、彼女の頭のなかから生まれる。だから作家はこの人物たちを使って何でも好きなことができる。

その帰り道で、ひょっとして自分も現実の人間ではないのかもしれないと思うことはないだろうか？　自分も誰かの創作物で、誰かが空想して作り上げた物語の登場人物ではないか？　もしそう思うとすれば、それは1冊の本のなかのある登場人物が、自分は自由な意志で生活しているわけではない、単にある作家の想像の産物に過ぎないと認識するようなものだ。

このような考えが、啓示の力によって、インドの聖者たちの頭にひらめいたのだ。自分たちは現実の人間ではない！　究極の現実はたったひとつ、つまり、「ブラフマン」と呼ぶ普遍の魂（精神）だけであり、そのブラフマンが自らをさまざまな形で表現し、描写したものがわれわれだ。厳しい現実のなかに存在するように見える世界のすべてのものそれぞれが、実際はさまざまな姿形をとるブラフマンの一形態なのだ。「ウパニシャッド」に書かれているように、「すべての生きものの中に隠され……すべての生きものの内部にある自己、造化の監視者、すべての生きものに宿っているもの、目撃者、裁くもの、単独であるもの」（湯田豊訳『ウパニシャッド：翻訳および解説』「シュヴェーターシュヴァタラ・ウパニシャッド」6章11節、大東出版社）。すべてがブラフマンのなかに存在し、ブラフマンはすべてのもののなかにある！

「ウパニシャッド」のある逸話が、このブラフマンの正体に近いものを、よく知られる言葉で書き記している。ひとりの父がその息子に言う。「かの微粒子はといえば、この一切（全宇宙）は、それを本性とするものである。それは真実である……それは汝である。シュヴェータケートゥよ」（岩本裕編訳『原典訳　ウパニシャッド』「チャーンドーグヤ＝ウパニシャッド」6章8節、ちくま学芸文庫）。自分たちはそれぞれ個別の存在だと人間は思っているかもしれないが、その存在は幻想だ。誰もが、展開していくブラフマンの物語のなかに何度も現れる登場人物で、彼らが次の逸話で演じる役割の筋書きはカルマによって記されている。

そして自分の役割を記されているのは個人だけではない。社会がさまざまな階級やカーストによってどのように構成されるかも筋書きに書かれているのだ。人間の魂は生まれ変わるたびにいずれかの階級グループに属し、次の死や輪廻転生が訪れるまでその階級で生き抜かなければならない。各カーストと肌の色がはっきりつながっていることから考えると、本書ですでに述べたように、インダス川流域に自分たちの言語と宗教を持ち込んだアーリヤ人は肌の色が薄く、現地で出会った肌の色が濃い民族をおそらく見下していたのだろう。インドにはアーリヤ人の侵入以前にも、複数のカーストとなる何らかの階級制が存在していたようだが、アーリヤ人は階級制を「絶対的現実」が命じた制度だとして正当化した。そして階級制の起源を記した文献も存在していた。

　ブラフマンはこの世界を造るという任務を創造神「ブラフマー」にゆだねた。ブラフマン（Brahman）とブラフマー（Brahma）は名前がよく似ているので混同しやすい。ブラフマーは最初の男性マヌと、最初の女性シャタルパを創った。そしてこのふたりから人類が生まれた。だが、人間は平等には創られなかった。地位の高さによって分かれる4段階のカーストという階級がある。最上位の階級は「バラモン」（ブラフミン）で、司祭や学者が属する。2番目は「クシャトリヤ」で、王族、貴族、戦士の階級だ。その次は「ヴァイシャ」と呼ばれる商人や生産者など市民の階級だ。最下級には「シュードラ」と呼ばれる使用人や農民の階級があった。バラモンの肌の色は白く、クシャトリヤはやや赤く、ヴァイシャは黄色、シュードラは黒かった。そしてこの4つのカーストより下にも階級がひとつあった。その人々は便所から糞尿をくみ取るなどの汚い仕事をし、常に汚れた者として扱われた。触れると汚れる「不可触民」と呼ばれ、その影が落ちたものまで汚してしまうと見なされたのだ。カーストは厳格な階級体制だが、カルマと輪廻の信仰によって絶望が少しは軽減されていた。カルマに定められた生をめぐりながら、人々は今善い生き方をすれば次に命を授かったときに上の階級に生まれ変われるかもしれないという希望を常にもつことができたのだ。

しかし、カーストや階級制、そしてさまざまな生命の形が存在する世界だけが、ブラフマン自身によって表現される形式ではなかった。ブラフマンは神々を、しかも多数の神々を創り出したのだ。神々もまた同様に、「形のない唯一のもの」がさまざまな姿形をとったものと考えられた。だがこのようにして生まれた神々をどう考えるべきか、注意しなければならない。ヒンドゥー教は表面上、「多神教」だ。別の言い方をすれば、多くの神々を信仰していることになる。ところが、ヒンドゥー教の多くの神々が、実はすべてひとりの神がその姿や形をさまざまに変えたものだと信じられているので、正確には「一神教」と言えるかもしれない。とはいえ、「ひとりの神」という考えも完全に正しいとは言えない。ヒンドゥー教の信仰では、流転しながら生きる架空のすべての人々――「神々」もそこに含まれる――の背後には、唯一の「絶対的現実」が存在するという。「ウパニシャッド」ではこれを「かの唯一のもの」と表現した。参考までに専門的な言葉を紹介すると、この考えは「二元論」と呼ばれる。つまり「神はひとりだ」ではなく、「物事はひとつだ」となる。

これほど大きな考えは、すべての人がすんなりと受け止められるものではないので、「かの唯一のもの」のシンボルとなるような神々のイメージが作られ、人々にわかりやすく、傾倒しやすいものとして提供された。思い出してほしい。ひとつのシンボルはひとつの大きな考えを象徴し、そこにわたしたちを結びつける。ヒンドゥー教には選択可能な数多くの神々や数多くのイメージが存在し、存在するすべてのものの根源となる「唯一のもの」に崇拝者たちの思いを引きつけるように万事仕組まれているのだ。

ヒンドゥー教の神々がどのような姿をしているかを見たいなら、ヒンドゥー教の寺院のいずれかを目指せばよい。まずはもっとも近い寺院を探ってみよう。階段を上がり、張り出している入り口で靴を脱ぎ、裸足で寺院に入る。中央の拝堂をずっと奥に進み、さらに階段を上がると、そこに住まうひとりの神、または複数の神々の聖室がある。インドの大きな寺院には神々があふれそうなほど大勢いる。今訪ねた聖室には3人の神々しかおられないが、とても有名で重要な神々だ。

まず、3つの目と4本の腕をもつ踊る男の像がある。その頭からはインドのもっとも有名な川であるガンジス川が流れ出ている。次に、太鼓腹で、頭がゾウの大きな人間の像がある。だが、いちばん驚くのはこちらの絵に間違いない。どこまでも伸びそうな舌を突き出した女の絵だ。腕が4本あり、1本は鋭い剣を、1本は斬りおとされて血がしたたる生首をつかんでいる。

3つの目と4本の腕をもつ踊る像は、破壊神シヴァだ。頭がゾウの神はガネーシャで、シヴァとその妻である女神パールヴァティーの息子だ。そして4本の腕をもち、斬りおとした生首をつかんでいるのは、シヴァのまた別の妻であるカーリーだ。ガネーシャの頭がゾウなのは、ある日父シヴァが息子だとはわからずに、その首をはねてしまったせいだ。シヴァは間違いに気づくと、気の毒な息子に自分が今から最初に出会う生きものの頭を移植してやると約束し、最初に出会ったのがゾウだったという。つらい経験に耐えた者にふさわしく報われたガネーシャは、親しみやすい神として人気があり、身に降りかかる困難を乗り越えようとする信者たちに手を差し伸べる。

　カーリーの物語はそんな心温まるようなものではない。ヒンドゥー教の神々は何度も姿を変えるが、カーリーは偉大な母である女神の多くの姿のひとつだ。悪との一戦で、カーリーは破壊のスリルに強く取りつかれ、目の前に現れるものすべてを殺戮した。そんな妻を止めようと、シヴァが彼女の足元に身を投げ出した。シヴァの行動に驚いてカーリーは舌を突き出したという。カーリーとガネーシャは華やかな姿で注目されるが、シヴァはもっと重要だ。ヒンドゥー教の三大主神のなかでももっとも強力なイメージを備えている。三大主神のほかのふたりは、すでに紹介した創造神ブラフマー、そして維持神ヴィシュヌだ。

　このヒンドゥー教の三大主神の立場を把握するには、時の流れに関するふたつの異なる考え方を理解してほしい。西洋の考え方では、時は矢のように、的に向かってまっすぐに飛んでいく。まさにまっすぐ伸びる次のような直線のイメージだ。

一方、インドの思想では時は輪のように回転し、次のような円のイメージになる。

ちょうど人間がそれぞれのカルマによって再生のサイクルに次々と駆り立てられるように、宇宙も同様の法則に支配されている。今のサイクルが終われば、宇宙は無の深淵のなかに消えていき、「唯一のもの」がふたたび時の輪を回転させると、創造神ブラフマーがまた別の宇宙を造り出す。

ブラフマーは義務をはたすと、次に輪が回転するまで休息を取り、あとは維持神ヴィシュヌが引き継ぐ。ヴィシュヌは権威のシンボルである棍棒を右手につかんだ姿で通常描かれているが、まるで愛情に満ちた父のように世界を慈しみ、保護しようと奮闘する。ヴィシュヌはわたしたちを元気づけて、安心させてくれる神だが、少し退屈に思われるかもしれない。一方、シヴァは退屈どころではない。人間の好戦的一面を体現する破壊神だ。ブラフマーが創造し、ヴィシュヌが維持した世界を終結させるターミネーターだ。そのもっとも劇的な行動は「死の舞踏」であり、時間と世界を踏みつけて、次に輪が回転するまで忘却の彼方に押しやる。

敬虔なヒンドゥー教徒は神々のそれぞれのイメージを見つめ、そのイメージが何を象徴するか深く考えながら、時の巨大な輪の回転と、そのなかで延々とつづく自分たちの転生の繰り返しを思い起こす。この回り舞台において、自分たちは行ったり来たり、現れては消え、入っては出て、華々しいがうんざりする見世物を演じるのだ。何とかこの舞台を離れて身を引くことはできないのか？　輪廻転生を最終的に抜け出すことは可能なのか？

この時の回り舞台からの脱出を助ける魂の修行がいくつかあるが、本書でこうした修行の意味を説明するには、人間の属性を思い出す必要がある。人間の存在は実体を持たない、かりそめのものであるにもかかわらず、実体を持つという幻想にとらわれているのだ。救済がもたらすのは、人間をこの幻想から解き放ち、最終的に自我を消し去ることだ。事をわかりやすくするために、解放に近づける修行を、2種類の精神修行に分けてみよう。ここでは外的な方法と内的な方法に分けることができるだろう。何かに専心する方法と、何にも専心しない方法だ。

外的な方法にしたがうことは、神に対する愛の献身法としても知られるが、崇拝者たちは神の姿やイメージを利用しながら「形のない唯一のもの」と一体化しようとする。寺院に住まう神々に供え物を持参し、敬愛の念で接する。その儀式を通じて、自我から抜け出して「唯一のもの」につながろうとするのだ。つながることで一種の忘我がうながされ、幻想にとらわれていた人間の本性が徐々に解放される。だが進展は遅く、数えきれないほどの生を経験したのちに、ようやく限りなく続く転生の輪から抜け出せるのだ。

救済へ向かうもうひとつの道筋は、まったく反対の方法を取る。イメージを利用せずに、形のあるものを超えた何かに到達しようとする。瞑想することで、自我の幻想そのものをからっぽにしようと試みるのだ。静かに座り、体の痛みや心を駆けめぐる動揺を意識から追い出すように学ぶことで、自我の幻想を取り除き、「唯一の現実」との一体化を実現しようとする。だが、瞑想もただちに解決をもたらすわけではない。瞑想がもたらす一体化の感覚はすぐに霧散する。そしてからっぽの心はたちまちいつもの渇望や動揺でふたたびいっぱいになる。だからこそ、永遠の忘我および「唯一のもの」との一体化の境地を追い求めて、俗世への執着を一切断ち、遊行する乞食《こつじき》に身を落とし、完全な自己否定の生活を送る者が出てくる。絶対的真理である「唯一のもの」だけに没頭するために、この世に自分をつなぎ留める肉体の欲求を抑えようとするのだ。

ヒンドゥー教は確かに時の輪からの最終的な解放の約束を示すが、救済に至るまでに限りなく生が繰り返されるという考えには愕然とする。そこで紀元前500年頃、待望の解放をもっと早く手にできる方法はないかと考える者たちが現れた。その答えは、次章で紹介するように、宗教史上もっとも魅力的な天才宗教家のひとりによってもたらされる。彼の名前はガウタマ・シッダールタ王子。だが、釈迦《しゃか》または仏陀《ぶっだ》の名前で呼ばれることが多い。

Chapter 5 王子から仏陀へ

馬に乗ったアーリヤ人たちがインドになだれ込んできて、現在ヒンドゥー教と呼ばれる複雑で色彩豊かな宗教が進化をはじめてから１５００年後、終わることのない輪廻転生という教義について納得できずに暗い表情をした男がいた。男が自問していたのは、魂を輪廻の輪に鎖で縛りつけているのは一体何だろうというものだった。その問いに対する彼の答えから、新たな宗教活動が生じた。男は[※1]紀元前５８０年頃、インド北東のヒマラヤ山脈のふもとで生まれた。名はガウタマ（ゴータマ）・シッダールタ、そしてこの章は彼の物語だ。

シッダールタは王族や戦士が属するカーストの第2階級クシャトリヤの地位にあった。父シュッドーダナはシャーキャ（釈迦）族の国王で、50歳のときに王妃マーヤーとのあいだに息子シッダールタを授かった。シッダールタは信心深い子供で、ヒンドゥー教の聖典ヴェーダについてよく学んでいた。王子として恵まれた生活を送っていたが、教師たちからは、シッダールタもほかの皆と同様に多くの生をめぐる長い旅路にあるという教えを受けた。16歳でヤショーダラーと結婚し、息子ラーフラが生まれた。29歳まで、恵まれ、手厚く保護された生活を送り、必要なものはすべて召し使いの一団がととのえていた。だが、ほんの数日間の一連の出来事により、その生活は永遠に変わることになる。いわゆる四門出遊《しもんしゅつゆう》として知られる話だ。

1日目、※2シッダールタが猟から戻ると、ひとりのやせ衰えた男が地面に倒れて苦しがっていた。シッダールタはチャンナという従者に、あの男はどうしたのかと尋ねた。「病気なのです」とチャンナは答えた。「なぜ病気なのだ？」と王子は尋ねた。「王子様、人生とはそういうものです。誰もが病気になります」。シッダールタは何か考えている様子だったが、何も言わなかった。

次の日は、背中が弓のように曲がった年老いた男に出会った。頭を垂れ、両手は震えている。杖を2本突いているが、よぼよぼと足元がおぼつかない。「あの者も病気か？」と王子はチャンナに尋ねた。「違います」とチャンナは答えた。「老人です。年老いるとああなるのです」。シッダールタは何か考えている様子だったが、やはり何も言わなかった。

3日目には、葬列を目にした。ヒンドゥー教の慣習にしたがって火葬するために、死んだ男が運ばれていき、その男の未亡人と子供たちが泣きながらあとにつづいていた。シッダールタはチャンナにどうしたのかと尋ねた。「王子であろうと、乞食であろうと、死は誰にでも訪れます。「命ある者はすべてこうなります」とチャンナは答えた。「王子であろうと、乞食であろうと、死は誰にでも訪れます」。シッダールタはこのときも何も言わなかった。

シッダールタは病の痛み、老齢、そして死を目撃したのだった。「このすべての苦しみは何が原因か？」

と考えた。ヴェーダについてはよく学んでいたが、ヴェーダで語られていたのは、原因は因果関係の法則、つまりカルマにあるということだけだった。シッダールタが王宮のなかで腰をおろし、こうした謎についてあれこれ考えていると、近くの窓から歌声が聞こえてきた。だが、歌声を耳にしても悲しくなるだけだった。喜びは束の間のものだと気づいた。安らぎは与えられるが、死への歩みを遅らせることはできない。

4日目、シッダールタは同じくチャンナを連れて市場に向かった。買い物客とその求めに応じる商人に混じって、ぼろぼろの衣を身にまとい、食べ物を乞うひとりの出家者を目にした。年老いていて、明らかに貧しい様子だが、楽しそうで、穏やかそうに見える。「あれは何者か?」とシッダールタはチャンナに尋ねた。チャンナが言うには、所有する物も、物がもたらす心配事も、すべて捨てて出家した者のひとりだ。

シッダールタは深く思いをめぐらしながら王宮での快適な生活に戻った。その晩は眠れずに悩んでいたが、欲望が人間の苦しみの原因だと理解するに至った。男も女も自分の境遇に決して満足せず、心が安らぐことはない。自分にないものを渇望する。だが渇望したものが得られると、すぐに別のものがほしくなる。シッダールタは考えれば考えるほど、欲望に対する不快感が募った。欲望はこの世に生まれたすべての者を悩ます病であり、自分にないものをほしがる衝動から逃れることはできない。だが、シッダールタは欲望に

※1　生年は紀元前624年、566年、565年、563年、560年、544年、466年、465年、463年など諸説ある。

※2　四門出遊として一般に伝えられている話では、城門を出て最初の日に老人、次の日に病人に出会ったと言われている。

嫌悪を覚えつつも、欲望に苦しめられている人々への共感の思いで胸がいっぱいになっていた。そして人々を助けようと決意する。欲望の支配から逃れる方法を見つけてやれば、二度とこの痛みの世に生まれ変わることはなくなるだろう。転生の輪の回転から解放されるような悟りを求めるのだ。悟りが得られれば、見つけた道に人々を導けるはずだ。

シッダールタは決心して、床から起き上がった。寝ている妻と息子には声をかけずに別れを惜しんだのち、チャンナを呼び、愛馬カンタカが引く馬車に乗って夜の闇のなかへ出ていく。森の端にたどり着くと、シッダールタは馬車を降りて長い黒髪を短剣で切りおとした。黒髪をチャンナに手渡すと、王宮に戻ってこの切りおとした髪を証《あかし》とし、自分が新たな生活をはじめたことを伝えるようにと命じた。そして豪華な衣服を貧しい身なりに着替え、家なき遊行者のひとりとして歩き出した。こうしてシャーキャ族の王子ガウタマ・シッダールタは29歳にして乞食に転じた。彼の物語のこの瞬間は、「大いなる放棄」として知られる。

以来6年間、シッダールタは遊行をつづけ、欲望の苦しみを排除して悟りに至る最善の方法を探し求めた。出会った聖者たちにはふたつの道を教えられた。ひとつは、心および今なおうずく欲望を制する厳しい精神修行による方法だった。シッダールタは精神修行の諸法を会得し、役に立つものと理解した。だが依然として、求めていた最終的な解脱や悟りには至らなかった。そのため、瞑想家たちのもとを離れ、さらに旅をつづけると、過酷な苦行を実践する修行者の一団に出会った。肉体を強く拒絶すればするほど、心がきれいに澄んでくるとその修行者たちに教えられる。魂を自由にしたいのならば、体を飢えさせなければならない。シッダールタはこうして断食行をはじめたが、あやうく命を落とすところだった。当時のことを、彼はこう話す。

1日に果物をひとつ食べるだけの生活でやせ衰えていった……手足は枯れたつるの節のようになり……肋骨は荒れ果てた屋根の垂木《たるき》のように浮き上がり……腹を触ろうとすると、背骨をつかんでいた。

シッダールタは自問した。この肉体的自制の論理が確かに正しいなら、わたしは死の際まで達したのだから、すでに悟りを得てもいいはずだ。だが肉体はあまりに弱り、修行をつづけられずに気を失ってしまう。仲間の修行者たちには瀕死の状態と思われたが、どうにかもち直した。回復すると、シッダールタは修行者たちにある決心を伝えた。6年間厳しい瞑想と苦行に励んだものの、自分が求める悟りにはたどり着けなかった。だから断食や苦行はやめる。修行者たちはシッダールタの決意を聞いて悲しみ、離れていったが、シッダールタは独自の道を歩みつづける。

野生のイチジクの木（現在はインドボダイジュと呼ばれる）が茂るところに来ると、シッダールタはその下で体を休めながら決心した。この皮膚や神経や骨が腐ろうと、血が枯れようと、悟りを得るまでここにずっと座りつづけよう。それから7日後、欲望を消し去ろうと欲することこそ、欲望にほかならないと気づく！煩悩《ぼんのう》から逃れようと望むことこそ、悟りを開く障害になっていたと思い至ったのだ。この洞察の意味をさらに発展させながら、今や自分には煩悩は一切ないと感じた。「無知は滅せられ、知識が湧き上がる。暗闇が消え、明光がさす」という恍惚状態に至り、ただちに理解した。「再生することはもうない。わたしは最高の生を得ている。すべきことは終えた。今のわたしにすれば、今までのわたしはもはや存在しない」。シッダールタの前で輪廻と転生の輪の回転は止まった。この時点で、彼は仏陀、つまり悟りを開いた者となった（本書では以降、彼を仏陀と呼ぶことにする）。そして彼がこの境地に至った夜は「聖なる夜」として知られる。

次に仏陀は、苦行では悟りに至れないと告げてその期待を裏切ってしまった修行者たちを探した。彼らはインド北部のガンジス川沿いにあるヴァーラーナシー[※3]（ベナレス）の鹿野苑《ろくやおん》にいた。修行者たちは仏陀を脱落者と見ていたが、温かく迎えた。苦行を放棄して悟りに至る可能性をつぶしたとやんわりと非難する修行者たちに対する仏陀の返答は、「初転法輪」として知られる説法となる。この説法のなかで、仏陀は悟りを求めて出家して以来、ずっととりつかれていた疑問をふたたび問うことになった。人は欲望によって輪廻転生の輪につながれているが、この回転は一体何によって止められるのか？ この問いに対する仏陀の答えは、ふたつの極端なもののどちらでもない道を行くことで解脱できるというものだった。仏陀はこの道を「中道」と呼んだ。「修行者たちよ、ふたつの極端があるが、いずれも避けるべきだ。ひとつは快楽と愛欲の生活だ。これは品位を下げ……まったく無益だ。もうひとつは自分を苦しめる生活だ。これは痛みをともない……同じくまったく無益だ。このふたつの極端を避けて中道を行くことが悟りに至る道だ」。この中道を行く道しるべとなるのが、四諦《したい》（四聖諦《ししょうたい》）と呼ぶ次のような4つの聖なる真理だ。すべての生は苦に満ちている（苦諦《くたい》）。この苦の原因は煩悩と呼ぶ欲望だ（集諦《じったい》）。煩悩は滅することができる（滅諦《めったい》）。滅するための8つの道を八正道《はっしょうどう》と呼ぶ（道諦《どうたい》）。

仏陀は実践的な人であり、行動の人だった。実践的な人に見られるはっきりした特徴として、リスト作りが好きな点が挙げられる。やるべきことでも、覚えることでも、買い物でも、必要な項目を並べるのだ。仏陀の唱えた八正道も、苦しみの原因となる煩悩を滅するために必要な項目のリストであり、正見《しょうけん》、正思惟《しょうしゆい》、正語《しょうご》、正業《しょうごう》、正命《しょうみょう》、正精進《しょうしょうじん》、正念《しょうねん》、正定《しょうじょう》がその8つだ。正しい見解（正見）と正しい思考（正思惟）で中道を求め、中道を行くこと。つづいて決して人を中傷せず、粗暴な言葉を使わないこと（正語）。さらに重要なのは盗みや殺生や恥ずべき行為を犯さないこと（正業）と、他人に害をおよぼす仕事は避けること（正命）だ。

仏教は実践であり、信条ではない。何を信じるかではなく、何を行うかを説く。仏教を効果的に実践するカギは、落ち着かない煩悩の心を瞑想によって制御することだ。実践する者は静かに座り、自分の呼吸の様子を見つめ、ひとつの言葉や一輪の花についてじっと考えてみることで、意識の諸段階を通過し、煩悩を滅する寂静に至ることができる。仏陀が17世紀のフランスの瞑想家ブレーズ・パスカル（1623〜1662）

※3　ヴァーラーナシーは当時の小国の名前。現在は県名および都市名である。ワーラーナシー、バナーラス、バラナシのように表記されることもある。ベナレスは英植民地時代の地名。

の考えを知れば、共感したことだろう。パスカルは言った。「人間の悪事はすべてひとつの原因に、つまり部屋のなかでじっとしていられないことに由来する」

仏陀が唱えた中道の考えに納得し、修行者たちは弟子になり、僧と尼僧の仏教僧団であるサンガが誕生した。仏陀の教えでは信条を押しつけることはしないが、インドの宗教としてのふたつの前提、カルマと輪廻、つまり数多くの転生につながる因果応報がその土台となっていた。仏陀が転生の輪を止めるいちばん速やかな方法として説いたのは、僧となり、悟りに至る修行を実践することだった。だが、出家が無理ならば、次善の策として望ましいのは、次の世で僧や尼僧の黄土色の衣をまとえるようになる状況を期待し、この世で倫理にかなった生活を営むことだった。

ヴァーラーナシーの初転法輪から45年間、仏陀は布教の旅を続け、仏教僧団サンガの強化に努めた。そして死期が近づき、弟子たちに次のように伝える。自分が皆の前からいなくなることは問題ではない、なぜなら、自分の教えは残り、教えこそが重要だからだ。シャーキャ族の王子は仏陀となり、最後の旅でヴァーラーナシーの北東にある町に向かったが、体調を崩し、2本の木（サーラの木）のあいだに身を横たえて息を引き取った。80歳だった。ガウタマ・シッダールタが開祖となる仏教はアジアに、やがて世界中に広がったが、今日その誕生の地のインドで仏教はほとんど見られない。一方、仏教とは反対に、ジャイナ教は開宗の地から外に広がることはなかった。次章でこのジャイナ教について見てみよう。

Chapter 6 不殺生

仏教同様、ジャイナ教もヒンドゥー教が人類に対して投げかけた疑問に答える。わたしたちはカルマによって転生の輪に縛られており、そのために何度も転生を繰り返した上での最新の生が現在の姿だとすれば、一体どのようにして自らを解き放ち、ニルヴァーナ（涅槃《ねはん》）と呼ばれる状態に逃れられるのか？ニルヴァーナはサンスクリット語で、蠟燭《ろうそく》のように吹き消されることを意味する。魂がついに輪廻転生から解放されてたどり着く状態だ。このような解脱の方法について仏陀が出した答えは、両極端の「中道」を見つけるというものだった。一方、ジャイナ教は別の方向に向かった。考えられる限りもっとも厳しい道を、厳格な禁欲の道を選んだ。そして信者の究極の理想は、サンターラー（サッレーカナー）と呼ばれる死に至る断食を敢行することだった。

ジャイナ教は「打ち勝つ」を意味するサンスクリット語の動詞から来ている。ジャイナ教徒たちが悟りの境地に達して救済されるために、自らの本性と戦うことを指す。ジャイナ教の言い伝えによれば、勝利者という意味の「ジナ」が24人いて、彼らは己の欲望を完全に支配し、悟りを得たとされる。彼らは転生の川を超えて向こう岸へと魂を救済に導くことができるので、渡れるようにする者を意味する「ティールタンカラ」とも呼ばれる。この24人の最後のティールタンカラがジャイナ教の「開祖」だと一般に言われている。彼の名はヴァルダマーナ（栄える者）だが、マハーヴィーラ（偉大な勇者）という尊称で広く知られる。言い伝えによれば、[※1]紀元前599年頃、インド東部のガンジス川流域で生まれた。この川の流域は、のちに仏陀となるガウタマ・シッダールタの生誕の地域としても知られる。

マハーヴィーラと仏陀には、同じ地域に生まれ、同じ時代を生きたこと以外にも共通点がある。マハーヴィーラもまた一豪族の王子だった。苦とその原因について常に悩んでいた。悟りを求めて、王子の特権的な生活を捨てたのも同じだ。欲望が苦の原因だとした仏陀に賛同した。人々が不幸になるのは、自分が所有していないものをほしがるせいだ。だが渇望したものが手に入れば、たちまちまた別のものをほしがる。したがって、欲望が苦の原因であり、欲望を消し去ることで救われるという考えに至る。そしてマハーヴィーラが欲望を消し去るためにとった方法に、彼がどれだけ徹底的な人物だったかがあらわれている。彼の主張によれば、輪廻転生の輪からの解放は、悪を避け、善い行いをすることによってのみ成し遂げられるという。仏陀同様、マハーヴィーラもリスト作りを好み、自分の基本方法を次の五戒《ごかい》（五大誓戒《ごだいせいかい》）にまとめた。

1「生きものを傷つけない（不殺生《ふせっしょう》）」、2「他人のものを取らない（不盗《ふとう》）」、3「嘘をつかない（不妄語《ふもうご》）」、4「みだらな性的関係を結ばない、出家者は性的行為を一切行わない（不淫《ふいん》）」、5「何も所有したいと望まない（無所有《むしょゆう》）」の5つだ。

一見、この戒律には何も新しいものはないように思える。ほかの多くの宗教も同じような項目を挙げている。だが、ジャイナ教がほかとは違う点は、「生きものを傷つけない」というマハーヴィーラの最初の戒律を強く打ち出していることだ。このアヒンサー（不殺生、非暴力）と呼ばれる禁戒は、マハーヴィーラのもっとも重要な教えであり、絶対普遍のものとされた。アヒンサーを徹底して救済を求めることで、輪廻転生の輪に自分たちを縛るカルマを変えることができるのだ。

ジャイナ教の僧や尼僧は一切殺生はしない！　動物を食べるために殺すようなことはしない。狩猟も漁もしない。蚊に頬の血を吸われようが、ハチに首のあたりをさされようが、殺生することはない。クモなどの嫌いな昆虫を家のなかで見つけても、つぶすことはない。嫌いな昆虫を遠ざけたいなら、注意しながら捕らえ、傷つけていないと確認して、うやうやしく外に放つことになる。自分たちが歩く、まさにその地面の上には小さな生物がたくさんいるので、傷つけないように注意して歩を進める。足で強く踏んだときに何かを踏みつぶさないように、ジャイナ教徒はやわらかい羽根のほうきを作り、そのほうきで目の前の道をそっと掃きながら進むと言われる。虫を吸い込んで傷つけないために、布きれで口をおおう者もいる。あらゆる生命の形に対する敬意の念は野菜まで対象となる。野菜を大地から引き抜いて食べてはならない。野菜も生き

※1　生年は紀元前549年、539年、444年など諸説ある。

ており、人間と同様に重要な存在だ。

では、肉も魚も野菜も食べずに、どうやってジャイナ教徒は生きていくのか？　中には実際に生きるのをやめる者もいる。断食によって自死に至るサンターラーは、ジャイナ教徒の至上の理想だとされた。欲望を消し去り、魂は最終的にカルマから解放されるのだ。だが、ここでちょっとでも考えてみれば、自殺は広く一般的にも、ジャイナ教徒のあいだでさえも受け入れられるものではないとわかるだろう。どの宗教でも信者の熱心さの度合いはそれぞれ異なり、狂信的な真っ赤に燃える熱心さもあれば、ぬるま湯程度のものもある。ジャイナ教は歴史上もっとも熱い宗教のひとつだが、同時に信者間に温度差があった。ほとんどの者は餓死を選択することはなかった。それでも、彼らが実践したことは十分に極端だった。ジャイナ教徒も生きるために果物を食べたが、食べたのは地面に落ちたものだけだ。ジャイナ教徒は徹底した果食主義者だった。風によって落ちた果物だけを口にし、どのような形の生命も傷つけることなく生きていこうとした。

ジャイナ教にはどのような形の生命にも神聖なものが存在するという信念があったが、ほかに重荷となるような宗教理論はほとんどなかった。その教えに究極の神も創造主も存在しなかった。カーストの残酷な身分制度も受け入れなかった。一方、救済に至る道はジャイナ教の宇宙観の正確な地図をたどるものだった。ジャイナ教徒が信じる宇宙は、ふたつの巨大な球体が小さなウエスト（腰）でつながれた形をしていた。たとえて言えば、膨らんだ風船の真ん中をひねって結び、ふたつの部分に分けた形だ。ジャイナ教ではこの中央の結び目がわたしたちの世界であり、ここで魂は転生の輪に組み込まれている。食べすぎると体が重くなってうまく動きまわれないのと同じで、悪行によって魂が重くなり、その結果、転生の輪から降りるのがむずかしくなるとジャイナ教徒たちは信じていた。悪い人生を送った者は次の命ではひどい姿で生まれ変わる。ひょっとするとヘビやカエルとして。あるいはニンジンや玉ねぎとして。明らかに邪悪な人生を送った魂は重さがひどく増して、宇宙の最下層にある7つの地獄に落ちていき、そこで上界よりもさらに厳しい苦しみを受ける。

同じ法則により、自らの罪を清めようとする魂は、懸命に努力すればするほど軽くなる。非常に敬虔なジャイナ教徒はいわゆる極端な苦行を積んだ。この「苦行」(asceticism) はギリシャ語の「運動競技」(athletics) を語源とし、その意味は、厳しい訓練に励めば、競技場にいる誰よりもはるかに上回ることができるというものだ。「ジナ」(勝利者) はジャイナ教のなかでも有数の運動競技者であり、非常に厳しい修行を積むことで魂が浮きあがるほど軽くなり、どんどん高く天界の階層を昇ってついにいちばん上にまで到達するのだ。26段目の天界に達すればニルヴァーナに至り、苦行はすべて終わる。今や永遠に不動の至福の状態となった。ついに救いが訪れたのだ!

ジャイナ教のもうひとつ興味深い側面は、重さを減らそうとする修行を思想の領域に広げたことだ。悪い行いだけでなく、悪い考えも魂を重くする恐れがある。歴史が確かに示すように、宗教上の思想をはじめ、考え方をめぐる意見の不一致が、人間同士の暴力の主要な原因のひとつとなる。ジャイナ教徒は不殺生や非暴力の教義を、人々の体だけでなく、考えにも浸透させた。精神活動においても不殺生、非暴力を徹底したのだ。現実のすべての面を見ることは誰にもできないと認識して、人々が現実に対して、さまざまな形で見たり経験したりすることに敬意を表した。

ジャイナ教徒はこの敬意の教義を、アネーカーンタヴァーダ（相対論）と呼んだ。この相対論を説明するために彼らが伝えたのは「群盲がゾウをなでる」話だ。6人の盲人が1頭のゾウについて、体のそれぞれ別の部分に触れ、どのようなものかを表現することを求められる。足に触れた者は、ゾウは柱のようだと言った。尾に触った者はロープのようだと表現した。鼻に触った者は木の枝のようだと評した。耳をさぐった者は扇子のようだと言った。腹をなでまわした者は壁のようだと話した。牙に触れた者は堅い管のようだと言った。彼らの師はそれについて諭す。6人のゾウの描写はすべて正しい。だが一部を見ているだけで全体を見てはいない。この話の教訓は、人間は誰でも現実の認識に限界があるというものだ。すべてを見ることはできないかもしれないが、それでもひとつの角度だけからなら見ることができる。それでも構わない。自分はすべてが見えていると言い張って他者にも同様に見るように強要することさえしなければよいのだ。

ジャイナ教徒にとって人間の知識が限られることは、虚構がもたらす結果であり、その虚構の世界で魂は上昇できずに体内に束縛される。悟りを開いた者だけが完全な知識を得る。ジャイナ教のほかの面をどう判断するにせよ、精神的に謙虚となるよう奨励することはほかの宗教では見られない。どの宗教も自分たちは物事に関する決定的な言葉を得たと考えようとする。ジャイナ教のように、自分たちは皆、ゾウの体について言い争っている目の見えない物乞いだといった考えは拒絶するのだ。

マハーヴィーラはインド中を旅して、教えを説きつつ、弟子たちを引きつけていった。紀元前527年、72歳で断食による死を選ぶまでに、1万4000人の僧と3万6000人の尼僧をしたがえたと言われる。弟子たちはジャイナ教の競技者というべきたくましい者たちだった。生きているうちにニルヴァーナにたどり着けるぐらい魂を軽くしようと厳しい修行に励んだ。そしてすべての生あるものに対する非暴力と敬意を説いたマハーヴィーラの説法を集め、彼らの聖典アーガマにまとめた。

宗教はひとたび定着したあとに、異なる分派に分裂しがちで、自分たちこそ最初の預言者や師の教えを正しく受け継いでいるとそれぞれが主張する。ジャイナ教も例外ではない。だがふたつの分派に分かれたものの、違いはゆるやかで、ほほえましいと言える程度のものだった。分派のひとつは「ディガンバラ派」、あるいはそのサンスクリット語の意味から空衣派《くうえは》と呼ばれ、僧も尼僧も服を何も着てはいけないと主張する。※2 もうひとつは「シュヴェーターンバラ派」、あるいはその意味をとって白衣派《びゃくえは》と呼ばれ、僧たちは白い服をまとうことが許されている。

僧や尼僧だけでなく、インドにはジャイナ教の在家信者が今も大勢いる。僧や尼僧はこの宗教の厳しい実践者だが、在家信者は日常の社会生活が可能な範囲で質素な暮らしを営んでいる。彼らは一度の人生で努力して26番目の天界にたどり着くことは期待していない。だが今は、非暴力の穏やかな生活を実践することに

※2 空衣派では現在、女性は裸行ができないために出家は認められないとされている。

より、次の人生で僧や尼僧になれることを期待する。そしてそのまた次の人生で、いよいよニルヴァーナに至るのだ。

その教義の性質からジャイナ教が大衆的な宗教となることはないが、大きな影響力をもつ宗教となった。そして、興味深い特質を示している。その極端な修行はごく一部の者しか引きつけないかもしれないが、その教義は多くの人々の考えに影響をおよぼし、人々の態度を和らげる力をもつ。あらゆる生命の神聖さというジャイナ教徒の考えは、さまざまな形で菜食主義（ベジタリアン）の運動につながった。さらに不殺生や非暴力の教義は政治にも大きな影響をもたらした。影響を受けたインドの政治家マハトマ・ガンジーは、20世紀の前半にイギリスによる支配からの祖国の解放運動の指導者として活躍した。同じく影響を受けたアメリカのマーティン・ルーサー・キング牧師は、20世紀の後半にアフリカン・アメリカンの公民権運動を先導した。

そしてジャイナ教が提示しつづける真理は、欲望が多くの人間の苦しみの原因であり、欲望のコントロールを学ぶことによってのみ幸せや満足が得られるというものだ。服を着ない、断食により死に至るといった極端な実践者はわたしたちのまわりにほとんどいないが、それでもそうした実践者の考えを知れば、皆がもう少し簡素に生きてみようと思うようになるかもしれない。

本書の第2章で異なる宗教の出現を厳密に年代順に追うことは不可能だとした。なぜなら、この宗教の物語においては時間と同じくらい場所が重要だからだ。異なる場所において、異なることが同時に起こっていた。だから本書では、歴史をジグザグに見ていく必要がある。そこで次章では、アーリヤ人のインド侵攻から数百年後まで時代をさかのぼって西に移動し、宗教史におけるもっとも重要な人物のひとり、アブラハムという謎の多い人物を見てみることにしよう。

Chapter 7 放浪者

ウル（Ur）という短い2文字の地名がある。英語では最初のuはアップ（up）の「ア」のように発音され、後ろのrはスコットランド人が舌を巻くようにして発音されるので、「アァ」あるいは「アァァァ」のように聞こえる。そしてこの名前の町で、宗教史上もっとも重要な人物のひとりが紀元前1800年頃に誕生する。イスラエル民族の始祖、アブラハムだ。ユダヤ教、キリスト教、イスラーム教を信仰する民族が、この人物を、自分たちの始祖としている。はるか遠くの山から細い小川がちょろちょろ流れ出し、やがて何千キロも先の広い平原で3本の大河になるのを考えてみれば、そのイメージがつかめるだろう。ウルはメソポタミアの南東部にあった古代都市だ。メソポタミアとは、ギリシャ語で「ふたつの川のあいだ」を意味し、チグリス川とユーフラテス川にはさまれた地域のことだ。ウルは今わたしたちがイラクと呼ぶ国にあった。

わたしたちに伝えられてきたことによれば、アブラハムはテラの息子だ。アブラハムにはナホルとハランのふたりの弟がいた。旧約聖書の「創世記」に一家の物語が記されている。だが、ヘブライ語聖書（旧約聖書にあたるユダヤ教の聖典）の古い解説書にはさらに詳しい記述がある。その解説書によると彼らは羊飼いであり、ユーフラテス川流域の豊かな牧草地で羊を放牧していたという。そしてテラはもうかる副業として、地域の人々に崇拝される神々の像、つまり偶像を作っていた。メソポタミアの民には4人の最高神がいた。空の神アヌ、大地の女神キ、大気と嵐の神エンリル、そして淡水の神エンキだ。太陽と月も神として崇拝された。古代の宗教において、自然の力が神聖なものといかに自動的に見なされていたかは注目に値する。

インドの人々と同様に、メソポタミアの住民も神々に祈りを捧げる際には、何か目で確認できるものを求めており、テラも自分の工房で作った偶像を喜んで提供していた。ある日、テラが留守でアブラハムが店番をしていると、ひとりの老人が偶像を1体買いに来た。「お歳はおいくつですか?」とアブラハムは客に尋ねた。「70歳だ」と老人は言った。「では、あなたは大馬鹿者です」とアブラハムは答えた。「70年前にお生まれになったのに、この店の奥の工房で昨日作ったばかりの偶像を崇拝しようとしているのですから!」。老人は少し考え込んでいたが、買うのはやめてお金を返してもらい、店を出ていった。

弟たちは何が起こったかを聞いて激怒した。そしてアブラハムが自分の意見を強く主張して家業を危うくしていると父に訴えた。その話を聞いてテラはアブラハムに店番を禁じ、店に展示している神々の像に捧げようと客がもってくる供え物を受け取るだけにしろと命じた。ある日、ひとりの女性が神のひとりに食べ物を供えようと店にやってきた。アブラハムはその供え物を型通りに像に捧げることはせず、彼女をからかうように、「確かに口はありますけどね」と言った。「その口に作ってきてくれた食べ物は入らないし、食べてからあなたにありがとうと言うこともできません。手はありますが、供えてくれる食べ物を一口つまむこともできません。美しく彫られた足もありますが、あなたに向かって一歩踏み出すこともありえません。わたしに言わせれば、像を作った者も、崇拝する者も、この偶像そのものと同じく愚かでむだです」

アブラハムのこの発言はふたつの理由で危険だった。ある社会に定着した宗教について挑発するのは決して好まれることではない。しかもその批判が地元の経済を脅かすものならば、一層まずいことになる。多くの神々が崇拝されていた社会では、それぞれの神々を模した偶像を制作することは有益な産業にもなっていた。アブラハムは自らを厳しい立場に置いてしまったのだ。もっとも安全なのはそこから逃げ出すことだった。この瞬間、彼は放浪者となり、家族とその家畜から遠く離れて旅することになった。だが、まさしく彼の精神的放浪が、宗教の歴史を作り上げたのだ。

アブラハムの物語が示すのは、多神教から一神教への移行の始まりであり、多くの神々をゆるやかに崇拝することから唯一の神を厳格に信奉することへの変化の発端だ。きっかけは何だったのか？　なぜアブラハムは父の店にあった罪のない小さな像にそこまで怒りを募らせたのか？　想像力を働かせてアブラハムの心のなかをのぞいて見る必要があるが、心のなかで起こっていたことを部分的に推測するのはむずかしいことではない。アブラハムは父がこうした小さな像を彫るのを見ていた。アブラハムは何が像を作り上げているかわかっていたのだ。だからその像をおもちゃ以上のものとどうして評価できただろうか？　だがどうして、ただ肩をすくめて、人間はなんとだまされやすいものかとあきれるだけで済ませなかったのか？　なぜそこまで激高したのか？

なぜなら、アブラハムは頭のなかで神が自分に語りかける声を聞く預言者だったからだ。そして神の声が彼に警告したのは、このような神々への崇拝を、人々の楽しみや偶像制作者たちの商売の種とすることを、いつまでも見過ごすわけにはいかないというものだった。偶像崇拝は危険なひどい嘘の上に成り立っている。神はひとりしかおられないのだ！　アブラハムは神々の偶像や絵をただ軽蔑して済ませることができずに、忌み嫌った。なぜならそんな偶像は、神の子らが本当の父である神を知る妨げになるからだ。アブラハムは子供をよそ者に誘拐された親のような気持ちになり、子供を親の元に取り戻し、そんなひどいことをした者たちを懲らしめたいと思った。

アブラハムの思いは人類の物語における重要な転換点であり、また少し考えてみる価値がある。歴史を見れば明らかだが、人間たちはお互いすぐに憎しみあう。憎悪の対象となるのは、たいてい自分たちとどこか異なる者たちだ。人種、階級、皮膚の色、性別、政治思想のいずれかが異なる、あるいは髪の色が違うといった些細なことでも、わたしたちの醜い行動のきっかけとなる。宗教も同様だ。事実、宗教上の憎悪は、神の名において正当性をもつようになるので、人間の心の病としておそらく最悪の形となる。ある人の意見が気に入らなくてその人を嫌うことがある。だからといって、神もその人たちを嫌っており、彼らの絶滅を望んでいるという話にはならないはずだ。このように強力な宗教的確信が人間関係にどれほど危険な要素を加えることがあるかは注目に値する。これから話すアブラハムの物語のもうひとつの出来事も、その危険性を想起させるものだ。

神の声がアブラハムの頭のなかで告げたのは、偶像を憎むことだけでなく、父の国を離れ、別の土地に移住するように、そこではやがてアブラハムが大いなる国民の始祖となるというものだった。そして「創世記」には、アブラハムが家族とともに、牛や羊の群れを引き連れ、ユーフラテス川を超えて西へ向かい、カナンの地に至ったことが記されている。カナンは今日ではイスラエルまたはパレスチナとして知られているが、「大海《おおうみ》」と呼ばれていた現在の地中海の東岸の地だった。アブラハムは海岸沿いではなく、その地域の背骨のように見える石灰岩の山の尾根に沿った内地に居を定めた。そこで家族とともに牛や羊を増やして豊かに暮らした。

そんなある日、アブラハムは頭のなかでふたたび語りかける声を聞いた。息子イサクを地元の山（モリヤの地）に連れて行き、神の生贄として捧げるように告げられたのだ。アブラハムは動物を殺し、火に焼《く》べて神に捧げることには慣れていたが、自分の子供の命を奪えと命じられたことなどなかった。だが、神のこの命令を疑うこともなかった。翌朝アブラハムは早く起き出して、ロバに薪《たきぎ》を一束縛りつけ、息子イサクとふたりの若者をしたがえて出かけた。山のふもとに着くと、ふたりの若者にロバと一緒にふもとに残るように命じた。そしてアブラハムは薪をイサクに背負わせ、たいまつに火をつけ、鋭い刃物を腰に差し、イサクとふたりで山を登っていった。山道をてくてく登りながら、イサクは父アブラハムに声をかけた。「火と薪はここにありますが、焼き尽くす献げ物にする小羊はどこにいるのですか」。アブラハムは答えた。「わたしの子よ、焼き尽くす献げ物の小羊はきっと神が備えてくださる」（日本聖書協会『聖書　共同訳』「創世記」22章7〜8節）。

山で生贄を捧げる場所として命じられたところにたどり着くと、アブラハムはそこに石で祭壇を築き、その上に薪を並べた。おびえるわが子をつかんで縛りあげ、薪の上に顔を伏せて載せる。そしてわが子の長い髪をつかんで顔をぐいと引きあげ、喉を突き出させ、刃物を腰から引き抜く。喉をかき切ろうとしたそのとき、頭のなかでふたたび自分に呼びかける声を聞いた。

「アブラハム、アブラハム。その子に手を下すな。何もしてはならない。あなたが神を畏《おそ》れる者であることが、今、わかったからだ。あなたは、自分の独り子である息子すら、わたしに捧げることを惜しまなかった」（「創世記」22章11〜12節）。アブラハムは激しく震えながら刃物をおろした。見回すと、木の茂みに一匹の雄羊が角をとられていた。どっと安堵《あんど》しつつ、雄羊の喉を切り裂き、わが子の代わりに祭壇の上で神に捧げた。このモリヤの地のおそろしい場面をイサクがどう受け取ったかは語られていないが、十分想像できるだろう。

人間の生贄は一部の初期の宗教で実際に行われたことがわかっている。そして生贄がどのようにはじめられたかを理解するのもむずかしいことではない。神々のことを予測不可能でも常に正しき支配者と見なしていたなら、初期の頃には最高の動物を捧げるのと同じように、時に人間も生贄として捧げることで、神の恩恵が確実に得られるだろうと考えつくことは想像にかたくない。アブラハムとイサク親子の物語は、生贄の残酷な歴史をはるか遠くからのこだまのように伝えているのかもしれない。だが、この親子の物語が生贄の歴史を示すものとして、ユダヤ教、キリスト教、イスラーム教でかつて解釈されたことはなかった。ただ、この話はどの宗教でも重要な物語だった。そして何を例示しているかと言えば、地上のどのようなきずなよりも優先される神の意志への絶対的服従についてだ。現代では、わが子の殺害を神に命じられたと主張するような男は正気ではないと判断されるだろう――たとえ彼が最後の瞬間にやめたとしても――だからといって、すべての宗教を異常と判断しろということにはならない。だが本書において時代とともに宗教の物語を追う上で、宗教の主張によっては疑問符を突きつけるのが賢明となるだろう。すでにここで気づいているとおり、人間の頭に語りかける神の声に過度な権限を与えてしまう傾向は危険なのだ。アブラハムが神々の偶像を忌み嫌ったことも、その危険性についてのよい手引きになる。

偶像を蔑むアブラハムの考え方を見てきたが、そこで彼は人間の創作物を神聖なものとして扱うのは馬鹿げているとした。だが、神に関するわたしたちのさまざまな考えもまた人間の創作物ではないのか？　神に関する考えは、わたしたちの手で木や石のかけらから作ったものではないだろうが、まさにわたしたちの頭のなかで言葉や思想から形にしたものだ。したがって、神に関する考えについての主張にはやはり慎重になる必要がある。すでにこのような主張がどれほどの危険をはらむかを見てきた。神々がわたしたちに子供を生贄として差し出すように求めることがあるという考えが示すのは、宗教が人間社会の敵になりうるということだ。神がアブラハムを試した逸話から少なくともわかるのは、人間はその命令が「高いところ」から下されたと判断できれば、ほとんどの場合においてどんなことでも自分を納得させてできてしまうということだ。そしてほぼあらゆることが宗教の名のもとで一度ならず行われてきたのだ。

本章では、アブラハムの物語が宗教史の転換点だと述べた。アブラハムによって誰もが多神教から一神教に、唯一の神という考え方に移行することになった。そして宗教は決して不変ではないことが示された。宗教は絶え間なく進化と変化をつづける。宗教は動画なのだ。だからアブラハムはこのように魅力的な人物となる。放浪しながら、地上においても、自分の頭のなかでも方向を変えた。振り向いて自分の進む方向を変えられる能力は、興味深い人間に必ず見られる特徴のひとつだ。そして方向転換は宗教を理解する上でのひとつのカギだ。

アブラハムは放浪者であり、彼の死後、アブラハムを始祖とする民族もまた、よりよい生活を探し求める人々が常にするように、各地を転々とした。言い伝えによれば、アブラハムの数世代あとにカナンの地は大《だい》飢饉《ききん》に見舞われ、彼の子孫はふたたび旅に出なければならなくなった。そこで彼らは南下して別の大きな川を越え、エジプトに入る。このエジプトでアブラハムの子孫による次の歴史の幕が開く。そしてわたしたちはモーセに再会するのだ。

Chapter 8

パピルスの籠のなか

アブラハムの息子イサクは、父が頭のなかで聞いた神の声の命令であやうく殺されそうになったが、無事に生き延びて、自分も父となった。そしてイサクの息子ヤコブは、祖父アブラハムがかつて経験したように、自分に語りかける神の声を聞いた。彼は神にもはやヤコブとは呼ばれないと告げられる。新たな名は「神による支配」を意味するイスラエルとなる。そして、彼の12人の息子たちはイスラエルの子ら、またはイスラエルの人々と呼ばれた。祖父アブラハムと同様、ヤコブ改めイスラエルも牛や羊の群れとともに放浪する。水やよい放牧地を求めて家畜を引き連れ各地を転々とした。何年も経つうちに、イスラエルの人々はほかの部族と肩を並べるほどの一族に成長し、最高の牧草地や豊かな井戸をめぐって彼らと争うほどになった。

だが、やがて大飢饉がカナンの地を襲った。草は枯れはて、井戸は干あがり、イスラエルの人々は覚悟を決めた。この世の始まり以来、人々がしてきたように、自分たちもどこかほかの場所で運を試したほうがよい。そして南下してエジプトに移住した。ナイル川が流れるエジプトの地には家畜を放牧できる豊かな牧草地が広がる。当初はエジプト人もイスラエルの人々を受け入れ、ナイル川に近く、海からも遠くない北東部のゴシェン地方に定住することを許した。ここでイスラエルの人々は繁栄し、人口もさらに増えた。だが、彼らはほかの者たちとつきあうことはなかった。アブラハムが偶像を軽蔑したことを忘れなかったため、地元で盛んな多神教からは距離をおいたのだ。エジプトでは犬や猫、ワニといった動物の姿の神々を崇拝していた。

多数派に溶け込もうとしない人々によく起こることだが、イスラエル人はエジプト人のあいだで次第に嫌われるようになる。イスラエル人の数が増えてさらに繁栄するようになると、エジプト人の彼らに対する嫌悪は憎悪に変わった。そして憎悪は迫害と強制労働の形をとった。こうして組織的にイスラエル人を厳しく押さえつけようとさえしたがうまくいかず、エジプト王家は彼らを計画的に滅ぼそうと企てた。イスラエル人の娘たちを無理やりエジプト人と結婚させて地域の一般人に同化させるために、エジプトの王はイスラエル人に男の子が生まれたらすべて殺害するように命じたのだ。イスラエル人のひとりの母は産んだばかりの息子が殺されるのを見るにしのびなく、誰かにもらってもらおうと決心した。そこで母は念入りに水が入らないようにしたパピルスの籠に赤ん坊を寝かせると、ナイル川の岸辺でその籠を葦《あし》の茂みのなかにそっと置いた。その場所にエジプト王ファラオの娘が水浴びをしに来ると知っていたからだ。このねらいがあたった。王の娘はパピルスの籠に入って流れてくる赤ん坊を拾って養子にし、モーセというエジプト人の名前をつけた。

養子となったモーセはファラオの王宮で恵まれた生活を送っていたが、自分はエジプト人ではなくイスラエル人だと気づいていた。自分の運命はこの国の奴隷とともにあり、自分を養子とした圧制者たちとは違うのだという意識が次第に大きくなっていった。そしてイスラエルの人々のことを気にかけていた。ある日モーセは、外で働く集団を好奇心から眺めていた。ひとりの乱暴なエジプト人の監督がイスラエル人のひとりを殴りつけるのを目にしたモーセは、怒りのあまりそのエジプト人を殺してしまい、砂のなかに隠した。次の日、気になってふたたび出かけていく。だが、今度はふたりのイスラエル人が争っているのを見て怒りを覚えた。仲裁しようとしたモーセに、最初に手を出した者が「お前は昨日あのエジプト人を殺したように、このわたしも殺して砂に埋めるつもりか」と言い返した。モーセは殺したことが知られたと気づき、やがて王家にも知られたら自分は殺されるだろうと恐れた。砂漠に逃げ込んだが、そこである羊飼いの家族にかくまってもらえることになった。

ここで第2章で見たモーセに再会する。モーセは藪の前にひざまずいて神が語りかける声を聞いているが、その内容は彼が聞きたくないことであり、命じられる危険な務めは彼がしたくないことだった。その声は、アブラハムにメソポタミアで崇拝される神々を非難するように命じることでアブラハムの命を危うくした声だ。アブラハムに自分の手で息子イサクを神の生贄に捧げるように命じたあの声だ。ヤコブにイスラエル、つまり「神による支配」と名前を変えるように命じたあの声だ。

これは神に関する新たな考え方だった。すべての民族と人々が自分たち独自の神をもつことが認められたのだ。唯一の神が人間の運命を、歴史そのものまでを支配するという考えはかつてなく、人々を不安にさせた。モーセが自分に語りかける声にその名前を尋ねたところ、返ってきた答えはさらに当惑させるものだった。「わたしはある。わたしはあるという者だ」（「出エジプト記」3章14節）という答えだ。一体どういう意味か推し量るのはむずかしいが、おそらくその声は、あらゆる生命の源であり、存在するすべてのものを支えるエネルギーおよび意義という意味だろう。そしてその声を聞く者たちは、その声の要請に巻き込まれることで危険な状況に置かれると感じた。

　その声は耳にした者たちの意見を求めたりするわけではなかった。声はどこからともなく聞こえてきて、彼らの頭のなかに逃れられない考えのようなものを響かせた。神は唯一で、唯一の神しかありえないと伝えたのだ。そのほかの神々はすべて人間の創作物であり、人間の想像が作り上げたか、文字通り人間の手が形づくったかのいずれかだ。こうした神々と呼ばれるものはすべて嘘《うそ》だ。嘘は人間の精神を傷つけるから、排除されなければならない。唯一のまことの神がその真理を世界に告げ知らせるためにイスラエルの子らを選び出したのだ。このお告げを受けた者が恐れを感じたのも当然だろう。エジプトでは多数の神々とそれぞれの熱心な崇拝者がひしめいていただけでなく、崇拝者たちを相手にした商売も確立されていたからだ。人々の信念を侮辱するだけでもまったく好ましくないが、彼らの生計を脅かすようなことをすれば、さらにまずいことになる。

　だからこそ、モーセは自分に語りかける声の要請に抵抗を試みた。モーセはエジプトとその支配者たちから逃れたばかりだった。ところが今度は頭のなかで声がして、「戻って反乱を起こせ！」と告げるのだ。イスラエルの人々は恩知らずで扱いにくい一団だとすでに知っていたが、モーセは彼らを率いて、エジプトを出てほかの国に向かわなければならない。自分たちに約束されたその地に無事にたどり着けたとしても、一体どんなふうに迎えられるだろうか？　だが神の声は揺るぎなく、モーセはしたがうしかなかった。エジプトに戻ったモーセは、ふたつの試練に直面した。ふたつのうちの大きな難問となったのは、イスラエルの人々を納得させることだった。アブラハム、イサク、ヤコブの神である主がモーセに、イスラエル人をエジプトから導き、新たな地に、イスラエルの人々が数世代前に去った地に向かうように命じたのだと。イスラエルの人々は不平を漏らしたが、もしエジプト王ファラオに自分たちを解放するように説得できるのならば、ついていくと賛同した。では、モーセはどのように説得を試みたのか？

モーセは最初にエジプト王ファラオに、ゴシェン北部の砂漠でイスラエルの神の祭りを行いたいのでイスラエル人に数日間休みがほしいと願い出た。エジプトの王はイスラエル人の宗教について、尊大で排他的だとかねてより軽蔑していたので、彼らがこの忌々しい神を祭るために休むなどもってのほかだと拒絶した。この逸話にはつづきがあり、このあとイスラエル人の神がエジプトに次々と災いをもたらし、イスラエル人の遠出を拒むエジプト王にモーセが挑みつづける。最後のクライマックスは、イスラエル人の男の赤ん坊が皆殺しにされた事件へのおそろしい報復であり、そのあとただちにモーセはファラオの宮殿に呼びつけられることになる。

神の声が告げたとおり、モーセはイスラエルの人々に次のように命じていた。夜になったら家から外に出てはならない。家ごとに子羊を一匹生贄にし、その血を家の入口の柱に塗って、エジプト人の家ではなくイスラエル人の家だという印をしておくようにと。真夜中に神がエジプトの国をまわり、すべての家族の初子《ういご》を、家畜の初子に至るまで、すべて殺害した。だが、子羊の血の印のある家は過ぎ越したので、その家々は無事だった。夜中に、エジプト中でおそろしい叫び声があがった。その夜、死人のないエジプト人の家はなかったのだ。ファラオは夜のうちにモーセを呼び寄せて言った。「さあ、わたしの民の中から出て行くがよい、あなたたちもイスラエルの人々も。あなたたちが願っていたように、行って、主に仕えるがよい」（「出エジプト記」12章31節）。エジプトからの大脱出がはじまった。

モーセはイスラエルの人々と家畜の長い行列を連れて、「葦の海」と呼ばれていた地中海近くの広く危険な河口を超える。潮が引いており、向こう岸に安全に渡ることができた。だが、その頃にはエジプト人がだまされていたことに気づく。イスラエル人は短い巡礼のために数日出かけたのではない。もし短期間ならば、牛や羊の群れは連れて行かなかっただろう。違う、彼らはエジプトから永遠に逃れようとし、すでに1日先に進んでいる。そこでエジプト人は戦車を整えて彼らを追った。そしてイスラエルの人々が渡った「葦の海」の河口に入ったところで、潮がふたたび満ちてきた。エジプト軍は戦車もろとも飲み込まれ、皆溺れ死んだ。イスラエルの人々はこれは神の行いによるものと喜んだ。ついに自分たちは完全にエジプトの束縛から逃れたのだ。

この脱出はそののちの子孫となる[※1]ユダヤ人の歴史を決定づける出来事であり、以来、ユダヤ教徒はこの出来事を厳粛に受け止めている。「過越祭《すぎこしさい》」と呼ばれる祝祭が毎年行われ、エジプトの隷属状態から逃れて約束の地に至るために、「神聖なる破壊者」が過ぎ越してイスラエルの子らが災厄を免れたあの夜を振り返るのだ。祝日の前夜に、ユダヤ教徒の子供たちが両親に、なぜ「過越祭」の食事は普段と違うのかを尋ねる。

なぜユダヤ教徒はこの夜に酵母入りのパンではなく、マッツァーというふくらんでいないパン（小麦粉に水を加えて練って焼き上げる）を食べるのか？ そう尋ねれば、エジプトから逃げ出す前夜、イスラエルの人々は一刻も早く動き出せるように、酵母入りのパンがふくらんで焼き上がるのを待つことすらできなかったからだと告げられる。焼けたらすぐに竈《かまど》から取り出す必要があった。なぜその夕食には、いろいろな野菜ではなく、苦菜《にがな》を口にする必要があるのかと尋ねれば、あのエジプトでの厳しい奴隷生活の日々を思い出すためだと告げられる。苦菜を一度塩水に入れ、それから甘いペースト（果物やナッツで作る）と一緒に食べると、流した涙は喜びに、耐え忍んだ痛みは快感に変わることが思い出されるのだ。なぜその夕食の席ではもたれるように座るのかと尋ねれば、エジプトでゆっくり座れたのは自由な人たちだけで、奴隷たちは立っていなければならなかったからだと告げられる。今は自分たちも自由になり、こうして座ることができるのだ！

過越祭の前夜にこうした質問がユダヤ教徒の子供たちによって３３００年間にわたって朗唱される。同じことが尋ねられ、同じ返答が繰り返される。彼らはもはや自由だから、食事をとりながらゆっくり座れる！

この話が痛切なのは、ユダヤ教徒の長い歴史において、子供たちがこうした質問をして自分たちは自由だと告げる答えを聞いたときも、実はふたたび囚われの身だったことが数えきれないほど何度もあるからだ。この物語は時代を越えて語り継がれているが、その暗い事実が常に影を落としている。この話がたたえているのは、捕囚と迫害の歴史を抱える一民族にとって決定的な瞬間となった解放への偉大な行動だ。

だが、この話は宗教がどのように機能するかという重要なことも教えてくれる。宗教のそれぞれの物語は過去を振り返るためかもしれないが、未来への希望も確かに与える。この物語はユダヤ教徒にとってまさに両方の意味をもっていた。エジプトからの脱出を彼らがひとつの民族になった記念日として振り返ったのだ。だが次に訪れたのは、花火が上がってご馳走がたくさん食べられる独立記念日の祝典ではなかった。よりよい将来を求めて砂漠をさまよう、長く苦難の旅路だった。

※1　ユダヤ人はイスラエルの12の部族のひとつだったが、唯一生き残った民族となったため、モーセから受け継がれた一神教はユダヤ教と呼ばれるようになる。

Chapter 9 十戒

　イスラエルの子らはエジプトでの隷属状態から逃れたが、彼らの困難はまさにはじまったばかりだった。エジプト軍が「葦の海」に水没したのを見て勇気を得た彼らを、モーセは一緒に砂漠に入るように説き伏せた。だが、話が神のことになると、モーセが一体何を話しているのか、イスラエルの人々はなかなか理解できなかった。神々に対する当時の一般的な見方は、今日のそれぞれのサッカー・チームに対するものと同じで、神々は大勢いるものだった。地元の神はもちろん支持されるが、だからといってほかの神々すべてが蔑まれたわけではない。神のリーグにはたくさんの選手がいると考えられていたのだ。モーセに語りかけた神には何か特別なものがあるとイスラエルの人々もわかってはいたが、彼らにすればだからといってリーグにほかの神々がいないというわけではなかった。自分たちの神は自分たちの神だから最高だったのだ！

　まもなくイスラエルの人々は、モーセが物事について自分たちとは違った見方をしていると知ることになった。モーセは乳と蜜の流れる地に連れて行くと言っていたが、その土地に急ぐ様子ではなかった。エジプトをあとにしてからしばらくして、イスラエルの人々はある山（シナイ山）のふもとにたどり着いた。ここで待つようにとモーセは告げた。わたしはこの山の頂上にのぼり、神の声に耳を傾け、次にどうすべきかを聞いてくる。モーセが山に入ってあまりに長く姿を消していたので、イスラエルの人々は退屈してじっとしていられなくなり、長老たちは彼らの気を紛らわせるために神の祭りを開くことにする。職人たちにエジプトの神の象徴となる金の子牛の巨大な像を作らせた。その像を祭壇に上げ、イスラエルの人々に崇拝するように呼びかけた。彼らはもうエジプトが懐かしくなっていたのかもしれない。あるいは長く砂漠の旅をつづけて、単に休みがほしかっただけかもしれない。この金の子牛の崇拝はにぎやかなパーティになった。太鼓が叩かれ、さながらロック・コンサートの会場にいる舞い上がったファンのように、人々は子牛の偶像の周りで興奮して踊り、大声を上げた。

そんなパーティのさなかにモーセが突然戻ってきて怒りを爆発させた。どんちゃん騒ぎをやめさせ、静かにするように命じた。山でモーセに語りかけていた声が、イスラエルの人々が今こそしたがうべき十戒とともに、モーセを送り返したのだった。

この10の戒めのほとんどは、団結を望むどのような社会にも意味あるものだった。

1　あなたには、わたしをおいてほかに神があってはならない。

2　あなたはいかなる像も造ってはならない。
3　あなたの神、主の名をみだりに唱えてはならない。
4　安息日を心に留め、これを聖別せよ。
5　あなたの父母を敬え。
6　殺してはならない。
7　姦淫してはならない。
8　盗んではならない。
9　隣人に関して偽証してはならない。
10　隣人の家を欲してはならない。

（「出エジプト記」第20章3〜17節抜粋）

殺してはならない、盗んではならないなどは、常識的なものだった。第1の戒めももちろん理解できた。自分たちをエジプトから導き出した神こそが、イスラエルの人々にとって唯一絶対の神とするのだ。別に問題はない。自分たちの神を支持するのは当然だ。

イスラエルの人々が驚いたのは第2の戒めだ。「あなたはいかなる像も造ってはならない」、「いかなるものの形も造ってはならない」というのだ！　人々は当惑した。捕らえた動物や崇拝する神々の絵を描くのは、人間にとって息をするのと同じくらい自然な行為であり、子供にチョークを渡せば、当然絵を描くことでもわかる。モーセに語りかけた神の声はどのような絵や像にも強い疑念をいだいており、人間たちが絵や像で神の神秘をとらえようとすれば、とりわけ激しく怒りを爆発させた。神の怒りの背後には一体何があるのか？

この問題をしっかり理解するために、本書の第1章で話した象徴（シンボル）に関する論議に戻ってみるといいだろう。象徴がどのように人々をより大きな現実に結びつけるかをすでに説明した。たとえば、色のついた1枚の布がひとつの国そのものを象徴するように。象徴は人間のもっとも役に立つ発明に属し、ひとつの国といった大きな抽象的題材も簡便にとらえられる方法となる。そして文字を書くことが発明されると、象徴はさらに役に立つようになった。何であろうと文字に置き換え、1冊の本にして手のなかに収められるようになった。ただし、文字と、文字が表すものとを混同して、両者をあたかも同じもののように扱ってしまうのは間違いだ。物事と、物事についての説明は、決して同じではない。「水」という文字を飲むことはできない。それは水を象徴する文字であって、水そのものではない。

ところが信者たちが宗教上の言葉を扱うにあたり、この規則を無視することが多いために問題となる。神についての彼らの言葉が、神であるかのように考えるのだ。自分たちの本は紙にインクで記されているのでなく、神自身が本の表紙のなかに圧縮されているかのように。神についての最高の言葉や最高の象徴を誰が手にしているか、よく喧嘩になるのも不思議ではない。どれも神に近いものはなく、第2の戒めの神の「いかなる像も造ってはならない」という声がとどろくことになる。壁に描かれた絵であろうと本に書かれた言葉であろうと、人間のいかなる技巧も神の神秘を伝えるには至らないのだ。

第2の戒めは人間がそれまでに見いだしたなかで、神に対するもっとも重要な洞察だった。その真の対象は宗教だ。しかも、人々を金の子牛像の周りで踊らせるような宗教だけではない。この戒めがわたしたちに警告するのは、神の神秘をとらえる、または取り込むことができる宗教体系などないということだ。だが本書で見ていくように、歴史において、まさに多くの宗教が神の神秘をとらえたと主張する。「いかなる像も造ってはならない」という第2の戒めがいち早く警告したのは、神を代弁すると断言する組織は神の最大の敵に、あらゆるもののなかでもっとも危険な偶像になりうるということだ。だが、イスラエルの人々がこの警告を理解するのには長い時間を費やすことになる。

砂漠で金の子牛像の周りで大騒ぎがあったあと、移動のときが訪れた。勝ち取るべき約束の地があった。モーセは人々をその近くまで連れて行った。神の声が彼に、山に登り、遠くから約束の地を眺めるように告げた。そしてその山頂でモーセは死を迎えた。後継者のヨシュアがその地への侵攻を率いることになった。ただし、簡単な戦いではなかった。その地に定住したあとも、イスラエルの人々は自分たちの領土を守るために地元のすべての部族と争いをつづけなければならなかった。だから彼らは絶え間のない戦争を指揮する王が必要だと判断した。なぜほかの部族には王がいて、われわれにはいないのだ？　最初の王の座にサウルが就き、在位期間中はカナンでイスラエルの領土を守る戦いにほぼ明け暮れた。

彼らが対決した部族のひとつに、ペリシテ人がいた。ペリシテ軍は強力な兵士たちを有していたが、そのなかにゴリアテという巨大な戦士がいた。ある日、両軍がにらみあうなか、ゴリアテは前に出て、サウルの軍隊に誰かひとりで自分と戦う気概のある者はいないかと挑発した。イスラエル軍からは誰も挑む者はいなかったが、ひとり若い羊飼いの少年が前に出て巨人の挑戦を受けて立った。だが、ペリシテ人たちは少年をあざ笑った。こんな若造がどうやって百戦錬磨のゴリアテを相手に戦うというのだ？「父の羊を狼から守ってきたのと同じように」と少年は言った。「この石投げ紐で」。少年が歩み出てゴリアテに向きあうと、巨人は大声を上げて挑みかかった。そして腕を振り上げ槍を投げつけようとするが、羊飼いの少年はあわてることなく投げ紐に石を入れ、一回転させて飛ばした。石はゴリアテの額にあたって打ち倒した。少年は倒した巨人の剣を取ってその首をはねた。サウルの軍勢はこの日勝利を収め、イスラエルに新しい英雄が誕生した。彼の名はダビデといった。

サウルが戦いで命を落とすと、ダビデがそのあとを継ぎ、のちにイスラエルの民に理想の王として振り返られるほどの名君となった。ダビデは30年間統治し、その期間の多くを戦争に費やした。ダビデの息子ソロモンがイスラエルの最初の神殿を建て、そこで人々は神に立派な動物を生贄に捧げ、最高の穀物を差し出した。そして神を喜ばせようと香を煙濃く焚いた。エジプトでの隷属の時代から長い歳月が経っていた。もはやさまよえる部族のゆるい集合体ではなかった。自分たちの国を築いたのだ。王もいる。立派な神殿もある。ついにここまでたどり着いた。だが、イスラエルの神だけはそう思ってはいなかった！

そしてモーセに話しかけた声がふたたび語りかけた。数世代におよんで沈黙していた声が今、新しい世代の預言者たちの心に響き渡る。イスラエルの民が神をそんな姿にしたことをどれほど嫌悪しているか、その声は伝える。おまえたちの解放者であるわたしは、欲に駆られる偶像に、おまえたちが追い出した民族が崇拝する神々のひとりのような存在に貶《おとし》められてしまった。その姿はわたしが望むものではない。わたしは貧しいものに公平でありたい。未亡人や孤児の暮らしが支えられることを望んでおり、彼らの持ち物がだまし取られることがあってはならない。何よりおまえたちイスラエルの民には、砂漠で互いに助けあっていた時代に経験した簡素な生活をもう一度取り戻してほしい。しかし、神が何をずっと告げようとしていたかをイスラエルの人々がようやく理解するのは、彼らが異国の地でふたたび奴隷の身に落ちてからになる。

ひとつの独立した王国であっても、イスラエルの人々に確固とした安全が保証されたことは決してなかった。現地の部族との戦いを制してカナンで領土を確保したのちも、常に危険にさらされた。イスラエルの約束の地は、北と南の強大な国々を結ぶ通路だった。南には彼らが知るエジプトがあった。イスラエルの人々もかつてそこにいた。だが、彼らの自由に最大の衝撃をもたらしたのは、メソポタミアの北に広がるアッシリア帝国だった。そしてエジプト脱出によって解放されてから数百年後、イスラエルの人々はふたたび囚われの身となる。アッシリア人に侵略され、王国が制圧されたのだ。1万人以上が国を追われ、バビロンに連行された。そして、イスラエル人の神に対する考え方は、まさにカナンでの勝利によって変化を遂げたのと同じように、ここバビロンで苦しい状況に置かれたことによってふたたび変わることになる。

イスラエルの人々がまず思ったのは、神を永久に失ったということだった。神はソロモンが故郷エルサレムに建てた神殿におられるのだ。彼らはエルサレムを思い出してはバビロンの流れのほとりで泣いた。見知らぬ地でどうして主の歌をうたうことができようか？　だが、悲しみは神に対する新たな認識をもたらした。神は神殿に据えられた偶像ではない。カナンに留まっておられるわけでもない。神はいたるところに現れる！　エルサレムで自分たちとともにおられたように、バビロンにもおられる。そしてエジプトにも！　実に神はあらゆる場所で常に自分たちとともにおられる。まさに預言者たちが言っていたようにだ。今や彼らにもすべてがわかった。預言者から聞いたことを理解してさえいればよかったのに！　だが、今彼らはその後悔の埋めあわせをしようとする。

イスラエルの人々は自分たちに伝えられたかつての神の行いに関する話をまとめはじめた。アブラハム、イサク、ヤコブ、モーセに語りかけた神の声に関する各物語、エジプトから逃れてカナンの地に定住するまでの各物語、そして唯一のまことの神と自分たちとがどのように契約あるいは婚姻の契りを交わすことになったかについての各物語だ。その唯一の神は、自分たちが奴隷の身に置かれようと、自由の身であろうと、愛すべき川や丘のある自分たちの地にあろうと、見知らぬ川が流れ聞き慣れぬ言葉が話されるバビロンの地にあろうとも、常に自分たちとともにおられる。すべては、イスラエルの人々がバビロンに囚われながら自分たちの歴史の意味について考えてまとめた信念だった。神はふたたび預言者を遣わして語りかけるようになった。そして今度はイスラエルの人々も耳を傾けた。

Chapter 10 預言者

預言者は「予言者」ではない。「神託者」だ。未来を予言するのではなく、神から聞いたお告げを説き、知らせるのだ。アブラハムはメソポタミア人の偶像を蔑む神の声を聞いた。モーセは神の声に呼ばれ、イスラエル人をエジプトから解放し、約束の地に導けと命じられた。そしてイスラエルの人々がカナンに定住し、彼らの王が代々支配するようになると、神の声がふたたび語りかける。神の声を聞いた純真な無名の者たちは歩み出て、権力者に異議を唱えた。神がかつて聖なる山でモーセに与えた律法を、権力者たちが守っていないと糾弾したのだ。このような預言者は説得力のある話し手であり、物語を語ることでお告げを伝えた。王たちでさえ、耳を傾けずにはいられなかった。そのひとつとして、イスラエルのもっとも偉大な王であるダビデに、ひとりの預言者がどのように挑んだかを紹介しよう。ダビデは巨人ゴリアテを石投げ紐で倒した少年として本書第9章にすでに登場している。

ダビデがイスラエルの王の座に就いたのは紀元前1000年頃だ。彼はシオンと呼ばれる要塞化された丘を選んで首都エルサレムを築いた。エルサレムとは「平和の町」という意味で、今も数多くの人たちにとって神聖な美しい都だ。ダビデは偉大な戦士で、カリスマ的指導者だったが、申し分のない人間とはとても言えなかった。ある日、ナタンという名の預言者がダビデのもとに来て、最近の非道な行為について話をした。地方に非常に多くの羊や牛を所有し、足りないものは何もない豊かな男がいた。彼の小作人に、貧しいながらも唯一所有する雌の子羊を娘のようにかわいがっている男がいた。豊かな男の家に予期せず客が訪れたとき、男は自分の羊を惜しみ、貧しい男の子羊を取り上げ、料理して客に振る舞った。

ダビデ王はその話を聞くと飛び上がって、「その悪党は誰だ?」と詰問した。「あなたです」とナタンは答えた。ナタンはダビデがウリヤという兵士の妻のバト・シェバを寝取ったのを知っていた。ウリヤはダビデ軍の忠実な兵士であり、そのとき戦地にいたのだ。ダビデは自分の罪を隠すために、戦地にいるウリヤの殺害を命じた。その後、密かにバト・シェバを娶《めと》っていたのだった。ナタンに糾弾されてダビデは罪を認め、償おうとした。このように、預言者は人々の人生の方向を変える物語の力を把握していた。だが、神の怒りに人々を向きあわせるための物語ばかりではない。時には叱責だけでなく、慰めや将来の希望を伝える話もある。そのひとつを紹介しよう。

ダビデの死後400年ほど経った頃、イスラエル人は囚われの身となってバビロンに連行され、愛するエルサレムを思い出しながら悲嘆に暮れていた。そのなかのひとりが、神から受けたお告げを皆に伝えていた。彼の名はエゼキエルという。最初の頃、彼はイスラエル人の過去の行いをとがめていた。神がかってエジプトでの拘束からイスラエル人を助け出したのは、その挙句に他国に同化させるためではない。他国の人々は豊かな繁栄と世界にのし上がることを願い、その願いをかなえるために神々を利用していた。彼らにとって宗教とは政治の一部でしかなかった。

一方イスラエルの神は、政治家たちの権力争いに利用される偶像などではない。イスラエルの国は、他国と同じようになるはずではなかった。神に仕えることを地上での唯一の目的とする聖なる国となるはずだった。ところが彼らはその地域の権力争いに自ら巻き込まれた。そのため、神は彼らにバビロン捕囚という罰を与えたのだ。

捕囚をイスラエルの罪のせいだとするエゼキエルの非難は、宗教史におけるまた別の興味深い考え方を示している。イスラエルの民が居住地の勢力争いに苦しめられるたびに、預言者がその苦しみの原因として責めたのは、彼らを踏みにじる軍隊ではなく、彼らの神への不忠実についてだった。そのため災難が降りかかると、その災難は運命の厳しさではなく、自分たちの罪への罰だという思想が生まれた。そしてイスラエルは災難つづきだったので、彼らは絶えず預言者に罪深さを叱責されていた。だが神が叱責をやめ、イスラエルを慰めるときもあった。そしてもっとも心を動かされる慰めのひとつが、エゼキエルを通じて告げられた。

エゼキエルは声を聞くだけでなく、幻も見る。そのうちのひとつに囚われのイスラエル人にとって希望となるお告げがあった。幻のなかでエゼキエルは丘の上に立ち、枯れた骨でいっぱいの広い谷を見下ろしていた。神の声が骨に預言するようにと彼に命じる。骨に霊が吹き込まれ、肉が覆い、生き返るだろうと。そこでエゼキエルが命じられたとおりにすると、すぐにカタカタという音がして、骨がすべてつなぎあわされ、谷は骸骨でいっぱいになった。次に筋と肉と皮膚が骸骨を覆い、谷は死体でいっぱいになった。最後に、霊がそれぞれの体に吹き込まれ、皆立ち上がった。まるで活力に満ちた戦士たちの立派な軍隊が谷を埋め尽くしたかのようだった。神の声はエゼキエルに言った。よみがえった骨はイスラエルの人々だ。自らの命が尽きて、バビロンに埋められたと思っているが、まもなく神が彼らをよみがえらせ、イスラエルの故国に連れ戻すだろう。

そしてそのとおりになった。紀元前539年、ペルシャ人がアッシリア人を打ち負かすと、ペルシャ王キュロスは囚われの人々をイスラエルに送り返し、アッシリア人に破壊された神殿を再建してイスラエルの宗教の伝統を回復するようにと彼らに告げた。その後200年間、イスラエルの人々は干渉されずに独自の宗教を発展させる。こうしてついに、彼らの名前「神による支配」の意味にふさわしい生き方をはじめる。彼らは自らの国を、他国と同じような人間の指導者に導かれる国ではなく、神が支配する宗教共同体、つまり「神政国家」だと考えた。そして神殿の再建に取りかかった。神殿は神が彼らとともにおられることを示すシンボルとなり、彼らの人生のまさに中心となるものだった。紀元前515年に神殿が完成し、奉献式が行われた。

イスラエルに王はいなくなり、神殿の大祭司が国のもっとも重要な指導者となった。大祭司は地上での神の代理と見なされた。そしてこの長い祭政統合の時代に、アブラハムからの歴史の一部だったものが消滅した。預言がなくなったのだ！　この頃から、神の驚くべき言葉を次々とイスラエルの人々にもたらしてきた生きた預言者の代わりを、書物がはたすようになる。神に導かれてきた歴史上の話と、以後彼らの生活を支配することになる律法をまとめた書物が編纂された。

そのなかでもっとも重要なものは聖書の最初の5冊、モーセ五書（ペンタチューク）と呼ばれるパピルスの巻物で、古代の書記たちが記したものと思われる。捕囚からの帰還後のこの平和な時期に、イスラエルと神との長期にわたる関係がついに書物になった。そして、イスラエル人は神の声を聞く民から聖書の民となったのだ。

初期の頃は、イスラエルの人々の宗教には試行段階という雰囲気があった。自由契約の宗教と称してもいいかもしれない。プロの聖職者ではなく、神が直接語りかけるのを聞き取った恵まれた素人によって発展してきた。どの宗教も始まりはそうだ。宗教の始まりは、特別な天分をもった人、預言者や聖者と呼ばれる人が声を聞いたり、幻を見たりするようになることからだ。彼らは自分が見たこと、聞いたことをほかの人々に話す。見たり聞いたりしたことのない人々は、言われたことを信じることによって応じる。そして宗教的構造が発展していく。

このような構造が複雑になっていくと、新しいタイプの指導者が必要になる。そのために、素人からプロフェッショナルへの移行がはじまる。つなぎあわされた聖なる物語を解釈するために教師が必要になる。書物に記録された出来事を祝う祭りを取り仕切るために祭司が必要になる。このような活動をすべて集中的に行える神殿が必要になる。こうした長いプロセスが完了すると、世界に本格的な宗教がまた加わる。

だが、その過程で何かが失われた感覚が残る。宗教が初期の頃をあこがれの念と後悔の念の両方をもって常に振り返るのはそのためだ。まるで、最初に愛しあっていた頃の情熱が薄れて、一緒に生活することに飽きたカップルが、嬉々として過ごしていた日々を惜しんで振り返るように。だからこそ、どのような宗教も多くの時間を費やして初期の頃を振り返り、最初の燃えるような情熱をふたたびかき立てようとする。しかし、情熱をかき立てるのはむずかしい。愛しい神の声はもはや沈黙し、文字しか残されていないからだ。

あるいは宗教を取り仕切るようになった者たちが、今や自分たちで運営しているシステムを邪魔されたくないために、神からの電話が鳴っても出ようとしなくなったのだろうか？　このような緊張状態は、本書でこれからたどるように、組織化された宗教の表面に常に見られるものだ。イスラエルは、バビロン捕囚からの帰還後にこうしてまとまっていく。ばらばらに散らばった骨がふたたび結合された。その後の200年間は、1000年かけて求めつづけて見いだした平和な幕間だった。この期間、イスラエルを支配した帝国の指導者たちは、属国民の宗教に干渉しなかった。しかし、その状態がつづくはずもない。

紀元前333年にギリシャのアレクサンドロス大王が世界の広大な地域を支配下に収めると、イスラエルでまた新たな変化の過程がはじまる。アレクサンドロスはイスラエルに独自の宗教にしたがうことを許し、ほとんど干渉しなかった。だが彼の死後、彼の帝国の一部である、現在のアフガニスタン、イラン、イラク、シリア、レバノン、パレスチナにあたる各地方は、彼とは異なる流儀の指導者たちに受け継がれた。彼らは自分たちの宗教を属国民に強要した。イスラエルの不忠実をまったく許さない神と衝突するのも単なる時間の問題だった。戦いをはじめた王はアンティオコス4世だ。ギリシャ人の家系であり、宗教上の中心人物になろうとする野望が思うようにならないため、ユダヤ人をその支配力の強い神から引き離し、ギリシャの洗練された宗教と文化を強要しようとした。

紀元前167年、アンティオコスはエルサレムの神殿をギリシャの神ゼウスの神殿に変え、ゼウスに生贄を捧げるようユダヤ人に命令する役人をイスラエル全域に送った。役人のひとりがエルサレム郊外のモディンという村に着き、マタティアという年老いた村の祭司に、王の命令にしたがって生贄を捧げるように命じた。したがわなければ殺される。その要請への答えとして、マタティアは生贄に使うナイフを、用意された子羊にではなく、その役人に突き刺して彼を生贄にした。

マタティアと息子たちは横暴なアンティオコス王に対して3年にわたる戦争を展開した。彼らは3つの戦いに勝ち、汚《けが》された神殿を取り返した。紀元前164年12月14日から神殿を清め、復元し、イスラエルの神にふたたび奉献した。この復元は8日間にわたって行われた。今でもユダヤ人はこの期間を光の祭り、またはハヌカーと呼んで祝う。ハヌカーのあいだ毎日、9つに枝分かれした蠟燭立て（メノーラー）に蠟燭を一本ずつ灯し、アンティオコスによって汚されたエルサレムの神殿の奪回を思い起こす。

紀元前163年にアンティオコスが死ぬと、イスラエルの暮らしは楽になる。さらに100年間不安定な独立状態を維持したあと、紀元前63年にローマに侵略される。そして正念場を迎えるのだ。

Chapter 11 終末

善き人々にも悪い出来事は起こりえる。キリスト教の聖書の最後の書物には悪い出来事について、いわゆる「ヨハネの黙示録の4騎手」がもたらす戦争、飢饉、疫病、死に分けて語られる。この4つは歴史の始まりから駆けめぐり、衰える兆しもない。誰にとっても対処しがたいが、信仰心のある者にとって特に問題を呈する。神を信じていなければ、そして生きることに最終的な意味があると信じていなければ、苦しみは対処が必要な不快な現実でしかない。だが神を信じる者には、苦しみは答えに窮する疑問となる。なぜ神は世の中にこれほどまでの苦しみをお許しになるのか？　しかも善人が苦しみ、悪人が苦しみから逃れることが多いのはなぜなのか？　どの宗教もこうした疑問にそれぞれ答えている。初期のユダヤ教の答えはこうだ。イスラエルが苦しんでいるのなら、それはその罪に対して罰を受けているからだ。

本章では、特定の個人の苦しみではなく、イスラエル民族の苦しみについて考えてみる。苦しみには明白な理由があるのだ。唯一のまことの神はイスラエルを選ばれた民、神の花嫁、神に愛される者として召された。選ばれたことがどうしてあのような犠牲の大きい関係となったのか？　彼らはなぜそのためにあれほど苦しまなければならなかったのか？　預言者エゼキエルは、彼らが神の意図を理解できなかったからだと説いた。神の特別な民になるとは、他国での生き方や他国の神々と決別することだ。イスラエルの民は決別せずに、他国の生き方をまねて、その権力争いに巻き込まれた。まことの神を正義や神聖さではなく、甘言や生贄を望む偶像のように崇《あが》めることさえした。その偶像崇拝こそ、彼らがバビロンで囚われの身となった原因だ。だが解放されてエルサレムに戻ったあとは、その経験を教訓とした。

イスラエルの故国で彼らは宗教的純粋さが生きる目的であり、意味となるような国をふたたび樹立した。モーセ五書にある教えを注意深く守ろうとした。神に意識を集中させる礼拝が毎日の区切りとなる。生活のあらゆる面は神への奉仕のために整えられる。何を食べるかはもとより、何に触れるか、誰と交際するかまですべてその観点から定められた。イスラエルは神政国家、つまり宗教がその全存在の目的となる神の国となった。ついに神と自分たちがともに平和に暮らす方法を学んだのだ。

その平和はアンティオコスに粉砕され、苦しみがまた最初から繰り返された。だが今回は今までと違う点がある。今度は神への「忠誠」が彼らの不幸を引き起こした。そのため、苦しみが罰だという以前の解釈はもう役に立たなかった。新しい解釈を見いだす必要があった。アンティオコスの迫害を受けるあいだに新しい物語が生まれた。ユダヤ教に新しい要素が加わり、その結果ユダヤ教の歴史だけでなく、やがてキリスト教とイスラーム教が現れる歴史にも影響がおよぶことになる。

本書で見てきたように、イスラエルの歴史で主役を務めてきた預言者は、「未来」を予言するのではなく、イスラエルの「過去」に対する神の怒りを広めてきた。ここで、アンティオコス王との戦いのあいだに、新たな人物像が生まれた。死の先を、歴史そのものの先を見通す人物、苦しむ僕《しもべ》たちのために神が計画している将来について主張する人物だ。過去の預言者とは異なり、表舞台に出て自分が聞いた神の声を広めることはしない。スパイのように陰に隠れたまま、聞いたこと、見たことを書き記す。しかも敵国から報告書を送るスパイのように、味方にしか読めないような暗号でメッセージを書く。神からの秘密情報を伝えるこの方法は「アポカリプティック」（黙示、この世の終わり）と呼ばれ、おそろしげなギリシャ語が語源だ。その簡単な定義は、隠れているものをあらわにするという意味だ。劇場のカーテンが開かれて舞台の上で何が起こっているかを明らかにするのだ。黙示録の書き手は、敵に最後の反撃を行うという神の計画を知っている工作員と考えるのがもっともわかりやすい。工作員はその反撃に備えよと民にうながすために遣《つか》わされたのだ。

最初のこのような工作員はダニエルと称していた。彼は短い書物にユダヤ人の読み手にしかわからないようなメッセージを込めた。書物のなかで彼は数百年前のバビロン捕囚時代の話として書いているが、実際にはその書物を書いた同時期のアンティオコスによる迫害を、暗号のように隠して記している。この「ダニエル書」は6つの物語といくつかの幻想で構成されている。もっとも有名な物語は、ダニエル自身が登場し、迫害者の激しい横暴にユダヤ人が耐えて生き残ることを請けあうために書かれたものだ。

物語のなかでダニエルは、バビロンに連行されたユダヤ人のひとりであり、そのままペルシャ帝国に仕えるようになる。ユダヤ人にユダヤへの帰還を許したキュロス王の息子となるダレイオス王は、ダニエルを気に入り、ダニエルの神への信心深さだけでなく、官吏としての有能さを賞賛する。だがその優秀さはほかの官吏の妬みを買い、罠が仕掛けられる。彼らはダレイオス王に取り入って、ダレイオス以外の人や神に祈ることを1か月間帝国中のすべての人に禁じる法令を定めることを提案した。この禁令を犯す者はライオンの洞窟に投げ込まれるものとした。ダレイオスがこの禁令を認めると、これを仕組んだ者たちはもみ手をして喜んだ。何が起ころうとダニエルはイスラエルの神への祈りをやめないだろうと彼らは知っていたからだ。

そして彼らはダニエルの家に忍び込み、ダニエルが祈っているのを見つけて、王に報告した。王は彼らの企みにはまったことに気づいて動揺したが、法令に署名している以上、このジレンマから逃れる方法はなかった。王は悲しみながらダニエルを罰としてライオンの洞窟に送る。ダニエルは数頭のライオンとともに一夜を過ごすが、翌朝、無傷で現れたのだった。ダニエルの物語の読み手は、この物語が300年前のバビロンでの出来事ではないことを知っていた。この物語は、神に忠実であるためにアンティオコスに迫害されるイスラエルで起こっていることだった。ダニエルは彼らに、たとえライオンの洞窟に投げ込まれようとも、彼らが動じなければ、神が助けてくださると伝えているのだ。「ダニエル書」は彼らの抵抗を強めるためのものだった。

だが、ダニエルの目的はそれだけではなかった。苦しんでいるさなかのイスラエルを慰めたいだけではなかった。彼が望んだのは、敵に対する神の最後の戦いにイスラエルが備えることだ。インドの聖者たちが時を無限に回りつづける輪と見なし、魂はそこから至福の無の世界に抜け出そうと苦闘すると考えていたのに対し、ユダヤ人の思想家は時を神が射る矢と見なし、矢が的に到達すれば時は終わると考えた。そしてダニエルによれば、終わりは近いのだった。その終末での戦いで、イスラエルの苦難はついに不当だと証明されるだろう。そのとき、長年の死者たちが墓から起き上がり、創造主に会ってその審判を受ける。ここでダニエルはイスラエルに初めて死後の世界という考えを、および神の掟《おきて》によってすべてが裁かれる最後の審判という信念をもたらす。

歴史上のこの時点まで、イスラエルは死後の世界にあまり興味を示していなかった。人はやがては神に出会うが、死んだ時点でその人の時は終わって退散する。肉体から離れた霊魂は「シェオル」と呼ばれる陰府《よみ》の国に下る。シェオルは神についてさえ忘れてしまう忘却の場所だった。「ダニエル書」はこの死後の世界をすっかり変えた。彼はイスラエルに次のように告げた。終末時に神が突然この世に現れ、「多くの者が地の塵の中の眠りから目覚める。／ある者は永遠の生命に入り／ある者は永久に続く恥と憎悪の的となる」（「ダニエル書」12章2節）

死者の復活はユダヤ教にとって新しい概念であり、以後常に議論の的となる。ユダヤ教の指導者たちが、死者の復活を信じるかどうかで二分される時代も来る。だがこの思想は時が経つにつれて、勢いを増していく。ダニエルは死者がひとりずつよみがえると信じていたわけではなく、いわゆる「総復活」を信じていた。すべての人は墓に眠っており、神がこの世に終わりをもたらすときにすべての人が同時に起き上がり、審判を受けるというものだ。しかもその日は遠くないとダニエルは考えていた。

もうひとつダニエルには大きな考えがあった。終末が近いことを示すために、神はメシア（救世主）と呼ばれる非常に特別な秘密工作員を送り込み、イスラエルに最終攻撃の準備をさせるというものだ。メシアは「油を塗られた者」という意味だ。かつてユダヤ人は彼らを率いる王と定めた者に対し、神に仕える者の印として、頭に油を塗っていた。ダニエルはイスラエルに、この世とその悲しみの終わりが近いことを告げていた。そして終末が近いという印として、メシアが登場するのだ。だがメシアは外界から来るのではない。天国から舞い降りてくるのではない。彼らのなかで暮らす者から見いだされる。メシアが現れ、その素性が明かされる。あるいは、すでにこの世におられるのかもしれない。だから目を見開いて注意せよ！　このようにダニエルはイスラエルに希望を与えた。この苦しみが終わり、神が目から涙を拭ってくださる日が来るという希望だ。そしてイスラエルはメシアの到来を待ち受けるようになった。ところがメシアはまったく現れず、事態はさらに悪くなっていく。

アンティオコスの迫害は、紀元前63年にローマ人がパレスチナを占領して起こったことと比べれば、小手調べ程度でしかなかった。150年間の混乱した時期がつづいた。そのあいだにいくつもの戦闘があり、最終的に完全に支配される。エルサレムの神殿はふたたび攻撃の矢面となった。ユダヤ人にとって神殿は自分たちの命よりも大切なものだった。神殿は1000年以上前にエジプトから呼び戻してくださった神のシンボルだった。だがユダヤ人の神への激しい情熱に、新しい支配者となるローマ人はとまどうばかりだった。ローマ人にとって神とは、いくらでもいるありふれたものでしかなかった。分別のある者は神についてあまり真剣に考えたりしない。ユダヤ人がこれほどわが身を犠牲にしてまで信奉するこの神とは一体何なのか？

伝説によれば、ローマの将軍ポンペイウスは、紀元前63年にエルサレムを征服すると、神殿のなかでユダヤ人の神を探すことにした。神殿にはいくつもの庭がつづいており、奥に行くほど神聖さが増すように建てられていた。そのなかをポンペイウスは足早に進み、至聖所《しせいじょ》と呼ばれる聖域にたどり着く。そこは神殿のなかでもっとも神聖な場所であり、大祭司だけが入ることを許されていた。うやうやしく至聖所に足を踏み入れたポンペイウスは、イスラエルの神をとくと拝見しようとした。ところがそこはからっぽだった。何もなかったのだ！

なぜならユダヤ人が理解していたとおり、何世紀ものあいだ彼らに付き添う神の声を表せるものは「何もない」からだ。十戒の第2の戒め（偶像崇拝の禁止）は、彼らの心の奥深くに浸透していた。彼らは石を刻んでこの荘厳な神殿を建て、一連の美しい庭を造った。彼らの全歴史を通して神殿を愛し、失ったときには嘆き悲しんできた。なのに、その中心には「何もない」！　神のシンボルがからっぽの部屋というその宗教の謎に当惑して、ポンペイウスは神殿を去った。

その後の100年間、この民族の頑固さとそのとらえどころのない神を順応させることはできないとわかり、ローマ人の当惑は怒りに変わった。そしてローマ人は完全にとどめを刺すことを決意する。紀元70年、ティトゥスという将軍の指揮下で、エルサレムは陥落した。ポンペイウスが140年前に訪れたあとも、大幅に拡張され、立派になっていた神殿は破壊された。これで終わった、とティトゥスは思った。彼らを滅ぼしたのだ。

だが、ユダヤ人は決して滅亡したわけではなかった。ふたたび長期の追放の身となって世界の果てに散り散りになり、すべてを失ったが、彼らにとってもっとも大切な神を失うことはなかった。彼らの神を納められるような石造りの建物はないことを彼らは知っていた。言葉を組み立てるなかに神をとらえられると考える人々についても彼らは懐疑的だった。彼らはこの新たな追放に耐え、メシアが来るのを待ちながら、神を人間の言葉で定義するあらゆる試みに異議を唱えるという伝統を作り上げていった。

そして、ある重要でしかも不快な人物像が新たに登場した。異端者だ。異端者とは、答えにくい質問をして大多数の考えに挑戦する不愉快な人々だ。彼らからわたしたちは多くのことが学べる。そのもっとも有名なひとりは、ユダヤ教の聖書のちょうど真ん中に見いだされる。

Chapter 12 異端者

アメリカのジョン・F・ケネディ大統領は世界を今以上の危険にさらすまいと地球に存在する核爆弾の数を減らそうとしたが、多くの反対に遭った。ケネディをもっとも声高に批判したのは、アメリカが保有する爆弾の数が多いほどアメリカは安全になると考えていた核物理学者だった。この件について尋ねられた大統領が指摘したのは、何かに関して完全に確信している者は、特にそれが専門家であれば、偏見をもたないオープンマインドの人を誰であれ動揺させてしまうということだ。さらにそれが視野の狭いクローズドマインドの者の強みだとつづけて指摘した。

クローズドマインドの者にとって、人生に残された課題は、ほかのすべての人々に自分の考えをひたすら押しつけようと奮闘することだけだ。この種の確信を表す専門用語は「正説」（ギリシャ語が由来のorthodoxy）であり、正統または正しい信念という意味だ。原子爆弾の正説に反対するケネディ大統領のような人物は「異端者」（ギリシャ語が由来のheretic）であり、その考えは「異説」

(heresy）と呼ばれ、基本路線に反対する人ということになる。正説と異説は人生のあらゆるところで見られるが、特に宗教において強い影響をおよぼす。こうした正説と異説の影響力を見ていくことで、なぜ宗教の内部で絶えず、時には激しく論争が起こるかを理解する手がかりが得られる。

ほとんどの宗教が異説からはじまる。アブラハムが父の店の神々に憤慨したように、現在の思想に異議を唱える内なる声に預言者が応じるのだ。通常はつづいて分裂が生じる。異説が飛び出して新しい宗教をはじめるか、あるいは今までの宗教のなかで競いあう宗派となる。異説が論争に勝って、その思想が新しい正説になることもある。クローズドマインドが閉じたままであるために新しいインスピレーションがほかのところで広まるか、開かれたオープンマインドとなって新たな洞察を吸収するかのどちらかだ。

ユダヤ人はほかの一神教の信者たちと比べて、こういったプロセスを受け入れることに抵抗を感じなかった。元々、論争や意見の相違は彼らの生活の中心だった。もちろんどの宗教にも論争があるが、ほとんどの宗教はできる限り早く議論を終結させ、ひとつの方針を押しつける。誰もがその方針を受け入れるか、さもなければ出ていくかだ。物事を整然とさせることが好まれる。ところがユダヤ人の宗教はまったく違った。宗教上に議論の余地がないものは一切ないと考えられている。議論をつづけるほうが、考えをカギのかかる鉄製の箱にしまってそのカギを捨ててしまうよりもよいと信じられている。そしてユダヤ教の聖書のちょうど真ん中にヨブという異端者がいて、当時の正説に反対して自分の信念を論じる話がある。

ヨブの話は長いあいだ民話として語られていたが、無名の詩人がバビロン捕囚の時代にまとめあげて、苦難の問題を考察するひとつの方法として用いた。おそらくユダヤ人はほかの民族より苦難の問題に立ち向かう必要があったのだ。ほかの国々や民族も巨大な帝国との戦いによって歴史から消されたが、その時点で少なくとも彼らの苦難は終わった。だがユダヤ人の苦難は決して終わらないように思えた。紀元70年に国としての終わりを迎え、自分たちのものと呼べる土地をもたず、流浪と行く先々で拒絶される歴史へと送り出される。長いあいだどこにいても安全を確信できず、常に旅仕度をして次の移住、次の追放に備えたのだ。

彼らは土地と神殿を失ったが、書物は手放さず、彼らの精神的な拠り所とした。書物なら次の排斥がはじまったときにカバンに詰められる。たとえ書物が取り上げられたとしても、その真髄は記憶のなかに、誰もが暗記しているモーセ五書の数節として伝えられる。その数節はシェマーと呼ばれる。シェマーは「聞け」という意味のヘブライ語だ。「聞け、イスラエルよ、我らの神、主は唯一の主である。あなたは心を尽くし、魂を尽くし、力を尽くして、あなたの神、主を愛しなさい」(「申命記」6章4~5節)。古代ユダヤ人の伝説では、ライオンの洞窟のなかでダニエルがシェマーを唱え、無傷で出てきたという。そしてダニエルの話は、大きな危機にさらされたときにユダヤ人を励ましてきた。しかし、今やライオンの口のなかで粉々に嚙み砕かれたユダヤ人をどうやって励ますことができるのか？　イスラエルの民はなぜ今苦しんでいるのか？

その質問に「ヨブ記」が答えている。ヨブは同胞が何世紀も問いつづけた疑問に自信をもって答えたわけではない。彼が何をしたかと言えば、彼らの苦しみは彼らの罪に対する神の罰だという正統的な考え方を打ち砕いたのだ。そしてこれが宗教史に大きな転機をもたらした。間違った考えに出会ってそれが間違っているとわかる純真な人物によって疑問が提起されたのだ。だが、彼の宗教は彼に告げる。神が正しいと言ったのだから誤っているなんてありえない。そこでヨブは自問する。神は正しいとさえ言えば、誤ったことを正しいことに変えられるのか？　いや、神が何と言おうと、神が言っていることだと祭司がどれほど告げようと、誤りは誤りだ。その説が誤りだとわかっているのだから、たとえ天が落ちようと、わたしは誤っていると言おう。ヨブは聖書のなかほどで立ち上がり、聖書の教えに異議を申し立てた異端者だ。

「ヨブ記」の冒頭には、彼が善良な正しい人で、大金持ちでもあったと書かれている。7人の息子と3人の娘を大切にし、羊7000匹、ラクダ3000頭、牛500くびき（1000頭）、雌ロバ500頭のほか、多数の使用人と数え切れないほどの領地をもっていた。その当時その場所で途方もなく裕福に暮らしていた。

ところが数日のあいだに、ヨブはすべてを奪われる。家畜は盗まれ、使用人と子供たちは殺され、自身はひどい皮膚病にかかる。彼は廃虚のなかに座り込み、割れた陶器の破片で体をかきむしった。苦しみは耐えがたいものだった。彼の妻は神を呪って死ぬほうがましだろうと言った。だが、ヨブは自分のあらゆる苦しみについて次のように答えた。「わたしは裸で母の胎《たい》を出た。裸でそこに帰ろう。主は与え、主は奪う。主の御名はほめたたえられよ」（「ヨブ記」1章21節）

次の場面では、ヨブのところに3人の友人がやってくる。彼を慰めに来たと言うが、実際は問い詰めに来たのだ。友人たちはあらゆるものに、そしてヨブを襲った膨大な喪失にさえ、答えがあると信じるような人たちだった。テマン人エリファズ、シュア人ビルダド、ナアマ人ツォファルの3人は、傷ついた友の前に集まって審問をはじめる。彼らは同じ話を何度も繰り返すうちに激高するが、テマン人エリファズがヨブの状況について公式見解を最初に口にする。

無実の者が滅ぼされることはないとエリファズは言う。不正を行う者が苦しみという報いを受けるのだ。あなたは今苦しんでいる。教えてほしい。その不幸が肩に降りかかったのはあなたが何をしたからなのか。ヨブは彼らの非難の論理を受け入れることを拒む。神にひどく攻撃される理由が何であれ、自分の罪が招いたはずはない。自分が正しいことを行い、これほどの報いを受けるようなことは何もしてはいないとわかっている。

ヨブの友人たちはオープンマインドでヨブに接しているのではない。定説が誤っている可能性など、彼らにとって思いもよらない。その可能性を心に抱けば、彼らの整然とした宗教界のあらゆるものが崩れてしまう。教義に固執するほうが不信に陥るよりよい。だが、ヨブは自分の考えを曲げなかった。家族や財産をすべて失うという報いに値するようなことは何もしてはいないと自分にはわかっているのだから、教義のほうが誤っているはずだ。

元々普通の人間が異常な状況に追いやられるが、自分に向けられた非難を甘んじて受け入れることなく、勇気を奮い起こして厳しい定説に反論する。していないことを証明するのは常に不可能で、生きているあいだに無実を証明するのが不可能だとしても、ヨブはこの生命が果てたあと、神が自分の嫌疑を晴らしてくださると信じていたのだ。「わたしは知っている／わたしを贖《あがな》う方は生きておられ／ついに塵の上に立たれるであろう。／この皮膚が損なわれようとも／この身をもって／わたしは神を仰ぎ見るであろう。／このわたしが仰ぎ見る／他ならぬこの目で見る」（「ヨブ記」19章25～27節）

しかし、ヨブが嫌疑を晴らすのに死を待つ必要はなかった。神自身が現れて、神を怒らせたとしてヨブを断罪しようとした者たちを責める。「主はテマン人エリファズに仰せになった。『わたしはお前とお前の二人の友人に対して怒っている。お前たちは、わたしについてわたしの僕《しもべ》ヨブのように正しく語らなかったからだ』」（「ヨブ記」42章7節）。主の祝福を受けたのは教義を振りかざした正統派の指導者たちではなく、異端者のほうだった。

だがこの話のなかで神でさえ、正統派の教えに反することは許されていないのだ！　後世の書き手は、ヨブの異説に神が賛同したことに慌てたかのように、話をハッピーエンドでとり繕っている。神はヨブの「財産を二倍にされた」（「ヨブ記」42章10節）。神がヨブに報いたことで、この世での行いに対して善人が褒美をもらい、悪人が罰せられるという古くからの定説が復活する。この話の真髄は、異説と正説の論戦が見られる点だ。そして、わたしたちが自分で考えを決められることだ。

本書でこの話について考えるにあたり、十戒の第2の戒めとなる偶像崇拝の禁止に戻ることは意義がある。この掟がイスラエル人に戒めたのは、宗教関連の市場向けに神をこぎれいな入れ物のなかに収められるという考え方だ。けれどもその考えこそ、組織化された宗教が通常行うことだ。神を独自の正説の箱に詰めて他者に押しつけようとするのだ。その押しつけこそ、ヨブを慰めるはずの人々がしたことだ。落胆しているヨブの隣に座って、彼を襲った災難への嘆きを分かちあうのではなく、その状況に神の手がまさにどのように働いているかをヨブに語り、その説明を受け入れるように強く求めたのだ。高度に発達した宗教の正統派はこうしたことを大いに好む。どのように考えるべきかを事細かに人々に教え、物事の意味と、その状況で神がどのようにかかわっているかを説明する。一部の宗教によくある立てつづけの説明の流れに身を任せることは、長距離バスの旅で一晩中、強迫観念を一方的に訴えつづけるおしゃべりな人の隣に座らせられるようなものだ。

テマン人エリファズ、シュア人ビルダド、ナアマ人ツォファルは古典的な熱狂的信者であり、すべてをテープに録音して、会う人ごとにその音声を聞かせるほどすばらしいことはないと思っている。「ヨブ記」のすぐれたところは、この書の意図をはっきりさせるために、ためらうことなく彼らの話をうんざりするほど長々と聞かせることだ。神とは誰か、神が何を考えているか、自分は知っていると思い込んではならないという意図がそこにある。

ユダヤ人がほかの大半の宗教の信者より長《た》けていたのは、この種の確信のなさを受け入れることだ。彼らは他者に自分たちの神を押しつけようとはしない。神との議論に忙しすぎて、そのひまがないのだ。彼らはまだ議論をつづけている。

だが本書では神との長い議論のつづきは彼らに任せて、ここでゾロアスター教という別の宗教の考察に進もう。それには、仏陀の時代、紀元前600年頃のペルシャに戻る必要がある。ただしその前にちょっとインドに立ち寄らなければならない。

Chapter 13 最後の戦い

インドの西海岸沿い、ムンバイ市の南部にあるマラバー・ヒルの上に旅行者が双眼鏡を向ければ、木々の上にそびえる神秘的な石の塔が垣間見えるかもしれない。旅行者が丘に登ってその塔を直接訪れることは禁じられているが、もしドローンを飛ばして写真を撮れば、塔の屋根は平らで低い外壁に囲まれているのがわかるだろう。屋根は3つの同心円に分かれている。カメラは屋根の上で死肉をついばむ鳥の姿をとらえるかもしれない。最初の円には男性の死体、2番目の円に女性の死体、3番目の円に子供の小さな死体が置かれる。

ドローンが明らかにしたのは死者を顧みない無関心な行為ではなく、死者への深い崇敬の念の現れであり、インドのもっとも小さな宗教共同体、パールシーの古代からの葬制だ。パールシーでは死体は不浄なものであり、土葬では埋められる大地を汚し、火葬では焼き尽くす火を汚すと考えられている。さらに腐肉をあさる動物は大地を清めるものとして大切にすべきだと信じられている。そのために、このような「沈黙の塔」を建て、その上で死者を太陽の熱で乾燥させ、カラスや猛禽《もうきん》のするどいくちばしにさらす。塔の上に置かれた死体はほどなくして肉が奪われ、白く風化したばらばらの骨だけになる。そして塔の中央にある骨の部屋に集められると、ゆっくりと塵に戻り、土のなかをろ過されて海に流される。このようにして、人が死によって失った肉体は、死体を糧とする動物が生きながらえるための贈り物となる。すべてが自然に帰る。むだになるものは何もない。

沈黙の塔を建てたパールシーは何世紀も前からインドに存在するが、その名前が示唆するように、元はペルシャからの移住者だ。ペルシャとはギリシャ人がイランにつけた名前であり、インドの北西にある地方のことだ。パールシーが信奉するのは、紀元前6世紀頃、イスラエルのバビロン捕囚とほぼ同時期に、イランで生まれたゾロアスター教と呼ばれる宗教だ。インドのパールシー以外に現代に残るゾロアスター教徒は世界に多くはない。だがその宗教は、ユダヤ教を含めてほかの多くの教義に重大な影響を与えた。そしてユダヤ教から世界でもっとも信者の多いふたつの宗教となるキリスト教とイスラーム教が生まれているので、ゾロアスター教の開祖であるザラスシュトラ（ゾロアスター）は、世界にもっとも影響を与えた宗教人のひとりと言えるだろう。残された記録が少ないので日付を確かめることはとてもできないが、ザラスシュトラはおそらく紀元前628年[※1]に生まれ、紀元前551年にライバルの祭司に殺されたらしい。

ザラスシュトラが祭司であり、別の祭司に殺されたという事実がふたたび思い起こさせるのは、宗教の

※1　生没年は紀元前13世紀、紀元前10〜11世紀など諸説ある。

もっとも強烈な特徴のひとつである、論争の激しさだ。なぜ論争が常に激しくなるかと言えば、離島の大きさを測量するような方法で、宗教の究極の源泉を調べて論争を解決するわけにはいかないからだ。宗教の源泉は、この世を超えた、現実世界から離れたところにある。わたしたちに秘密が明かされるのは、その神秘を見通したと主張する預言者を通してだ。預言者が聞いたお告げの声を世界に広めて新しい宗教が生まれる。だがどのような新しい宗教も古くからの宗教への攻撃と見なされるから、古い宗教の祭司が一団となって必ず新しい宗教の預言者に反撃するのは驚くことではない。だからこそ、宗教史上のもっとも偉大な人物のひとりが、預言者は常にその啓示のために苦しんで死ななければならないと言ったのだ。ザラスシュトラは古くからの宗教の祭司であり、新しい宗教の預言者となったのだから、問題が生じるのも必然だった。

宗教の論争としてもっともわかりやすいのは、多神教と一神教のあいだの論争、つまり宇宙に神々が多数いると信じる者と、神はひとりしかいないと信じる者との論争だ。アブラハムは最初の一神教論者であり、ザラスシュトラも同じ立場に立つと言える。だが、ザラスシュトラが見た幻と聞いた声はアブラハムへの啓示よりはるかに複雑だった。ザラスシュトラが多くの宗教的幻視者と同様に、ひとつの問題に取りつかれていたからだ。

一神教は競合する膨大な数の神々による混乱を一掃できるかもしれないが、独自の難題が付随する。本書で指摘してきたように、イスラエルの難題は苦難についての疑問にほかならなかった。神に選ばれたことに、なぜこのような絶え間のない苦しみと悲しみがともなうのか？　ザラスシュトラにとっての難題は、イスラエルの難題より深くて普遍的だった。苦しむ人々は、なぜ善人に悪いことが起こるのかと問う。ザラスシュトラはさらに掘り下げて、そもそもこの世に善と悪がどのようにして生まれたのかを突き止めようとした。人間にすれば人生とは生き残るための戦いであり、自然の力に対抗するだけでなく、同じ人間に対抗する戦いでもある。仲間に与えた苦しみについて無関心で冷酷な者も多い。こうした悪はどこから来たのか？そして、苦しみに耐える者はいつか報われ、苦しみを与えた者はいつか罰せられるのか？

　この悪についての疑問によって、ザラスシュトラはペルシャの古代多神教の祭司として送っていた恵まれた生活から抜け出すことになった。先達の多くの精神的探求者と同様、彼も悪の性質について熟考するために何年も単独で瞑想にふけった。そしてその答えが明かされた。いくつもの連続した啓示から、善と悪の抗争は人間の歴史よりも古いことが明らかになった。その起源は神のまさに心臓部にある！　世界には唯一の最高神がおられる。彼は最高神を「知恵の主」またはアフラ・マズダーと呼んだ。だが、この唯一の神に複雑な事情があることがわかった。知恵の主はそもそもお互い似ていない双子の父であり、ふたりが独自の道を選ぶことを許した。ひとりは善を選び、もうひとりは悪を選んだ。ひとりは真実を選び、もうひとりは虚偽を選んだ。このようにして、世界は善と悪の劇的な抗争の場となり、そのなかで暮らす個人はこの両者が味方に引き入れようとしのぎを削りあう対象となった。知恵の主の息子たちと同様、わたしたちもどちらの側につくか決めなければならない。

　善と悪の抗争を神の事情にまでさかのぼるザラスシュトラの説明は、彼が苦闘していた問題の真の解決にはならなかった。知恵の主がもとよりなぜ悪を創り、子供たちを悪のなすがままにしたのか、十分な説明が必要だっただろう。とはいえ、ザラスシュトラの力が偉大なのは、わたしたち自身の置かれている状況を劇的に表現したことだ。彼は才気あふれる小説家のように、人生を戦いの連続として説明した。そしてわたしたちの道徳的な葛藤には「戦い」という言葉がよくあう。わたしたちは自分の中毒癖と戦う。誘惑に対して戦う。邪悪な霊が実際にいるという思想も理解できる。ある考え方が人間の心をウィルスに感染させるように、次々とひどい行為に駆り立てることがある。人種差別がそのもっとも明白な例だが、ほかにも多くの例がある。

そして、ザラスシュトラは鏡をかかげて人間の生き様を映す劇作家にとどまらなかった。ダニエルのように歴史の先に目を向け、神が世界の物語に結末をもたらす終末についても予言した。すぐれた本には、未解決のものがすべて片づき、満足のいく解決が実現される最終章が必要だ。この要求が特に強いのは、歴史を輪ではなく矢のように考える宗教だ。歴史を永久に回転する輪ではなく、始めと中間と終わりのある物語と考えているからだ。

ザラスシュトラは善と悪が五分五分の状態で永久につづくと考えてはいなかった。最終的な報いがあるはずだ。知恵の主が善と悪を創ったのは、わたしたちに自分の運命を選ぶ自由と正しく理解する時間を与えるためだった。そしてわたしたちの選択に主は無関心ではない。悪を選んだ者の悲劇は、その行為の結果がわかるほど十分先まで見通さなかったことだ。各自の選択がそれぞれの性格を形作り、自分自身が作り上げた人格によって最終的に裁かれるのだ。人が死ぬと、その魂はチンワト橋（裁きの橋）を渡り、自分のために準備してきた運命に向かう。その橋はかみそりの刃のように狭い。向こう側には天国があるが、下には地獄がある。そこで悪行によって重たくなった魂がその重みに引っ張られて橋から地獄に落ちるか、善行によって軽くなった魂が軽やかに踊りながら天国へと渡るかだ。

そしてチンワト橋を上回るもっとも劇的な要素が、ザラスシュトラの終末についての啓示のなかにある。悪そのものが存在する問題を解決しなければならない。その悪こそ、天国への橋から魂を引きずり落とすのだ。ザラスシュトラの解決は、「創造の最後の段階」と呼ばれる状況で訪れる。知恵の主が邪悪な子、悪の根源をついに滅ぼす。世界が生まれ変わり、善と正義がついに勝つ。そのために「サオシュヤント」と呼ばれる、恵みをもたらす救世主が現れる。その力によって悪が最終的に打ち負かされ、世界の再生がはじまるのだ。

ザラスシュトラの教えは不気味で真に迫っており、莫大な影響を及ぼした。世界の宗教にいくつもの新しいテーマがもたらされる。中でも初めて登場するのが、各自が死後によみがえり天国の幸せか地獄の責め苦のどちらかがもたらされるという思想だ。終末時に大きな戦いが行われ、神が救世主を送って悪を滅ぼし、正義と裁きの世界を築くという思想も初めて生まれる。本書ではすでにダニエルがイスラエルの苦難を慰めようとして、これと同じ考えを広めたことを見てきたが、その考えはペルシャに連行されたときにユダヤ人が取り入れたのかもしれない。これにより思い至るのは、宗教は互いに隔絶しているのではなく、多くの相互交流があるということだ。

ザラスシュトラは抵抗に遭うが、賛同と成功ももたらされた。彼の教えは「アヴェスター」と呼ばれる聖典にまとめられた。そして異説が正説に変わる過程がはじまる。ゾロアスター教徒は偶像をまったく信奉しなかったが、知恵の主を表すものとして、火を独自のシンボルとした。彼らは寺院に聖なる火を絶やさない。そのため、火を拝むと誤って説明されることがある。火は確かに彼らにとって神聖だが、知恵の主の永遠の命のシンボルに過ぎない。

信者たちへの教えは、生涯において善思、善語、善行を実践することによって、死後の魂がチンワト橋を速やかに渡れるようになるというものだ。彼らの死体は沈黙の塔の屋根の上に空の鳥への贈り物として並べられてきた。沈黙の塔は今でもいくつかイランの丘の上に、かつてその国の代表的な宗教だった頃の記念物として残る。だがゾロアスター教はその前の教義にとってかわったときと同じ法則に苦しみ、だんだんと終わりが近づく。誕生の地イランで何世紀ももちこたえるが、１３００年前にイスラーム教という有無を言わせない新しい宗教にとってかわられる。その頃、ゾロアスター教徒は長い旅をしてインドにたどり着き、そこでふたたび自由に聖なる火を灯し、沈黙の塔を建て、善思にふけり、善語を話し、善行をなす。そして数は少ないながらも、インドで生きつづける。

新しい章をはじめる前に、本書で紹介してきた話の一部を振り返って、学んできたことからいくつか結論をまとめたい。ジャイナ教の群盲とゾウのたとえ話からはじめるのがよいだろう。そのたとえ話が伝えようとするのは、人間の認識には限界があり、究極の真理を完全には把握できないので、宗教上の自らの主張には謙虚でなければならないということだ。

この警告にもかかわらず、宗教上の預言者や聖者たちが己の信念を疑うことはめったにない。彼らが「見た」または「聞いた」ものは、人間と究極の真理のあいだにかかるベールの向こう側にあるからだ。わたしは動詞の「見た」と「聞いた」を慎重にかっこで括り、彼らの経験に関する主張にどのように反応するかは、わたしたち自身が判断しなければならないと注意をうながすことにした。彼らがそれぞれ違うものを見たのか、あるいは同じものを違うように見たのか、判断しなければならない！

ヒンドゥー教の聖者はカルマと転生の輪が回り、時そのものも無限に回るのを見た。こうした思想はインドの宗教の中心的教義となった。

ユダヤ教の預言者は唯一のまことの神に会った。時が熟せば、神は世の終わりをもたらすメシアを送る。その希望は今なおユダヤ人の多くの信者を支えている。

ザラスシュトラ（ゾロアスター）は終末での善と悪の最後の戦いで、善が勝利するのを見た。

それぞれ解釈は異なるが、これらの宗教の開祖は、歴史のこちら側で起こっていることよりも、向こう側で見たことのほうに関心があった。

だが本書で次に訪れる中国では、賢人たちがあの世で待ち受けるものより、この世をいかに生きるのが最善かに関心をもっていたことがわかる。ではその詳細を明らかにするために、世界でもっとも古くもっとも長い通商路のひとつとなるシルクロードに沿って東を目指そう。この道は中国へ、そして人生に関する興味深い考え方である儒教へと導いてくれる。

Chapter 14 世俗的宗教

シルクロード[※1]はインドの北の国境に沿って中国に至る道であり、紀元前206年頃、中国の皇帝が国のもっとも重要な輸出品の絹をインドの人たちに売るために商人を西へ送ったのが始まりだ。やがてシルクロードは7000キロメートルも離れたヨーロッパの端である地中海沿岸まで達した。馬に乗った隊商はこの道を通って絹などの商品を西へ運び、羊毛や織物をもって東へ戻った。だが、この有名な道で運ばれたのは絹などの商品だけではない。思想も交換され、宗教も輸入された。仏教は商人によってインドから中国にもたらされ、中国の三大宗教のひとつとして確立された。

しかし、中国には宗教に対する独自の接し方があった。その接し方を表すもっともよい言葉は、プラグマティック（実用的）だ。これもギリシャ語のそのとおりの意味をもつ言葉に由来する。行動や行為を意味する単語から派生し、英語のpractical（実践的）という語もそこから生まれた。理論と対極にある実践を意味し、正しい考えよりも正しい行為を表す。

中国の初期の多神教も実用的で現実的だった。中国の神々は自然の力や変わりやすいさまざまな天候の象徴だった。そして中国人の宗教儀式では、自分に好ましい状況を授け、危害を加える恐れのあるものはすべて追い払うように神々に求めるのだ。天に存在する神々のうち最高位の天帝は、穀物の畑を潤す雨を降らせて人々の生活を支える。しかし、雨が降れば洪水も起こる。洪水を司る神は共工《きょうこう》だ。洪水が発生するところには、時に干ばつも発生する。干ばつの神は魃《ばつ》だ。そして人間にとって糧となる食料よりも重要なものはなく、五穀の神、后稷《こうしょく》は、畑に実る穀物の豊穣を祝う。

こうしたすべての力のバランスを保つことが重要だった。バランスを保つことは実用的な行為だ。宗教は何かを信じることではなく、何かを行うことだ。人間社会によいものがもたらされるように、自然の力を管理することが道理にかなう方法だった。

管理しようとした自然界の神々だけでなく、中国人が避けようとした悪意のあるさまざまな霊もいた。妖怪、小鬼、吸血鬼、鬼、幽霊、龍などだ。悪意のある霊を脅して追い払うために花火を発明し、中国人は今も豪華な花火のショーを好む。

中国はこうした超自然の力に対処する固有の実用的方法を備えていたと言えるが、多神教のなかに彼ら特有の神は少ない。彼らの神々は人類の深い過去から生まれた一般的な想像物であり、自分たちがいる宇宙の不思議さにひかれて夢想されたものだ。紀元前6世紀から5世紀頃になると、中国の実用的な生き方が明確になり、新たな方向性をもつようになる。当時、仏教徒とジャイナ教徒はインドの古来の宗教に対抗しており、ユダヤ教徒はバビロン捕囚となって神の本質について再考していたが、中国の思想家の関心は違うところにあったことがわかる。中国の賢人たちがその創造的思考を働かせていたのは、この世についてであり、次の世となる来世についてではない。中でももっとも重要なのは孔子と呼ばれる人物だった。

孔子は、孔夫子とも呼ばれ、どちらも孔先生という意味であり、孔丘《こうきゅう》に与えられた尊称だ。当時中国は分裂しており、思想家である孔丘はその諸国のひとつに官吏として仕えていた。孔子の人生についてはほんの概略しかわかっていないが、彼についての書物から思慮深く寛大な心に触れることができる。そしてその思想は死後かなり経ってからきわめて大きな影響を及ぼすことになった。孔子は紀元前551年に生まれたが、当時の中国は混乱期にあり、諸国が競いあい、指導者たちは互いに絶え間なく戦争をしかけていた。21世紀の政治家や思想家が現代人の抱える問題への解決策を見いだそうと努力しているのと同様に、その時代の賢人たちも中国の難局への対策を提案していた。そして提案される対策も、今の政治家から聞かされるものと変わりはなかった。暴力には暴力をもって、相手と同じ手段で対抗せよ。敵から打たれるより激しく敵を打て。銃を大型にして、爆弾の殺傷力を高めよ。悪者に対抗できるタフな指導者を探せ。歴史を通じて、政治的戦略のほとんどはハリウッド映画での最新大ヒット作の台本のように書かれている。

孔子の主張はほかの賢人たちとは異なっていた。戦いに明け暮れる君主に、人民の生活の保護こそ目的と

※1　シルクロードは古代から中央アジアを横断していた交易路の総称で、成立時期や長さについては諸説あり、定まってはいない。

目標にすべきだと説いたのだ。人民の生活の保護を実現するには、道徳を学び、暴力に訴えずに人々の意見の相違をおさめる手腕をもつ宰相を選ぶべきだ。指導者たちは孔子の知恵に耳を傾け、敬意を評し、賛同する旨をつぶやいた。だが、誰も彼の思想を実践に移す覚悟はできていなかった。孔子は知恵だけでなく根気強さも備えていた。後半生を弟子たちに自分の考えを伝えながら過ごし、いつの日か賢明な支配者がその教えを実践することを期待していたのだ。孔子は紀元前479年に没したが、弟子たちがその教えを書物に記し、その思想は生き残った。そしてその時が来る。紀元前100年頃、孔子の思想を実践する君主が出現し、その思想は中国哲学の主流となり、1912年に君主政が廃止されるまでつづく。現代の共産中国でも、孔子の教えの原則はまだ生きている。

孔子の主意は、徹底した個人主義や、社会とその規範に抵抗する孤立主義とは対極にある。わたしたちは生まれながらにして密な人間関係に支えられていると孔子は説いた。その関係なしに生き残ることはできない。たとえ個人的な望みが否定されることになっても、社会にとっての善は、個人にとっても善だ。人生は関係性なのだ。社会はわたしたち全員で構成されるひとつの体だ。手足は体から切り離されれば、生命を失う。

そして思いやりがすべてをまとめる力となる。思いやりとは、一緒に苦しむことを意味する。思いやりのある人は、他者の経験を慎重に探って彼らの側から物事を見ようとする。孔子の言葉には、黄金律として知られる法則の最古の表現例がある。肯定形なら「自分がしてほしいことを他者にするように」、否定形なら

「自分がしてほしくないことは他者にしないように」という法則だ。

この他者への理解と共感の精神を表す言葉として孔子が使ったのは、「仁」だ。中国の実用主義の原則に合わせるなら、仁は理論を理解するよりも行動で示すほうがよい。あなたが自分の命を犠牲にして誰かの命を救うならば、仁を実践している。わたしが何か月も貯金して携帯機器を買いに行く途中で、そのお金を難民に寄付するのであれば、同じく仁を実践している。仁は人間にできることのなかでもっとも高貴な行動だ。自分より他者を優先すること。そしてこの精神こそ、孔子が政治家や指導者たちに望んだことだ。彼が望んだのは、政治家や指導者に自分たちの野望ではなく、民衆の幸せに集中してもらうことだ。そして一般人に願ったのは、困難な時代にすぐれた統治をしようと奮闘している指導者を、同じ寛大な精神をもって評価してほしいということだった。

意見の相違や衝突を管理する孔子の方法が教えるものには、思いやりだけでなく、忍耐や他者への配慮もある。だからこそ実践問題として、その教えはほぼ形式化された礼儀にもつながる。礼儀と忍耐は人間関係の複雑さを認識する意識の現れであり、その実践に必要な配慮を示すものだ。今日でも、人との交わりでの礼儀は、短気な西洋の心より、忍耐強い東洋の心に多く見られるようだ。

しかし、孔子の教えである儒教は宗教というよりも哲学としたほうがよく理解できるのではないだろうか？　この問題を判断するには、宗教と哲学の言葉の違いを明らかにするとよい。「哲学」(philosophy) もギリシャ語由来の有用な言葉であり、あらゆる形態の英知への愛を意味する。そして道徳哲学と呼ばれる形態は、この世で生きる最善の方法またはもっとも賢明な方法を研究することだ。一方、宗教が関心を寄せるのは、この世よりもこの世の向こう側に何があるかについてだ。そして人生が終わったとき、向こう側はどのようになっているかだ。

向こう側についての疑問に儒教は関心をもたない。儒教が力を注ぐのはあの世における点数を稼いだり罰を避けたりすることではなく、人間社会の利益のために、この世の人生を管理することだ。人生をよりよく生きるのはその人生のためであって、死後に起こる恐れのある何かに備えるためではない。

だが、儒教にも宗教の枠に近づくような側面もある。死への接し方と先祖への崇拝だ。もっとも先祖への崇拝も、社会のなかでの人間同士のつながりとして人を見るという哲学の延長ととらえることができる。死さえもわたしたちのあいだのきずなを断つことはできない。そのため、儒教の社会では死者を手厚く弔《とむら》い、死者の思い出を常に大切にする。死後の喪《も》の期間はさまざまだが、死者の子供が2年以上にわたって喪に服すことがある。そのあいだは仕事や性交をせず、非常に簡素な食事をとるだけで、着飾ることなく、一般的な楽しみも避ける。

ただし孔子にとっては、死者を悼《いた》むよりも先祖を崇拝するほうが大切だった。死者は存在しなくなるわけではない。またわたしたちとの接触が断たれるわけでもない。この場から去って、あちら側に行ったとしても、わたしたちの生活のなかにその存在は引きつづき保たれる。姿が見えなくなったからといって、わたしたちの心から消え去るわけではない。だから儒教では[※1]清明節《せいめいせつ》という春の祝日が好まれており、家族が先祖の墓参りをして、先祖に思いを馳せ、交流を楽しむ。誰にでも、たとえ死者に対しても、礼儀と敬意を尽くすことが儒教の特徴だ。

だが中国では儒教だけが栄えたわけではない。3つの生き方のうちのひとつであり、その3つは取り替えがほぼ可能なのだ。ほかのふたつは道教と仏教だ。次章では道教について紹介し、仏教についても紀元1世紀に中国に伝わった頃、何が起こったか見てみよう。

※1　中国の二十四節気の5番目であり春分の15日後。毎年4月5日頃となる。

Chapter 15 行く道

儒教はわかりやすいかもしれないが、真面目な宗教であり、さほど楽しいことは期待できない。道教という中国のもうひとつの伝統的宗教はその逆だ。理解しにくいが、感じがつかめると楽しめるかもしれない。道教の開祖たちもほかの宗教の賢人たちと同じように何かに気づいたが、その何かをどこに求めたかがほかの宗教とは異なる。ヒンドゥー教の聖者たちがとらえたのは、この世とそこにおけるわたしたちの命は幻想であり、救済を望むならば、そこから抜け出す必要があるということだった。ユダヤ教の預言者たちが気づいたのは、神がいつの日かこの世の終わりをもたらし、この世の住人が生きているあいだに何をしてきたかを裁くつもりだということだった。どちらの宗教にとっても、この世とそのなかで人間が生きる場は解決の必要な問題であり、その外側に答えを求めた。

道士（道教を修めた者）はほかの宗教とは異なり、この世を見る。そして見たものを大切にする。この世の一体化と相互依存、どのように結びついているかに感銘を受ける。ただし、この世の中の人間の存在は別だ。自意識によって人間は自然のリズムから切り離されるので、宇宙と同調できない。そうした自然との調和を回復し、その鼓動にしたがって生きれば、安らぎが得られる。だが、道士の説明がわかりにくくする。道士は人々に宇宙の「道」にしたがって生きるようにと勧めるが、その道とは何なのかは説明してくれない。道について知らなければ、道について学ぶことはできないと説くので、ますますわかりにくくなる。さらにむずかしいのは、道について知っている人は道について語らず、道について語る人は道を知らないというのだ。ここまで読んだ人は、道とは何かについておそらく悩むだろう。理性のある人なら誰であれ、物事についての説明を望む。何が起こっているかを理解したいと思う。理性が説明を要求する。道士はやさしく微笑むだけで何も言わないから苛立ちは募るばかりだ!

そこで、人生で何かに深刻な思いで取り組むあまり、実現できなくなってしまったことを思い出すとよいだろう。もがくのをやめたら、実現できたことはないだろうか。初めてプールで泳ごうとしたときがよい例だ。あるいは夏の午後の通りで、自転車のバランスがとれるようになって、自分が乗れることに気づいたときだ。バランスがカギだ。バランスを会得した者だけが、バランスとは何かがわかる。自転車乗りの道と呼べるかもしれない。道教では同じようなバランスを、生き方やかかわりあい方、他者だけでなく宇宙全体とかかわりあう方法において見つけ出すことが求められる。

こうした生き方を支持しているのは、孔子より年長だが同じ時代の老子と呼ばれる哲学者だ。老子は紀元前6世紀に生まれ、中国の皇帝のひとりに記録保管係として仕えたと言われる。自らの生き方を説明するように求められて、彼は『老子』または『道徳経』と呼ばれる、宗教史上または哲学史上、もっとも短く、もっとも尊ばれる書物のひとつを書いた。その非常に重要な概念は「バランス」と「相補性」だ。老子は、自然界のすべてのものがたがいに補う相手をもつと気づき、このふたつを陰と陽と呼んだ。すべての陰にそれぞれ陽があり、すべての陽にそれぞれ陰がある。ふたつの違いを鮮明にするため、道士は円のなかを曲線で2等分し、半分を白、もう半分を黒に塗った図を描く。白と黒のそれぞれに、もう一方の色の点を含める。白いほうには黒い点、黒いほうには白い点がある（本章冒頭の挿絵参照）。もう一方のなかに自分自身を探すようにと教えているのだ。黒のなかに白を、白のなかに黒を。男性のなかに女性を、女性のなかに男性を。敵のなかに友を、友のなかに敵を。相手の宗教のなかに自分の宗教を、自分の宗教のなかに相手の宗教を。相手の立場に置かれた自分を想像するように説く孔子と似ていなくもない。だが、老子はその考えに楽しい解釈を加える。わたしたちに多様性に耐えるようには求めない。多様性を楽しむことを勧めるのだ。世界は何百もの異なる楽器が協力して美しい音楽を奏でるひとつのオーケストラだ。バランス、タイミング、ハーモニー。これらが道の印となる。

老子が気づいたのは、他者を制御しようとする者もバランスを崩してしまうということだ。他者が独自のリズムで暮らすことを許さず、常に干渉しようとする。極端な例として、自動食器洗い機に食器を入れる方法から、国を治める方法まで、何をするにしても自分のやり方が唯一の方法だとする人がいる。このような人は押しつけようとする型に現実が当てはまらないので、常に苛立っている。老子は苛立っている人々に、気を緩めて、植物の生き方から学ぶようにと説く。植物は何かのやり方を教わる必要はない。自然にしたがうだけだ。人間はなぜ同じことができないのか？　やきもきするのをやめて、物事を成り行きに任せることがどうしてできないのか？　何もせず、物事をあるがままにする、成り行きに任せる自分の生き方を老子は「無為」と呼んだ。彼は規則や規制を嫌い、強制的に管理しようとする人のやり方を嫌った。管理しようとする人は人々の違いをたたえることなく、すべての人をこの世のそれぞれの枠に押し込めようとする。

老子のような生き方を選ぶ人々は、アナーキスト（無政府主義者）と呼ばれる。アナーキストもギリシャ語が由来の言葉で、政府を否定する人という意味だ。道士の場合、政府を全面的に否定するのではなく、政府のなかにバランスや調和を望む。社会での立法者の支配的な役割を警戒し、すべての人を同じ型にはめようと強制するやり方を嫌う。無政府主義者の反対語は法律尊重主義者であり、法律だけが人間の本質を管理できる唯一の方法だと考える人のことだ。社会に何か問題が生じると、「禁止だ！　統制だ！」と常に叫ぶのが法律尊重主義者だ。

社会全体の利益のために人間性を管理しようとする孔子とは異なり、老子は社会のなかでできる限り個人に自由を与えることを望む。競合するふたつの生き方は、これも陰と陽であり、それぞれによい点がある。だが法律尊重主義者は歴史上大きな力をもつまとめ役であり、めったに手綱を緩めないので、宗教や社会のなかでたいてい優位に立ち、自らの意向を他者に押しつけようと試みる。必要となれば、思い通りにするために戦争さえ仕掛ける。老子は戦争を人間の調和を破壊するものとして嫌った。人々が彼の言うことを聞き入れていたなら、世界はもっと楽しいところになり、戦争は少なくなっていただろう。

道教の明らかに宗教的な概念は受け入れなくても、ここから多くのことが学べるが、その宗教的概念の存在を無視するのは誤りだろう。紀元前524年に老子が亡くなったあとも道教は発展しつづけた。そして道教は道を教えるだけでなく、多神教でもある。最高神格の神々を天尊と呼び、この世の始まりに瞬時に誕生したと信じられている。天尊という最高位の神々は天国で裁きを行い、それぞれ役目をもつ下位の神々に支えられている。宇宙と同時に誕生した神々のほかに、人間も神に、あるいは「不死の存在」になれる場合があるという。不死の状態に到達するには、瞑想と欲望の抑制の段階を経て自己の不完全な部分を一掃する必要がある。この過程は転生の輪からの解脱を成し遂げるのに仏陀が示すプロセスに似ている。違っている点は、道士が宇宙を信奉している点だ。彼らにとって魂の極致は、涅槃の海に雨粒のように消えることではなく、自分が神として不死の存在となることだ。もうひとつ道教がほかの宗教と異なるのは、女性に与える立場だ。道教には女神だけでなく、女性の僧や学者もいて、その歴史上重要な役割をはたしてきた。道教の哲学そのものに忠実に、女性の本質である陰も、男性の本質である陽とともに道教の指針だ。

儒教と道教は中国古来のものだが、3番目の宗教である仏教はインドから輸入されたものだ。仏陀が野生のイチジクの木の下で悟りを開いたのち、その教えは、インド全土、東南アジア、中国、韓国、日本などに広がった。拡大するにつれて、仏陀の言葉の解釈の違いから競合するさまざまな宗派に分かれていった。本来の活動の厳格さを忠実に守ったのが「上座部仏教」だ。上座部仏教にとってもっとも早い救済への道は、僧になることだ。「小乗仏教」とも呼ばれる。有能な人にとっては悟りへのレーシングカーに乗るようなものだ。一方「大乗仏教」は、時間をかけて悟る必要がある普通の人々のためのバスのようなものだ。

このふたつの違いはスピードだけではない。本書ですでに見てきたように、宗教における大きな分裂は、偶像を好む者たちと嫌う者たちのあいだで起こる。仏陀は偶像を拒絶したが、大衆向けの宗教では目に見えるものが好まれる。仏教徒にとって、仏陀自身のイメージほど崇拝するのに適したものはほかにあるだろうか？　仏像は驚くほど美しいものが多く、大乗仏教の伝統的な仏教寺院のなかでもっとも尊いものとなった。紀元1、2世紀にシルクロードを通って中国に到来したのは、この形の仏教だ。仏教は根を下ろして中国の宗教を変え、中国によって変えられていった。

中国では引き続き宗教に対して、実用的なアプローチがとられた。異なる複数の伝統からそれぞれ最高の部分を取り出して混ぜるのに抵抗はなく、ひとつの信仰に固執することもなかった。そのために仏教が道教に出会うと、その遭遇によって両方が変化した。その結果のひとつが禅宗だ。禅とは瞑想を意味する中国語だ。道に到達することがどれほどむずかしいかは前に述べたとおりだが、禅はそのじらすような方法を踏襲している。

この強い欲求をすべて抑えて安らぎを得るにはどうすればよいか、教えてほしい。経典ではこのような状況について、どのように説明しているのか、そこから逃れる方法を教えてほしい。

「吐いて……吸って……吐いて……吸って」

「何ですか？」

「静かに座って、じっとして……呼吸を数えて、吐いて……吸って……吐いて……吸って」

ここには問題を抱えてきたのに、呼吸の練習をさせるのか！　わたしに必要なのは別のこと、わたしが理解できることだ。

「わかった。では、このひな菊をよく見て……」

「何だって？」


禅には道教の遊び心があり、合理性に支配されている文化がそこから得られるものは少なくない。

仏教から派生した3番目の宗派は、世界でもっとも神秘的な国のひとつに深い影響を与えた。その「後期密教」では師が弟子の悟りを熱心に助ける。チベットに根づいたのは仏教のこの形だった。中国の南西、ヒマラヤ山脈の反対側にあるチベットは、地球上でもっとも近づきにくい地域のひとつだ。巨大な山脈と広大な高原から成るこの国は、世界の屋根と呼ばれる。ほかの地域から隔絶していることから、国全体が広大な僧院となるような形の仏教が発達した。ラマと呼ばれる教主の指導のもとに、チベットは仏教精神の規律を軸に据えた国となった。

チベットのラマは、仏教の伝統のひとつを独特な形で利用している。悟りを開いた僧は涅槃に入らずに、自発的に「活仏《かつぶつ》」(化身ラマ)として地上に戻り、他者が救済の道を求めるのを助けることができる。チベットの伝統では、高位のラマの一部は自分の生まれ変わりを選択することができるが、誰が転生者として選ばれたかは、残された者が探し出さなくてはならない。ラマが亡くなってから、その生まれ変わりを探すのに何年もかかることがある。いくつもの試験に合格してラマの転生者として認定されると、僧院に化身ラマとして迎えられる。こうした一連の後継者で、現在もっとも有名なのはダライ・ラマであり、1950年代の中国によるチベットの侵略後に亡命してから、その笑顔は西欧でよく知られるようになった。彼は最初のダライ・ラマから13番目の転生者であり、最後の転生者となる可能性が高い。だからと言ってチベットでの仏教の時代が終わろうとしているわけではない。宗教には迫害者から生き延びる方法がある。ひとつの鉄床《かなとこ》が多くの鉄槌《てっつい》を摩耗させるのだ。一方、仏教は中国に達して止まったわけではない。さらに東へと進んだ日本で、次章で紹介する宗教、神道に出会う。

Chapter 16 泥土をかき上げる

前章でチベットの話をしたとき、わたしはチベットを遠く離れた近づきにくいところと述べたが、軽率な言い方だった。群盲とゾウのたとえ話（第6章参照）で、世界は自分が認識しているとおりだと想定してはならないと警告していたのに。わたしにとってチベットは遠く離れているが、チベット人にとってはチベットが居住地であり、スコットランドが遠く離れているのだ。日本についてもわたしは同じ間違いをするところだった。日本は中国から海を隔てて遠く離れている。[※1]周辺国の中国からでさえ、紀元400年ごろまで日本を訪れる人はなかった。だから、日本は世界から切り離されていたと考えそうになる。だが、世界が日本から切り離されていたと考えたらどうか？　長いあいだ、日本の人々は切り離された世界があることを知らなかった。彼らは日本が世界だと考えていた。そして日本は世界であるだけでなく、宗教でもあり、その宗教をとても大切にしていたのだ！　だから日本の宗教を理解するには、日本人が国土についてどのように感じていたかを理解しようとしなければならない。

Japanという単語もヒントになる。Japanは日本を表していた中国の言葉をヨーロッパ流に発音したものだった。日本人が自国を呼ぶ「日本」という言葉には「日の昇る国」というぴったりの意味がある。日本から東を見れば、日が輝く空漠とした太平洋しか見えない。そこからは毎日太陽が昇り、6852の島々から成る日本列島に光が降り注ぐ。だから、日本の天地創造の物語に太陽が大きな役割をはたしていても不思議ではない。どのような宗教にも天地創造の物語があり、世界がどのようにして生まれたかがその宗教観から語られる。その例をいくつか見て考えをまとめてから、日本に戻ることにしよう。

インドには多くの天地創造の物語があった。そのうちのひとつでは、時間が存在するより前、世界が形造られる以前に、プルシャと呼ばれる巨大な生命体が爆発し、爆発によって散らばった要素からあらゆるものが生まれ、ヒンドゥー教のカースト制度の細部に至るまで生み出されたという。

アブラハムの生誕の地であるメソポタミアの人々によれば、世界の始まりには淡水の神アプスーと海の女神ティアマトのふたりがいたという。ふたりが交わって、ほかの神々と海の怪物が生まれた。海がしばしば乾いた土地に洪水を起こすように、海の女神であるティアマトはすべてを支配しようとした。だが、ティアマトは自分の家族と敵対して打ち負かされる。彼女の死体はふたつに引き裂かれて天国と地上となった。天

※1　中国大陸や朝鮮半島と日本のあいだで技術や文物の交流が多くなったのが4世紀末以降である。ただし、紀元前から稲作などが中国から伝わっていたと考えられる。

国は神々のために整えられた。神々に仕えるために人類が創られ、地上がその召し使いたちの住居となった。

エジプトにも同様の物語があり、水がやはり重要な役割をはたす。世界の始まりは海だけだった。そして洪水が引くように、水面から丘が隆起した。一説によると、太陽神ラーが登場して、ほかの神々と大地を造り上げたという。別の説では、大地の神プタハが最初に現れてすべてをはじめたという。

北に目を向ければ、北欧にも同じように水にまつわる話がある。世界の始まりには底知れない虚無の深淵があったが、そこに水が満たされた。その水が凍り、つづいて溶け出す。その溶けた水からユミルという巨人が出現した。彼の脇の下から男と女がひとりずつ現れる。そのあいだに牛が氷をなめて、氷が薄くなると、巨人がもうひとり突然姿を現した。この巨人の子孫としてオーディンという神が生まれた。そしてこのような神々の物語によくあるような大騒動が起こる。オーディンとその兄弟たちがユミルを殺し、その体から大地を造る。頭蓋骨から天を造り、血から海を造った。ユミルの骨は山々となり、髪の毛から木々が生えた。ほかにも細かい話があるが、大筋はわかるだろう。

神々の暴力的な話から、ユダヤ教の聖書での天地創造の話に戻るとほっとする。聖書では紀元前900年ごろにさかのぼる。創世記にはふたつのバージョンがあるが、どちらも完全に一神教に基づいており、それぞれ海が登場する。神が「深淵」の上をただよい、そこからあらゆるものを呼び起こす。6日間で天地を創造し、7日目に休んだ。7日目に何もしなかったことも、すべての人の休日として安息日が制定されるという創造的行為となった。

日本の物語も創世記と同じ頃の話からはじまり、やはり海が大きな役目をはたす。最初にあるのは海だけだった。そこに男神イザナギと女神イザナミが長い矛《ほこ》で海の底にある泥土をかき上げ、その泥土から日本の多数の島々が形成された。このふたりの神から、太陽の女神（天照大神《あまてらすおおみかみ》）、その兄弟である月の神と嵐の神の3人の子供が生まれた。天照大神にも子供が生まれ、そして孫が日本の最初の天皇となった。

この日本の物語については、少し考えてみる価値がある。宗教がどのように機能するかについて多くのことがわかるからだ。この物語は本当だろうか？　その問いは物語の目的についてどのように考えるかによる。預言者ナタンがダビデ王に語った話は覚えているだろうか？　あの話は本当だったか？　事実とは違っていた。貧しい男の子羊を盗《と》った豊かな男などいなかった。だが、道義上は正しい話だった。あの話はダビデに自らがしたことを考えさせるために作られたのだった。そしてその役目をはたした。科学的な真実はなくても、人文学的な真理があった。科学は事実や、物事の仕組みを興味の対象とする。人文学の興味の対象は、わたしたちに人生の真理を明らかにすることだ。だからこそ、物語を聞いてはっとして「わたしのことだ！」と思わず声を上げることがある。宗教は人文学的であり、科学的ではない。だから天地創造の物語について尋ねるべき問いは、物語が真実かどうかではなく、物語が何を意味するか、何を伝えようとしているかだ。この違いは、多くの信心深い人々になかなかわかってもらえない。そして本書で見ていくように、聖書のなかの天地創造の話は人文学的作品ではなく科学的著作物だと、たとえ馬鹿げていると思われようと、その証明を試みる者たちがいるのだ。

今見てきた天地創造の話はどれも事実としては正しくないが、すべてある種の意味を伝えている。聖書の話の意味は、その話に同意しないとしても、もっともわかりやすい。宇宙は自ら生まれたものではなく、神によって造られたという意味だ。また、メソポタミアと北欧の原始の争いの話は、世の中に今なおつづく暴力と残酷さを反映している。

これらの天地創造の物語は人間の頭のなかから生まれた。問題は、神がその物語を吹き込んだのか、それとも全面的に人間が創案したのかということだ。この問題についてどのような答えを出すにしても、天地創造の物語そのものは興味深い。そのなかのいくつかの断片は、はるか昔の記憶として伝えられてきたのかもしれない。すべての変化がはじまった爆発や、あらゆる生物を生み出す海。天地創造について現代科学による説では、宇宙の始まりは140億年前のビッグバンにまでさかのぼる。そして地球上の生命の起源について、もっとも有力な説では35億年前にはじまったという。原始時代の地球は、火山の爆発から流れ出した化学物質のスープ状の海で覆われており、その海から物質の相互作用により最初の生命の形態が生まれたという。人間が登場するのは最初の生命の誕生から数十億年後だ。物事の意味を探るため、はるか昔を見通して天地創造について考え出した人間の頭に、地球そのものの歴史の記憶がしみ込んだのだろうか？　わたしはその考えもありえないことではないと思う。宇宙全体が非常に不可思議で、ほとんど何でも想像できるのではないだろうか？

日本の天地創造の話が魅力的なのは、神々が海の底の泥土をかき上げたとき、造られたのが世界ではなく、日本だという点だ！　あるいは、日本だけで構成される世界が造られた。日本人が自分たちの美しい島々に感じる愛着が、そのように説明された。島国は内向的にならざるをえない。地続きの国境を越えて流れてくるものがないので、あまり開放的ではなく、近隣諸国の神々から宗教上の刺激を受けることもめったになかった。日本の初期の宗教について知ると、そうした事情が確認できる。そして、1945年に終結した第2次世界大戦まで、征服されたことのない日本の歴史を思い起こせば、日本人が自分たちの島国を情熱的に愛しただけでなく、その国が特別だと信じたことも驚くことではない。はるか昔はおそらく、ほかに何も存在しないと思っていたのだ。

　日本は神々によって造られただけでなく、神々の住居、住むところとして選ばれた。ほかの宗教では神が地上に訪れることはあっても、神のおもな住居は天国と呼ばれる、はるか頭上の特別な領域だと信じられている。日本人にとっては、自分たちの美しい島国が特別な領域だった。天国と地上がひとつなのだ。天国が地上にあり、地上が天国にある。人体を不死の魂の宿る物理的場所と見なす宗教もあるが、日本人は自分たちの国を神の宿る場所と考えた。日本の島々は、「神」と呼ぶ聖なる霊が物理的に現れたものなのだ。神は自然のなかのあらゆる場所に宿っていた。動物のなかにも宿っていた。日本の山々、もっとも美しく聖なる山である富士山にも、草木や川にも神が宿っていた。

　わたしはこれを宗教と呼んだが、あまり正確ではない。何か別のもの、頭のなかにある信念を示している。自分自身についての感覚、自分が誰かではなく、自分自身について抱く、または信じている何かを、宗教として説明することが間違っているのと同様だろう。日本人は、国土、自分自身、およびあらゆるものに生命を吹き込む霊で構成される生命体の大きな網に包まれていると感じていた。これは日本人が信じていたことではなく、ただ日本人のあり方がそうだったのだ。

専門用語ではこの姿勢を「アニミズム」と呼ぶ。そして、「ガイア」と呼ばれる現代の思想とあまりかけ離れてはいない。ガイアとは地球とその生物をひとつの生命体として見なす考え方である。地球をただ略奪するもの、人類のために利用するものと見なすのではなく、自分の家族や友に向けるのと同じ愛情をもって大切にする。つまり自然は、人間と同じように、精神と重要性をもって生きている。日本人は心のなかでそう感じていた。宗教的義務としてそのように大切にしろと命じられたわけではない。世界はそういうものだと信じろと言われたわけではない。地球の本質を発見した日を祝日として守っていたわけでもない。そういう「信念」があったわけですらない。ただ土地の霊を大切にし、美しい場所に神社を建てて大切にしていることを示したのだ。神社には鳥居という特徴的な門が、２本の柱に２本の横木を使って建てられた。現在も日本にはこのような神社が10万社以上あり、大切にされている。

紀元６００年頃に中国と日本の交流が盛んになるまで、世の中に対する日本人のこうした姿勢には名前さえなかった。中国人は征服者や宣教師としてやってきたのではなかったが、儒教や道教や仏教をもたらし、すべてが日本に根づく。そして中国人が日本で出会った信仰や慣習を分類したがったか、あるいは日本人が霊にあふれた国土に感じる愛着を新たに日本の中心に根づいた宗教と区別するために、名前が必要と感じたのかもしれない。そこでそれは「神道」と名づけられた。「道」は「とう」と読むが、道教の用語からとった言葉だ。神の道という意味だ。「愛」と名づけてもよかったかもしれない。

神道に敬服するにあたって、神々が原始の泥土から日本を造ったと信じる必要はない。神道は世界のもっと奥深くまで見通す。見通したものをそれとなく霊を感じる絵画で表現することもあるが、世界に対する愛をたたえるのに、たいていは俳句と呼ばれる3行の詩で十分だ。

夏河を
越すうれしさよ
手に草履

（与謝蕪村）

Chapter 17 個人的な宗教へ

宗教は人類史上多くの役目をはたしてきた。現代科学が天地創造について説明するようになる前は、信心深い預言者がその説明を提供してきたのであり、そのうちのいくつかを前章まででかいつまんで紹介した。だが、宗教は世界がどのように創造されたかだけではなく、なぜこのように組織されたかも説明しようとした。人類はなぜ地球上で優位に立ち、好きなように振る舞っているのかと尋ねれば、神がそう取り決めたからだと聖書は答えた。神は地球を人間に任せ、配下に置いて管理せよと命じた。人類はなぜ肌の色に応じて格づけされるグループに分かれているのかと尋ねれば、宇宙を支える知性によって、物事が目的にかなうようにそう秩序立てられたからだとヒンドゥー教の聖典は答えた。それがカルマだ。

　こうした答えは、物事はそういうものだからそれに慣れろと言うだけではなかった。世界がそう構成されていることに神の承認のスタンプを押したのだ。そのように神が計画されたのだ。だからこそ宗教はどれほどみじめであれ、人生での運命を受け入れろと人々を説得することに長けていた。そして、次の人生、またはこの人生の次の機会にはよくなるという望みも特に彼らに与えていたのだ。

さらに宗教は社会が課す規則や規制を人々に受け入れさせるのも得意だった。おたがい協調して生活したいのであれば、同意を得た一連の慣習、つまり「道徳」が必要だ。嘘をついてはならない。盗んではならない。殺してはならない。文明社会なら必ずこうした禁止事項によってその社会を守る。宗教はこうした規則について、人間が考え出したものではなく、神から命じられたものだと言うことで重みを加えている。十戒は荒れ野にいたイスラエルの民が思いついたものではない。神から課された戒めだった。だから歴史における宗教のもうひとつの大きな役割は、道徳の守護者となることだった。

本章では、宗教がさらに個人的な方向に展開した経緯について注目しよう。団体行動や、人間社会を管理する方法だけでなく、宗教は人それぞれに個人的な救済を提供するようになる。「救済」(salvation)という言葉はラテン語の健康を意味する語に由来し、人間がよく病気や不安になることを思い出させるものだ。この世で健康ではない、幸せではない、または安心していられないだけでなく、次の世で何が待ち構えているのかと不安になる。宗教が個人向けに変化したことで、問題を抱えた人生に平穏をもたらすことが可能になった。それにより、信者たちの見聞として、臨終の人が生まれ変わり、目の見えない人がふたたび見えるようになり、麻痺していた人がまた歩けるようになったと語られるようになるのだ。こうした展開をうながしたのは、異なる宗教同士が初めて出会ったことによると考えられる。

そして意外かもしれないが、こうした展開をもっとも大きく後押ししたのがローマの兵隊たちだった。紀元前30年までに、ローマ人はペルシャとギリシャの国々を制圧していた。政治的にはローマ人が勝者だったが、彼らは支配した国々の文化に大きく感化されたので、最終的にはどちらが実際の勝者なのか言明しがたいことにもなった。ローマ人はギリシャやペルシャで見つけた神話の題材にとても感銘を受け、その後の宗教に重大な影響がおよぶような形でそれを取り入れたのだ。

中国人が自分たちのやり方にあわせて仏教を取り入れたように、ローマ人もギリシャ神話を自分たちのやり方で取り入れた。ローマ人は実用主義の民族で、行動派だった。そのため、彼らはギリシャの古い神話を、現在ならロールプレイと呼ぶような形に変えた。物語の役を演じることで、彼ら自身の生き方が変わった。ギリシャの宗教から拾い上げた神話を実際に信じたわけではない。それによって、自分たちにとって重要な感情的あるいは精神的な体験をできるようにしたのだ。

だがユダヤ人にユダヤ教があり、ペルシャ人にゾロアスター教があったように、ギリシャ人にも宗教があったと考えるのは誤りだ。ギリシャ人にとっての宗教は、ほかのどの宗教よりも日本人にとっての神道に近かった。確かに多神教ではあるが、ギリシャの神々は山や海や照りつける太陽と同様、風景の重要な一部だった。神々は天候のように、自分のしたいように振る舞った。天候と同様、神々も温和なときもあれば、険悪なときもある。まさにありのままだった。最高神はゼウスという天空の神であり、ふたりの兄弟がいた。海の神ポセイドーンと、死者の国が広がる地下世界の神ハーデースだ。ほかにも何百という神々がいて、一部は自然界のリズムと関連していた。そして神々の冒険の膨大な物語を集めたなかのひとつがローマ帝国の重要な儀式の土台となり、広い範囲に影響を与えた。

その物語は元々自然についての神話だったが、ローマ人が吸収してその神話を「密儀宗教」と呼ばれるもの、つまり秘密の祭礼や儀式を行うことで信者の深い感情的体験を呼び起こすものに変えた。ギリシャ神話におけるその物語では、地下世界の神ハーデースが、自分の陰気な世界でともに暮らす妻を切望するあまり、ペルセポネーという乙女をさらう。ペルセポネーはデーメーテールという果物や野菜や穀物の豊穣をもたらす女神の娘だった。デーメーテールは娘を失ったことに打ちひしがれ、深い悲しみに暮れて仕事を放棄する。その結果、穀物が枯れ、果物が木々から消えて、人類は飢えと死の危険にさらされた。この状況を救うためにゼウスがあいだに入って、双方痛み分けの取り決めをした。ペルセポネーは1年の半分を地上で過ごし、半分を地下世界の退屈な夫のところで過ごすことになる。夏が終わるとペルセポネーは地下のハーデースのところに降りていき、母のデーメーテールはまた彼女の不在を嘆く。地上は冬に襲われ、育っていたものはすべて枯れる。葉が落ちて木々は裸になり、畑は荒れ野になる。だが、春が来るとペルセポネーがまた地上に上がってくる。母は娘の帰還を喜び、すべてが生き返るのだ。

これは自然の営みを説明するために作られた神話を、人生の浮き沈みも表現するように使うことができる見事な例だ。人間の存在にも喪失と回復、失敗と成功、死と再生のリズムがある。神が死に赴きそしてよみがえるという考えは、人間の魂の強い要求をしっかりと満たした。この物語と、その意味を明らかにするように意図された祭儀が、ローマ帝国でもっとも重要な密儀宗教のひとつとなった。ギリシャからもたらされた「密儀」は、儀式のメンバーがそこで行った祭礼や儀式を秘密にすると誓ったことにより、沈黙が守られ、口外されることはない。

この儀式は元々紀元前1400年頃、ギリシャのアテネに近いエレウシスで、女神デーメーテールから地上に贈られる実りを祝う日としてはじまった。だがローマ帝国の時代に宗教的儀式となり、エレウシスの密儀として知られるようになると、神の死と再生の神秘に引きつけられる「個人」の精神的な体験が強調されることになった。儀式への参加を認められた人は女神と一体化して、女神が死ぬ冬と再生する春を体験する。これは暗闇のなかへと降りていったあと、新たに生まれた日の光のなかに戻ってくる体験をまねる儀式として行われた。この宗教的儀式は感情に訴えるものだった。「学ぶ」ものではなく、「感じる」ものだった。そして体験することによって自身が変化した。重要なのは、この変化がすべて人間の心のなかで起こることだ。そして心がどれほど不思議な場所かをわたしたちは知っている。心のなかには天国と地獄があり、高みと深淵、光と暗闇がある。エレウシスの密儀を行う祭司は人間の心のエキスパートだった。彼らはどのように信者を導き、紆余曲折を経て日に照らされた救済の野原に連れていけばよいか知っていた。

ただし、ローマ帝国の密儀宗教として新しい役目が与えられたのは、デーメーテールやペルセポネーのようなギリシャの神々だけではなかった。ペルシャの古代ゾロアスター教でミトラと呼ばれる神もローマ人の別の密儀の中心となる。ミトラは太陽神であり、洞穴で生まれ、聖なる雄牛を殺して、その血で大地と生き物を造った。ローマの兵士は東方に遠征してミトラの物語に出会う。彼らは血や剣の話が好きだった。ひとりで雄牛を殺す勇気を賛美した。そして彼らが得意とした、殺して血を流すことが、他者の新しいよりよい生命の出現につながるという考えが気に入った。そこでその神話を自分たちのために採り入れて、彼らのお気に入りの密儀とした。

ミトラの密儀はエレウシスの密儀よりも血なまぐさいが、テーマはそれほど違わない。ミトラの密儀でも死を新しい生命に通じる道としてたたえていた。その儀式も地下で行われ、強い感情を呼び起こした。その儀式も感じるもので、学ぶものではない。洞穴や洞窟はなにしろ不気味なところだ。そこに連れて行かれることは、儀式の参列者の心をかき乱す効果があった。ローマの兵士は毎日死に直面していたので、犠牲的な死とそれにつづく生を劇的に表現した儀式は、彼らに対して説得力があっただろう。ミトラの密儀は男性だけの儀式だった。これもローマ軍のような男性社会にはもうひとつ魅力的なことだっただろう。隠れた儀式や内々の言葉をもつ秘密の集まりは、メンバーを他者より一段上の特別な存在だという気にさせる。そして排他的なクラブに属することは、ある種の人間の気を引くような何かがある。ミトラの密儀はこうしたすべてを確かに備えていた。

ローマ帝国でこのような密儀が出現したことは、宗教史上の転機となった。それまで宗教はおもに集団の共通のアイデンティティに付属する活動だった。ユダヤ人にとって彼らの宗教は、生まれながらにして、特別な民として神から招かれたことによるものだった。彼らの道徳的真面目さに外部の共感者が魅了されることもあったが、非ユダヤ人である外国人は自らの出生の巡り合わせを変えることはできなかった。ヒンドゥー教も生来のものであり、生まれながらにしてカーストに押し込まれるのだった。それまでは、仏教だけがこのルールの例外だった。仏教は集団での運命に対抗して、個人への救済を提供していた。そしてこの頃のアジアで、仏教はいつでも、どこでも、誰をも対象とする普遍的な宗教となる途上にあった。

興味深いことに、個人に助けをもたらす宗教は、発展して万人向けとなる可能性が高い。世界には救済を求める個人がいっぱいいるからだ。その流れを密儀が実証した。個人が自発的に儀式に参列したのだ。これにより、宗教を集団のアイデンティティとする考えに代わって、個人的な改宗という考えが生まれた。そして密儀において信者に救済の感情的体験を与えた方法は、その後生まれる宗教が模倣するある形式をもたらす。神が死んでからよみがえるという考えは、人間の本質に訴えかけるものがある。特に神がよみがえることによって、人間も自分の墓からよみがえる方法が得られる場合だ。

こうした流れが宗教史上最高の表現をとるようになるまで、まだ数百年かかる。だが世界でもっとも人気を得て主流となった宗教の出現に向けて、準備が整いつつあった。最盛期のキリスト教は自らを「カトリック」と呼んだ。この言葉は、「普遍性」を表すギリシャ語が語源だ。その根源的信念は、神の死と復活だ。以下の章で、1世紀にユダヤ教の小さな分派としてはじまった宗教が、最初の真に普遍的な宗教である「カトリック教会」にどのように変容していったか、そしてこうしたタイトルをどのように勝ち取ったかについて見ていこう。

Chapter 18 改宗者

改宗者も、宗教のドラマではお定まりの登場人物だ。conversion（改宗）という言葉はくるりと回って反対方向を向くという意味だ。人が意見を変える場合は、おおむね何年もかかって徐々に変わり、通常流れはゆっくりだ。だが改宗の場合、ゆっくり変わることはまれだ。改宗者は一瞬のうちに変わることがある。急に１８０度方向転換するのだ。彼らはあとになって、あまりに急で生まれ変わったかのようだったと言う。

誕生になぞらえるのは妥当だ。出産そのものがどれほど早くても、赤ん坊が産み月になるまでには時間がかかることを想起させるからだ。同様に、改宗の瞬間は突然でも、実際には何年もかかったあげくの頂点であることが多い。改宗者の心は分裂していて、自分が魅了されていると認めることすらできない何かに対して抗う。抵抗をやめれば、望まない方向に自分の人生が進む。だから彼らは本当は甘受したいと切望しているまさにそのものに抗い、時には文字通り戦う。

キリスト教に改宗したことによって人生がひっくり返った者は多いが、もっとも有名なのはサウロと呼ばれるユダヤ人だ。キリスト教徒になってから彼はパウロと呼ばれた。彼の回心は有名で、そのときのその場所が、急な心変わりを端的に表す言葉になったほどだ。人生の方向が反転した瞬間を表現するとき、欧米では「ダマスコ途上」の出来事と言う。何年にもわたってキリスト教徒を迫害してきたサウロが、ついにキリスト教を受け入れたのがダマスコへの途上だったからだ。

サウロがいつ生まれたのか正確にはわからないが、紀元の初め、2年頃だと言われている。いつ死んだかもはっきりしないが、信頼できる言い伝えによれば、62年から65年のあいだにローマで殉教したとされる。生まれた場所は、ローマの属州キリキアのタルソス、現在のトルコ南東部だとわかっている。サウロはユダヤ人だったが、父親からローマの市民権を受け継いでいたという。パウロとはおそらくローマ名だろう。職業はテント職人だが、教育を受け、ギリシャ語を流暢《りゅうちょう》に話したり書いたりできた。彼が自ら設立した教会に宛てた手紙は、キリスト教の文書で現存する最古のものだ。エルサレムでガマリエルという高名なラビ（ユダヤ教の指導者）のもとでも学んだようだ。サウロは自らをファリサイ派だったと言っている。

どの宗教も、どれほど統一されていると主張していても、実は信仰の仕方が異なる複数のグループの寄りあいであり、時にはグループ間で大きな違いがある。サウロの時代のユダヤ教も例外ではなかった。宗教のなかでもっともよく発生する分裂は、保守派と進歩派によるものだ。ユダヤ教は神の声を耳にしてその指示を人々に伝えた預言者からはじまったのであり、その発端となる初期の神の啓示に信仰を限定するのが保守派だ。一方、進歩派は新しい展開と、初期よりあとの啓示による主張も受け入れようとする。紀元1世紀にユダヤ教でこうした正反対の傾向を示していたのは、保守派の「サドカイ派」と、サウロが属していた進歩派の「ファリサイ派」だった。

このふたつの会派のもっとも大きな違いは、死後の世界についての信仰だった。死後の世界は初期のユダヤ教にはなかったテーマだ。アブラハムが気づいたのは、神は唯一だという点だ。モーセが気づいたのは、ユダヤ人が特別な民、神の掟を守る民として神に選ばれたという点だ。これが、サドカイ派が厳密に守っていたユダヤ教の元々の根幹だった。サドカイ派が懐疑的だったのは、バビロンの捕囚時代にユダヤ人が取り入れるようになったと言われる、死者の復活や、復活した人々に与えられる恩恵と罰といった信仰だ。ほかにもバビロンからもち込まれてサドカイ派が拒絶したものに、天使への信仰がある。天使は神と人とのあいだを仲介すると言われていた。「肉体のない知性」、肉体をもたない霊的存在と表現される天使は、地上にいる神の子らにお告げを伝えるために神から遣わされる。サドカイ派にとって、天使も不要だった。神はお告げを広めるのに使者など必要としない。神はすでにどこにでもおられ、誰にとっても自分の息より身近な存在なのだ。

ファリサイ派はサドカイ派のようには考えなかった。彼らは進歩派で、神がご自身の神秘や世界に対するご意志を、神の子らに伝えなくなったという考えを受け入れることを拒んだ。神が自らの民に教えようと望む知識を何百年も前に伝え尽くしたと、どうして信じられるだろうか？ 神は生きておられるのであり、神の民に新しい真実を教えるように新しい預言者に命じられるはずではないのか？　預言者ダニエルによれば、神は天使ミカエルにイスラエルを任せ、それまでイスラエルになかったような困難な時代のあとに、彼らを救い出し、死者を墓からよみがえらせ、ある者には永遠の命を、ある者には永遠の辱めを与えるのではないのか？　今ローマの支配下で経験している困難は、ダニエルの説明に当てはまらないのか？　ダニエルが約束した終末と、終末をもたらすメシアの出現を皆が望んでいるのではないのか？

イスラエルは当時、宗教的にも政治的にも混乱していた。エルサレムにはメシアの時代をもたらす人を待ち受ける群衆が詰めかけていた。だが来たるべき人だと称して群衆に喝采される者が誰だろうと、三重の危険が待ち構えていた。イスラエル人は反逆のわずかな兆候をも警戒する短気なローマの役人たちに支配されていた。彼らローマの役人たちにとって、メシアとはローマの支配に対する反逆者の隠れみのでしかなかった。そして彼らローマの役人たちは反逆者の扱い方を知っていた。

エルサレムの神殿を司る祭司たちも、メシアと称する者にとって危険だった。メシアと称する者は、ローマ人にとっては政治的な反逆者かもしれないが、祭司たちにとっては神の意志を明らかにする彼らの独占的権威に挑む冒瀆者《ぼうとくしゃ》だった。そして祭司たちは冒瀆者の扱い方を知っていた。

ヘロデ王家も、メシアと称する者にとって危険だった。ヘロデ王は、当時4つの地域に分割されていたイスラエルをローマから任されていた。少数民族の出身であり、残された権力にしがみついていた王家にとって、メシアと称する者は彼らの地位を脅かす存在だった。そして王家は彼らの人生を脅かす者の扱い方を知っていた。

　ある年の過越祭の日、メシアと称するイエスという名の男が反逆者としてローマ人により処刑された。大祭司はこの人物を冒瀆者として糾弾して処刑に同意し、ガリラヤ領主のヘロデ・アンティパスも歓迎できない厄介者としてその処刑を支持した。だがイエス・キリスト、つまりメシアであるイエスと呼ばれた男を十字架に磔《はりつけ》にしても、厄介事は終わらなかった。そこで、サウロがこの物語に登場する。

　イエスの弟子たちはイエスの死後も口を閉ざさなかった。彼らは大胆になっていく。イエスこそ、来るべき終末に備えるために神からイスラエルに送られたメシアだという証拠があると彼らは言う。イエスは死後、さまざまな場所でさまざまな機会に弟子たちの前に姿を現し、ともにとどまって終末時に戻る自分を待つように告げたという。イエスの復活を聞いて、危険分子を完全に取り除いたと考えていた祭司たちは激怒する。そしてファリサイ派のサウロを神殿警備の特別隊に採用し、「キリスト教徒」と称する者たちがこれ以上問題を起こす前に、探し出して捕らえよと命じた。サウロは仕事を渇望していたので、雇われると熱心にとりかかった。

　この頃の彼についての記述が残っている。彼は小柄で頭がはげており、足は曲がっていた。見栄えがよくないことを自分でも認めていた。だが彼には何かがあり、彼の目からその何かがうかがえた。情熱と強さを備え、探求者として眼差しはするどかった。いつも活力にあふれていた。そして雄弁だった！　その男が今や、キリスト教徒狩りを託されたのだ。しかし思い出してほしい。彼はファリサイ派だった。サドカイ派は、誰だろうと死からよみがえることなどないと信じていたので、キリスト教徒の主張にはまるで取りあわなかった。サドカイ派の主張は単純明快だった。人間は誰も死からよみがえることはできない。イエスは人間だった。したがって、イエスが死からよみがえることなどない。

ファリサイ派の議論はそうではない。神がいつの日か最後の審判のために死者をよみがえらせると彼らは信じていた。神がイエスをよみがえらせたとは信じなかっただけだ。サウロもそうだった。だから彼はイエスの復活を信じた冒瀆者たちの裁きの場にいた。だが彼は少しも迷わなかったのだろうか？　迷いがあったからこそとても熱心だったのではないか？　キリスト教徒を追って国中を走りまわりながら、自分自身から逃げていたのではないか？

実際サウロは走りまわっていた。イエスの弟子たちがすでにエルサレムから数百キロ北にあるダマスコにいると聞いた。彼らは次にどこに行くだろうか？　サウロはそこまで彼らを追って捕まえる権限を大祭司から得た。そしてダマスコに向かう途上で、大きな光に照らされて目がくらみ、倒れ込んでしまった。次に声が聞こえる。「なぜ、わたしを迫害するのか？」とその声が尋ねた。「あなたはどなたですか？」とサウロが問い返すと、「わたしは、あなたが迫害しているイエスだ」という答えがあった。その声はサウロに、立ち上がってダマスコに入れば、なすべきことが知らされると告げた。サウロが起き上がると、目が見えなくなっていた。彼の目が見えなくなったことを、迷信から生じる嘘だと片づけてはいけない。人間の心の作用でどのようなことが起こるかを忘れてはならない。見ようとしなければ何も見えないとは、よく言われることだ。サウロの目が見えなかったのは、彼が今や知った真実を長いあいだ認めるのを拒否してきたことの現れだった。部下たちは彼をダマスコに連れて行き、寝泊まりできる部屋を見つけた。目が見えず、混乱したまま3日間、サウロはそこにいて、食べることも飲むこともできず、次に何が起こるのか待つしかなかった。

ダマスコにいたアナニアという名のイエスの弟子が、直線通りという通りにあるサウロの宿を訪れ、彼を見舞った。サウロはまた目が見えるようになり、すぐに危険な行動をする。彼はダマスコの会堂に行き、集まっていたユダヤ教の信者にイエスが神の子だ、皆が待ち望んでいたメシアだと宣言した。彼がそのことを知って皆に伝えるのは、イエスが彼のところに現れたからだと言った。

このことを知ったイエスの弟子たちの衝撃を想像してほしい。彼らの迫害者が今や、彼らの仲間だと主張している。これは策略だろうか？　サウロはスパイとなって彼らと行動をともにすることで、メンバーをうまく突き止めて捕らえようとしているのだろうか？　彼らはその新しい改宗者を恐れた。

サウロ自身、次にどうすればよいかよくわからなかった。彼は彼らしい行動をした。キリスト教の指導者のところで彼らの信仰について学んで認めてもらうのではなく、ひとり離れてアラビア（ダマスコの南東にあったローマの属国）に行き、自分に起こったことについて考えながら祈った。キリスト教の信仰について誰にも教えてもらう必要はないと彼は考えた。ダマスコ途上でイエスご自身が現れて、必要なことはすべて与えてくださったのだ。イエスの復活がお告げだ。イエスの復活を信じれば、大事なことはすべてわかる。

それからまだ3年かかるが、サウロはパウロと呼ばれるようになり、エルサレムまで戻ってイエスの信者の指導者たちに会った。あるいは、キリスト教のほかの指導者たちと彼は呼ぶだろう。彼自身も今や使徒のひとり、つまりイエスの教えを広めるためにイエスから遣わされた者となったと主張しているからだ。使徒たちもパウロに慣れるしかない。

不思議なことだとほかの使徒たちは考えた。この新参者はイエスに会ったことがなく、イエスの生前について何も知らないのに、イエスが復活したと公言している。われわれはイエスを知っているが、イエスはわれわれを当惑させた。イエスのように話す人にそれまで会ったことはなかった。彼はメシアなのだろうか？　それが知りたくて彼について行った。しかし、われわれが思っていたような結果にはならなかった。

では、このイエスと呼ばれた男は誰なのか？　彼には実際に何が起こったのか？

Chapter 19 メシア

イエス・キリストについて最初に言っておくと、キリストとは姓ではなく、称号だ。Christos（キリスト）はギリシャ語であり、ヘブライ語のメシア（救世主）に相当する。メシアであるイエスという意味になる。ただし、皆が同意していたわけではない。そのため、彼の名前からして論争の種であり、論争は彼の死にもついてまわった。ローマ人は彼を十字架につけながら、彼をからかいつづけていた。十字架上の彼の頭の上に、「ユダヤの王」という嘲笑する札をかかげた。彼らにとってイエスは嘲《あざけ》りの対象でしかない。世界を変えようとする新手の頭のおかしなユダヤ人だ。

イエスについては当初から議論があった。どこから来たのか、親は誰か、自分が誰だと思っていたのか、死後に彼に何が起こったのか。今でも議論がつづいている。途方もなく多くの言葉が費やされて彼について書かれてきた。その嚆矢《こうし》がキリスト教の聖書、つまり「新約聖書」だ。ユダヤ教の聖書を「旧約聖書」とし、区別するためにそう名づけられた。この区別がイエスの最初の弟子たちが彼をどう見ていたかの手がかりとなる。彼らにとってイエスは新しい宗教の始まりではなかった。彼はユダヤ人の古くからの宗教を全うするために来られたのだ。神はアブラハムとモーセに最初の契約（旧約）を結ぶように命じた。今回、神はイエスに新たな契約（新約）を結ぶことと、メシアの時代にその契約を完了することを命じた。

イエスの生涯について知るには、新約聖書に進む必要がある。残念なことに、この聖書の構成は誤解を生む。新約聖書は福音と呼ばれる4つの書物ではじまる。福音とはよい知らせという意味だ。マタイ、マルコ、ルカ、ヨハネのそれぞれが伝える「福音書」がこの順に並ぶ。次に、「使徒言行録」と呼ばれる書があり、その後に多くの手紙がつづく。そのほとんどが、前章で紹介した改宗者パウロが書いたものだ。では、なぜ本書では前章を新約聖書の最初の「マタイによる福音書」からはじめなかったか？

その理由は、「マタイによる福音書」が最初ではなかったからだ。最初に書かれた、最古のものはパウロの手紙であることがはっきりしている。イエスの死から25年後の紀元55年頃、ギリシャの都市コリントにいたキリスト教への改宗者たちに宛てたものだ。手紙ではイエスの生涯ではなく、死後彼に何が起こったかについてのみ関心が寄せられている。イエスは死によって終わったわけではないと手紙は告げている。イエスは死後、神のうちに新しい命を授かって、地上に残してきた者たちと接することができるようになった。パウロはイエスが死後に姿を見せた数百人もの人々を挙げており、そのなかにダマスコ途上での自らの経験も含めている。

したがって新約聖書がイエスについて最初にわたしたちに告げるのは、イエスは死後に歴史から姿を消したわけではないということだ。姿を現したことで、死は彼にとって終わりではなかったことが証明された。イエスの復活は神が約束した新しい時代の始まりであり、世界に新しい秩序を確立するという神のキャンペーンの幕開けなのだ。そしてイエスの弟子たちにとっても、死は終わりを意味しない。彼らも死ぬことがあれば、死後の命を得るのだ。いや、死ぬ必要もないかもしれない。イエスの復活は、神がついに動き出したことを証明した。イエスが語っていた完璧な国が地上に築かれようとしている。すべてが変わるだろう。死さえも！

55年にパウロがコリント人に宛てて書いた手紙は、最初に映し出されたイエスの姿だが、イエスの死後について起こったことしか書かれていない。イエスの生涯について知るには、その後に書かれた福音書に進む必要がある。最初に完成したのは「マルコによる福音書」で、60年代末か70年代初めだ。次が80年代から90年代のあいだに完成した「マタイによる福音書」と「ルカによる福音書」だ。１００年頃に完成した「ヨハネによる福音書」が最後だ。こうした時期は注目に値する。預言者の生涯から時期が隔たるほど、話が脚色され、尾ひれが付くようになる。これがイエスについて起こったことだ。彼がどこでどのようにして生まれたか、そして厳密にどのように死からよみがえったのかについての論争に、本書では踏み込みたくはない。ベツレヘムで生まれたときや、エルサレムで復活したとき、天使が何人参列したのかも論じない。本書では、イエスについてもっとも一般に受け入れられている事実から離れずに進みたい。それだけでも十分注目せずにはいられない内容だ。
「マルコによる福音書」ではいきなり終末劇の一場面が展開する。荒れ野でイナゴと野蜜を食べて暮らし、ラクダの毛衣をまとった男が、砂漠から出てきて説教をはじめる。男は洗礼者ヨハネと呼ばれる。彼は罪を悔い改めて再出発を望む人々を、その印としてヨルダン川の水にくぐらせていたからだ。彼らは今までの命を沈めて、新しい命を求めて立ち上がる。ヨハネはメシアとは名乗らない。だが、メシアのために道を準備しようとやってきたと言う。そしてマルコによれば、ガリラヤのナザレから来たひとりの男がヨルダン川に入り、ヨハネから洗礼を受けたという。これが歴史上最初にとらえられたイエスの姿だ。イエスはすでに30歳だ。そして次に起こったことが彼の物語の本当の開幕だ。

ヨハネがイエスを数秒間水にくぐらせて水面に引き上げると、イエスは目がくらむような光に照らされ、神が彼を愛する息子と呼ぶのを聞いた。自分がメシアだとイエスが知ったのがそのときだったと確かめることはできないが、その瞬間、彼の使命がはじまったことは間違いなかっただろう。預言者がすることをもう一度思い出してほしい。彼らは神の声が語りかけるのを聞き、何を聞いたかをほかの人々に話すのだ。話すことによって、神について知るべきことはもうすべて知っていると考える者たちと対立する道を歩むことになる。相手は宗教の専門家たちだ。彼らはガリラヤの田舎者から教えを受けるつもりなどない。イエスとユダヤ教の正式な代表者たちとのあいだに起こった3つの対立は、イエスを死に追いやった勢力について知るべきことをすべて物語っている。

最初の対立は、「マルコによる福音書」に記されている。マルコによれば、イエスは洗礼のあと、貧しい人や苦しむ人の世話をはじめる。苦しみを罪による罰と見なす公式の見解についてイエスは激怒し、苦しみそのものについても憤慨する。苦しみは神が世界に命じた道理によって起こるのではない。宗教や政治の権力者が世界を構成する方法によって生じるのだ。神は権力者たちが変えた世界を嫌い、地上に実現する神の国がどのようなものかを示すためにイエスを遣わされた。これは貧しい者たちにとってはよい知らせだ。律法学者（ユダヤ教の律法を教える法律尊重主義者）が神の子らの生活を縛りつけているロープが解き放たれるのだ。

公の場での権力者との最初の対立は、安息日には休むようにという戒律についてだ。イエスは弟子を連れて麦畑を通るところだった。弟子たちは歩きながら麦の穂を少しずつ摘んで口にした。それをファリサイ派の人々が、安息日に穀物を摘んで働いたとして彼らを非難した。イエスの答えは革命的だった。安息日は人のために定められており、人が安息日のためにあるのではないとイエスは言った。社会には規則や規制が必要だが、規則や規制はわたしたちに仕えるものであり、主人ではない。課される規則や規制が厳しすぎれば、本来なら支えるはずの対象の人々より、規則や規制のほうが重要になってしまう。道教では600年前に認識されていた事実であり、法律尊重主義がいかに頑迷かを示している。そして今またイエスがそれを変えようとしている。法律が人類の支配下にあるべきで、人類が法律の支配下にあるのではない。律法学者が彼を憎んだのも不思議はなかった。これがイエスの最初の罪状となり、事件簿に記される。

2度目の対立は山上の説教でのことで、「マタイによる福音書」に記されており、さらに危険な状況になる。イエスは権力者による世界の支配の仕方に異議を唱えた。権力者の論理では、人民は烏合の衆であり、管理下に置く必要がある。一歩譲れば、千歩踏み込まれる。だから彼らを厳しく、ひんぱんに罰する。顎を拳で殴り、首の後ろを長靴で蹴りつけることでしか、民衆にわからせることはできない。だがマタイによれば、イエスは山上に、十戒を抱くモーセのように立ち、地上に訪れる神の国がどのようであるかを説いた。

誰かがあなたの片方の頬を打つなら、もう一方の頬も同じように打てるように彼に向けなさい。上着を取ろうとする者には外套《がいとう》も取らせなさい。敵を憎むのではなく愛しなさい。自分を迫害する者に善い行いをしなさい。人を許し、さらに許し、いつまでも許しつづけなさい。それが天国で行われていることであり、地上でも行われるべきことだ。ここでイエスが語る、今までとまったく逆を示す神の国のカギは、イエスが洗礼時に聞いた言葉「あなたは愛する子である」にある。神は支配者でも首領でもなく、人間の牢獄の看守でもなければ、奴隷の監督でもない、父なのだ！　そして、人類はひとつの家族だ。革命的な話だ！　支配者が彼に目をつけるのももっともだろう。これはイエスのふたつ目の罪状として事件簿に記される。

3度目の対立は「ルカによる福音書」に記されている。イエスは人々にこう考えるようにという指導をしたことはなかった。イスラエルの預言者のように、人々に自分で考えさせるような話を物語った。聴衆のひとりがイエスに親しげに、ユダヤの律法でもっとも重要な掟は何かをもう一度教えてもらいたいと願い出た。イエスは答えた。心を尽くし、精神を尽くし、力を尽くして神を愛しなさい。これが最初の掟だった。

2番目は、隣人を自分のように愛しなさい。尋ねた者は、それはそのとおりだが、隣人とは誰ですかとまた尋ねた。イエスの答えは善いサマリア人のたとえだった。

ある男が追いはぎに襲われ、裸で意識を失ったまま人里離れた危険な道に放置された。祭司とその従者が通りかかった。彼らは善良な人々で男を助けたいと思ったが、宗教で禁じられていた。道端に倒れていた男は死んでいるかもしれない。彼らの宗教では、死体に触ると汚《けが》れることになる。また、この男はユダヤ人が交際を禁じられている民族かもしれず、やはり男に触れると汚れる恐れがある。彼らは男を避けて放置したまま道の反対側を通っていった。次に来たのはサマリア人だった。ユダヤ人が交際を禁じられている民族のひとつだ。サマリア人の宗教でもユダヤ人と同じ禁制があったが、男の窮状に対する同情のほうを信仰より優先した。彼は男を助けてその命を救った。イエスによれば、隣人とは自分と同じ宗教をもつ人のことではない。隣人とはあなたの助けを必要としている人のことだ。神はわたしたちの父であり、わたしたちは神の子なのだから、すべての人がわたしの隣人であり、姉妹であり、兄弟だ。

このたとえ話の標的は見逃しやすい。「マルコによる福音書」での安息日に関する話の標的は律法だった。「マタイによる福音書」での山上の説教での標的は権力者の政策だった。そして、善いサマリア人の話のなかでは「宗教」が標的だ。イエスが言おうとしているのは、神の代理だと主張する組織が神の最大の敵となりやすいということだ。神の代理と主張する組織は自分たちの規則を神の愛よりも高く評価するからだ。祭司たちがイエスを憎み、彼の罪を訴えるようになったのも不思議はない。これはイエスの3番目の罪状として事件簿に記録され、彼に対する訴えはすべてそろった。今や彼が捕らえられるのも時間の問題だった。

イエスは弟子たちに祈り（「主の祈り」と呼ばれる）を教えていた。短いけれどもその数行に、彼がそれまで弟子たちに教えたすべてが詰まっていた。「天におられるわたしたちの父よ」ではじまり、天におけるように地の上にも、御心《みこころ》が行われますように、御国《みくに》が来ますようにと祈る。長年にわたって使われてきたので、今なお唱えるキリスト教徒に迫力を感じさせるものではない。だがすでに地上で神に仕えていると考えていた祭司だったら、どれほどの衝撃を受けたかを想像してほしい。あるいは、手に負えない植民地を制御しようとする政治的支配者だったらどう思うだろうか？　それは挑発的な言葉だった。ひとりの男を死に追いやるのに十分だった。

Chapter 20 イエスがローマに至る

イエスを捕らえに来たのは夜中だった。秘密警察が来るのはいつも夜中だ。町が静かで、人々の活力がいちばんさがる時間に襲う。イエスの仲間のひとりの手引きにより、私有地の庭（ゲッセマネの園）でイエスを捕縛した。

イエスは象徴的な振る舞いに長けていた。心の解放活動をはじめたときは、イスラエル人のカナンへの入植をまねた。聖書によれば、エジプトを脱出し、約束の地を目指して戦ったイスラエル人は12の部族に分かれており、イスラエルの十二部族と呼ばれていた。そしてイエスは弟子たちから12人の男を選び、従来とはまったく異なる自分の活動を率いる手助けをさせた。イエスは彼らを使徒（apostle）と呼ぶが、使いの者という意味のギリシャ語が由来の言葉だ。彼らが伝えるのは、神の平和の国が近づいているというよい知らせだった。

しかし、使徒は立派な人間の集まりではなかった。そのなかのもっとも有名なふたりは、落伍者となるペトロとユダだ。ペトロは愛情深かったが弱かった。彼は捕縛されたイエスを見捨てた。一方、イエスが身を隠していたその庭に警察を連れてきたのはユダだ。ユダがなぜ裏切ったのか、はっきりとはわからない。祭司たちはこの裏切りに銀貨30枚を支払ったが、ユダがお金のためにしたとは思えない。おそらくイエスが自分の期待したようなメシアではなかったので、失望したのだろう。イエスはイスラエルの貧しい人や苦しんでいる人のあいだで莫大な支持を得たが、剣を抜いてローマ人を相手に戦ったりはしなかった。ユダはイエスを怒らせて戦闘態勢をとるように仕向け、約束された神の国を実現させたかったのだろうか？　それがユダの動機だったのか？　わたしたちにはわからない。ユダにもわからなかったのかもしれない。「マタイによる福音書」によれば、ゲッセマネの園での捕縛のあと、イエスがどうなったかを知ってユダは絶望し、首をつって自殺したという。彼のしたことを取り消すには遅すぎた。そのときすでにイエスはローマの兵士たちの手中にあった。

ローマの兵士たちも象徴的な行いが得意だった。為政者がイエスを十字架上で処刑するようにと宣告すると、兵士たちはいばらの冠を彼の頭に押しかぶせ、古ぼけているが高貴な人を示す紫色のマントを着せた。そして「ユダヤ人の王、万歳」と嘲ってから、処刑場へ引き立てていった。十字架への磔はゆっくりと死に至る、ローマでもっとも過酷な刑罰だ。受刑者は死ぬまで何日もかかることがある。紀元前73年にローマでスパルタクスが指揮する奴隷たちが反乱を起こしたが、非常に激しい戦いの末に鎮圧された。戦いの終結後、ローマの将軍クラッススは6000人に及ぶ反乱者を磔にし、ローマへの大きな街道沿いに何か月も放置した。イエスの場合はそれよりも早く、十字架につけられてから6時間後に亡くなる。おそらく、逮捕後に厳しくむち打たれ、十字架に釘で打ちつけられる頃には半死の状態だったのだろう。
イエスは十字架上で何を思ったのだろうか？　神から告げられたと思っていたことに、彼自身が欺かれていたのだろうか？　それとも、自らの死を神の計画の一部として受け入れたのだろうか？　今までも両方の説が唱えられてきた。ある説によれば、権力者に挑むことで最大の危機が訪れたとき、神が行動を起こすとイエスは確信していたという。ユダがイエスに行動させようとしたという説と似ている。イエスは神の行動をうながそうとしたのか？　地上にこれまで存在したものとはまったく異なる国について公言し、そのために死ぬ覚悟を示すことで、神が突然姿を現し、この世の支配の形勢を一気に逆転するだろうと考えていたのか？　神の出現を望んでいたとしても、実現はしなかった。ローマ人から救われることはなかった。神の急襲によってこの世の苦しみが一挙に解決することもなかった。そこには十字架と、そこで確実に死に至るという事実しかなかった。彼は何を成し遂げたのか？　何もなかった！「マルコによる福音書」によれば、最後に息を引き取る直前に、イエスは絶望して叫んだという。「わが神、わが神、なぜわたしをお見捨てになったのですか」（「マルコによる福音書」15章34節）
ほかの福音書の著者たちはイエスの磔に絶望の叫びとは違う展開を加えた。イエスは常に冷静だったと彼らは示唆する。その死は最初から神の計画の一部だった。イエスはその死が取り決めの一部だと知っていた。「ヨハネによる福音書」が書かれる頃になると、その展開が正式な物語となっていた。ヨハネによるイエスの最後の言葉は、マルコによる絶望の叫びではなく、「成し遂げられた」（「ヨハネによる福音書」19章30

節）という勝利の叫びだった。

次に何が起こるのか、イエスの信奉者は誰も予想できなかったようだ。数人の忠実な女性たちを除いて、彼らは皆、イエスを捕らえに警察が来たときに彼を見捨てて逃げた。次に自分たちが捕らえられるのを恐れた。戸が叩かれることにびくびくしながら彼らは夜明けまで絶望的な時間を過ごしたが、警察はまったく来なかった。かわりに訪れた人に彼らは驚いた。訪れたのはイエスだった。どうしてイエスだとわかったのかはっきりとは言えなかったかもしれない。「コリントの信徒への手紙」のなかで、パウロがその驚くべきことについてすべて語っている。そしてイエスが姿を見せたすべての人々を挙げている。それから最後に、わたしにも現れました、とパウロは言う。ここで、ダマスコ途上での出来事に戻るのだ。パウロの回心は使徒たちを見舞った2番目の衝撃だった。

イエスが現れたことは、ペトロやほかの使徒たちに勇気を与えた。イエスの逮捕時に散り散りになった彼らは、今やふたたびまとまり、ペトロも自信を取り戻していた。将来がどうなるかはわからないまま、彼らは何が起こったのかを仲間のユダヤ人に語り出した。徐々に大胆さを増しながら、次のような信念を繰り返すようになった。聖書が記すとおり、呪われた死に苦しまれたが、イエスは約束されたメシアだ。彼が現れたことがその証《あかし》だ。

しかし、彼らが間近にあると今や信じる新しい国は実際いつ実現するのか？　それほど遅いはずはないと彼らは考えた。皆生きているあいだにその実現を目にするはずだ。そして今度は間違いないだろう。イエスの再来は、死後に姿を見せたような密かなものではないはずだ。次回はもっとも威厳に満ちた彼の国の到来となるだろう。パウロはそれを表す最高の言葉を考え出した。イエスの死後の復活は、まもなく刈り取られる神の収穫の「初穂」だったと彼は言う。

イエスの最初の弟子たちはまだパウロのことをどう考えてよいかわからなかった。最大の迫害者だったサウロが今やパウロと呼ばれ、もっとも面倒な存在に変わった。弟子たちはパウロの改宗の衝撃から立ち直ったあと、ダマスコ途上でイエスに「呼ばれた」パウロに対し、それによって使徒と称することを許したあとも、やはりどう扱うべきかはかりかねていた。弟子たちはイエスと同様、全員ユダヤ人であり、ユダヤ人として物事に対処することを望んでいた。イエスの再来に何が関与するにしろ、いつ行われるにしろ、再来はエルサレムで起こるだろうと確信していた。エルサレムこそ神の聖なる都だ。だからそこにしっかり腰を据え、イエスを待とうとした。イエスがメシアであり、まもなく再来するという知らせを広めつづけようとしていたが、対象はユダヤ人のみ、自分たちの民族だけだった。

「違う！」パウロは大声をあげた。神が古い取り決めを引き裂き、新しい取り決めを告げたのがわからないのか？　古い取り決めは、輝かしい目的をすでにはたした。しかし古い取り決めは終わったのだ。古い取り決めは、子供が学校に行く必要があるとするようなものだ。小さい頃にはとても重要だが、大人になればその必要はなくなる。そして別の問題がある。新しい取り決めはユダヤ人だけのものではない。あらゆる人のものだ。世界全体のものだ！

エルサレムにただ身を寄せあって、イエスの再来を待ち受けるだけではいけないとパウロは彼らを諭した。外に出て行くべきだ。イエスの道をたどるのにユダヤ人である必要はない、と世界に告げなければならない。われわれは言うまでもなく、引きつづき慣習を守る忠実なユダヤ人だ。ユダヤの慣習はわれわれの伝統だ。だが神の子の印として何百年もユダヤ人の男の子が割礼を受けてきたのだとしても、それは今までの話だ。イエスを信奉しようとする異邦人に、まさか割礼を受けろと命じたりはしないだろう？　これは今の話だ。今必要なのは包皮の割礼ではなく、心の割礼だ。精神の割礼だ！　異邦人は今までの暮らし方から自らを切り離して、イエスの精神のうちに生きる必要がある。しかも、その知らせを広めるのにそれほど時間はない。イエスは思っているより早く戻られるだろう。この知らせを聞かずにすでに死にかけている人々がいる。急がなければならないし、むだにできる時間はない。

パウロは説得をつづけ、ついに弟子たちは根負けして抵抗をやめた。ただし、彼らは完全にパウロに言い負かされたのではない。妥協案をまとめたのだ。イエスの最初の弟子たちはエルサレムにとどまる。イエスの再来をそこで待ち、ユダヤの慣習や伝統をすべて忠実に守る。すべてそのまま維持するだろう。だがパウロは異教徒のところに行き、イエスについて語ることができる。パウロにしたがって改宗した者がユダヤ教の伝統にしたがう必要はない。そしてパウロは布教の旅に出た。地中海東岸のローマの属州を骨身を惜しまずまわり、多くの異教徒をキリスト教に改宗させ、行く先々で教会を建てた。

キリスト教の実際の創始者がイエスではなくパウロだと言われるのはそのためだ。パウロがいなければ、イエスの活動はユダヤ教のなかでまたしても思いを成就できなかったメシアの一派として次第に消えてしまっただろう。キリスト教を歴史に残したのはパウロだった。それは事実だが、パウロは常にイエスとともにあった。パウロが説いたのはイエスについてであり、ダマスコ途上で出会ったイエスのことや、この世への神の愛というよい知らせ（福音）を明らかにしたイエスのこと、むだにする時間もないほどまもなく再来するイエスのことを語ったのだ。

だがイエスは戻ってこなかった。未だに戻らない。それでもいつの日か再来するという期待は決してなくならない。イエスの再来がキリスト教の正式な信条の一部となる。今日でもイエスは「生者《せいしゃ》と死者を裁くために栄光のうちに再び来られます」と唱えられている。

パウロはほかの使徒たちから渋々ながらも尊敬を勝ち取り、奨励されて異教徒に対する自分の使命をこなし、教会をいくつも築いた。パウロの活躍はユダヤ教の長老たちとのかつての取引とは違っていた。長老たちはキリスト教徒に対するもっとも有能な迫害者を失っていた。彼らは敵を追い出すようパウロを任命したが、この男は忠誠を尽くす相手を切り替えて、敵に加わってしまった。今やパウロが敵だった。そこで彼らはかつてパウロをダマスコへの道に送ったのと同じ執拗さで追いかけるようになった。パウロは何度も捕まって罰を受けた。39回のむち打ちという公式の罰を受けたのは5度にのぼる。3度は丸太で打たれた。石たたきの刑にあったこともある。ついに彼はたまりかねてローマの当局に異議を申し立てた。彼は結局のところローマ市民だったので、イエスの福音を伝えるという自分の罪状に対し、市民としての正式な裁判を要求した。

ローマの当局は市民としてのパウロの要求が合法であることを最終的に認めて、裁判のためにローマに連れて来させた。パウロはローマ到着後に投獄されるが、イエスに対する信仰への改宗の勧めをやめることはなかった。牢屋のなかでさえ、改宗を勧めずにはいられないような男だった。こうして、キリスト教がローマに行き着く。キリスト教は密かに監視の目をかいくぐり、この小柄で足の曲がった、するどい目つきの男によってローマ帝国の首都にもたらされたのだ。

密かにやってきた出来事が世界を変えることもよくある。これはそのひとつだ。そして歴史の流れが変わることになる。

Chapter 21 教会による支配

パウロが連行される前のローマにもおそらくキリスト教徒はいただろう。ローマ帝国に至る街道や航路は軍隊の移動だけでなく、思想の行き来もうながしたので、ローマ帝国の首都にもすでにキリスト教が定着していたと考えられる。だが、それほど注目されてはいなかっただろう。パウロによれば、当初のキリスト教徒はイスラエルでイエスのあとを追っていた落ちぶれた人々であり、見下され、軽んじられていたという。そのなかには奴隷たちもいた。奴隷は馬や馬小屋と同様、主人の所有物である人間だ。奴隷制度はどこにでもある共通の制度で、聖書ですら当然のこととしていた。水分があれば湿っており、砂なら乾いているのと同様、世の常識だった。パウロがローマの獄中で改宗させた人物のひとりに、オネシモと呼ばれる逃亡奴隷がいた。主人に対して盗みを働き、ローマに逃げてきたのだった。パウロはとてもオネシモが気に入ったが、奴隷の身分から助け出そうとはしなかった。なくなった財布のようにオネシモを所有者のフィレモンに送り返し、オネシモも仲間であるキリスト教徒になったのだから寛大に扱うようにとフィレモンに頼んだ。

パウロはなぜ奴隷制度をキリスト教の普遍の愛の教えに反するとして糾弾しなかったのか？　パウロはなぜフィレモンに、オネシモが戻ったらただ寛大にするようにと頼むかわりに、奴隷を自由にするようにと説得しなかったのか？　おそらくパウロは、世界がそれほど長くはつづかないと思っていたのだろう。イエスが正義と愛の神の国をもたらすためにまもなく戻るのだから、消滅しかけている制度をいじる必要などあるだろうか？　家を解体しようとしているなら、配管の修理に時間をむだにすることはしない。結局、最初のキリスト教徒にとって、この世の居心地はあまりよくなかったようだ。そしてこの世がまもなく終わるという彼らの希望は、ローマ人に疑いをもたせるようになった。キリスト教徒は人類を憎んでいるような印象をローマ人に与えた。しかし、ローマの為政者がキリスト教徒に怒りの矛先を向けるようになったのは、別のことに気づいてからだ。

天然の樹脂を香草と混ぜた香は、燃やすと甘い香りの煙が立つ。古代宗教では、香を焚くことが神への一般的な供え物のひとつだった。かつてはおそらく香炉から煙が立ち上ると、その甘い香りが上空の神を喜ばせ、支持を得られると考えられていたのだろう。ローマ人は属国民に、皇帝の肖像の下で香炉に香を少量落とさせて、皇帝をあたかも神のように崇めさせた。これは旗への敬礼や国歌が歌われるときの起立のように、忠誠心を試すものになった。実際に属国民が皇帝を神と信じていたかどうかは疑わしいが、その行いは皇帝を神と信じることを確実に意味した。これはキリスト教徒にとっては酷だった。彼らは皇帝の忠実な臣民だったが、皇帝を神のように崇めて香を焚くことはできないと抵抗した。

その抵抗が為政者にとって問題となった。キリスト教徒は世界に終わりをもたらそうと企てているという噂に加えて、皇帝に香を焚くのを頑なに拒否したことにより、次の数百年間、断続的に迫害が行われた。最初の迫害は、ネロ（紀元37〜68）が皇帝だった64年にはじまった。ローマで大火災が発生し、皇帝が宮殿を拡張するために焼き払おうと放火したのだという噂が流れた。ネロはバルコニーに立ち、燃える街を見下ろしながらバイオリン※1を弾いていたと言われる。

自分を脅かすこの危機に驚き、ネロはその責めをキリスト教徒に押しつけた。キリスト教徒が皇帝をどれほど憎み、世界の終わりを望んでいたかは誰もが知っていた。悪いのは彼らだ。酷い迫害がはじまった。伝えられるところによれば、ネロはキリスト教徒に油をかけ、宮殿の庭で蠟燭のように燃やした。定かではないが、教会へのこの最初の公的迫害の際に、おそらくパウロが打ち首になった。そして当時ローマにいた使徒ペトロも処刑されたと言い伝えられている。伝説によれば、ペトロは師イエスが逮捕されたときに見捨てたことを理由に、自分を十字架に逆さまに磔にするよう頼んだという。

迫害によってキリスト教の発展の歩みが遅くなることはなかった。その逆だったと言える。当局が何かを認めずにもみ消そうとするときによくあることだ。迫害されたキリスト教徒たちは、殉教者の血が教会の種《たね》

※1　有名な逸話だが、当時バイオリンはまだ発明されていない。暴君ネロのイメージから後世に生まれた逸話と考えられる。

となると断言した。その後の250年のあいだに、教会はローマ帝国全土に拡大した。話を進める前に、「教会」という言葉にはふたつの意味があることに注意しておくとよいだろう。church（教会）は人々の集まりや団体を意味するギリシャ語の言葉を訳したものであり、キリスト教会はキリストを信奉する人々という意味だ。当然のごとく、彼らが集まる建物も教会と言われるようになった。本書でこのふたつの意味を区別する必要がある場合、人々やその集まりを表す場合を「教会」とし、彼らが集まる建物を「聖堂」または「教会堂」と呼ぶことにする。

最初のキリスト教徒が迫害を避けられなかった頃、彼らは自分たちの信仰について論争することに多くの時間を費やしていた。教会の最初の論争は、本書ですでに紹介したように、キリスト教に改宗した異邦人がユダヤの慣習を守るべきかどうかについてだ。パウロが論争に勝ち、教会がユダヤ教の範囲を超えて拡大できるようになった。これはあとにつづくさらに複雑な論争の前哨戦だった。次の大きな論争は、イエスとは誰であるかについてだ。彼らはイエスが男だったこと、ナザレの出身だったこと、エルサレムで死んだことを知っていた。そして神が彼を愛する息子と呼んだことを知っていた。だが、そもそも人間であり、かつ神の息子だということが同時にありえるのだろうか？　パウロは神がイエスを息子として迎え入れたと言って問題を決着させた。それなら、イエスが神の息子ではなかった時期があるのか？　この考え方は好まれなかった。その逆が好まれた。イエスはずっと神の息子だが、紀元前4年頃に神の子らを救うために密かにこの世に下った（第1章参照）。33年間、人として暮らし、また神として呼び戻された。つまりイエスはまことに神であり、まことに人でもあった。といっても、これらすべては厳密にどのような仕組みなのか？　これについては何百年も議論され、たがいに異論を唱える教団や教派が生まれた。

もちろん、彼らは仲間内でイエスの神性についての議論ばかりしていたわけではない。貧しい者の面倒を見たほか、ローマ帝国の管理体制にならって、教会を効率よく組織した。教会を地理的に分割してそれぞれを教区とし、その管理者として司教をそれぞれ任命した。司教のもとに、各地の集会を司る司祭がいた。3番目の階層には、助祭と呼ばれる貧困者の面倒を見る福祉の担当者がいた。効率的な組織であり、円滑に機能していた。ほどなくローマのような大都市の司教が重要人物となり、ローマ帝国の為政者からも一目置かれるようになる。迫害は折々につづいていたが、教会をさらに強固にするだけだった。やがて最後の迫害が闇の支配の最後となり、新たに驚くべき夜明けが訪れる。

キリスト教会が手強い統一組織として築かれていったのに対して、ローマ帝国は反対の道をたどった。帝国は内部から分裂していた。ローマ軍はその門を打ち破ろうとする侵入者に対して防戦するより、たがいのあいだで戦う期間のほうが長くなっていた。それでも時折強い指導者が現れて、帝国の凋落を止めようとした。そうした最強の指導者のひとりがディオクレティアヌス（244頃〜311）と言い、284年に皇帝となった。彼は帝国を統一するため、最後のもっとも凶暴な迫害を教会に対して行った。教会を自分の大義の味方ではなく対抗勢力と見なしたからだ。恐怖の弾圧は303年にはじまり、激しいものだったが、それ以前の迫害より成功したとは言えなかった。そして10年経たないうちに情勢は一転し、教会と帝国がひとつになる。

305年にディオクレティアヌスは病に倒れ、皇帝を辞した。やがて帝国の主導権を争うライバルたちがたがいに戦ってふたたび内乱となる。ライバルのなかでもっとも抜け目なく、有能だったのはコンスタンティヌス（272頃～337）だ。312年、誰が皇帝になるかが決まるローマ市郊外（ミルウィウス橋）での戦いの前夜、テントのなかで寝ていたコンスタンティヌスは鮮明な夢を見た。夢のなかでキリスト教の十字の印が彼の前で輝き、「この印のもとで征服せよ！」と命じる声を聞いたという。

翌朝コンスタンティヌスは、十字の紋章で飾った旗を作らせ、その旗を前にかかげて進軍し、ライバルを打ち負かした。翌年、彼はキリスト教徒の迫害の命令を取り消し、帝国全土で宗教の自由を無制限に許可した。315年、キリスト教徒に忌み嫌われていた磔刑《たっけい》を廃止した。そして324年までに、ほかの宗教も容認されてはいたが、キリスト教を帝国の正式な宗教とする。迫害の対象だった嫌われ役から皇帝のお気に入りの宗教となる。20年のあいだの驚くべき逆転だった。

だが、コンスタンティヌスの動機がイエスに対する信仰への純粋な回心と見るのは甘すぎるだろう。彼は計算高い政治家であり、キリスト教が自分の帝国をつなぎ止める役目をはたすと判断した。普遍的な教会を普遍的な帝国に焼きつけたのだ。ただし教会そのものがたがいに対抗する会派に分裂して論争していることに苛立ちを感じていた。イエス・キリストの本質を神でありかつ人であるとして定義する最善の方法についてて争われていたのだ。論争はきわめて細かい一点に集約され、実のところ、定義する言葉にギリシャ語の一文字ｉ（イオタ）を含めるかどうかにかかっていた。この論争を決着させようと、３２５年にコンスタンティヌスは司教や神学者を招集して、現在はトルコにあるニカイアと呼ばれる町で大規模な会議を開催した。皇帝は彼らをひとつの部屋に閉じ込め、問題を解決するまで解放することを拒んだ。イオタを含めるのか、含めないのか？　最終的にイオタは含めず、論争の中心だったイエスを表す言葉からｉを外すことが決まった。問題が解決し、まことの神であり、かつまことの人であるというイエス・キリストの二重性がついに定義されたのだ。[※2]

コンスタンティヌスは会議の成果に喜び、司教たちを皇帝の晩餐に招いた。護衛兵に宮殿の入口の外側に剣をかかげて整列するように命じ、司教たちは行列して厳かに宮殿のなかを進んだ。そして宴会の広間にしかるべく配置された長いすで豪勢な食事をする。司教のひとりが興奮して、ついに地上に実現したキリストの国のイメージとしてその様子を言い表したほどだった。だが、その光景はイエスが認めるようなイメージではなかった。イエスを磔にしたまさにその権力が、今や自身の目的のためにイエスを利用することにしたのだ。

歴史家はこの出来事を迫害者に対する教会の最終的な勝利とし、教会による長期間に及ぶヨーロッパ史の

※2　イエスと神がhomoiousios（同類）なのかhomoousios（同質）なのかという論争で、homoousiosとすることに決定し、のちに三位一体論として整理される。

支配の始まりと見てきた。教会はローマの世界全体に広まり、今やカトリック（普遍性を意味する）教会と自称するようになった。ローマ帝国の力が衰えるにつれ、教会は力を増していき、ついに地上最強の機関となり、王たちはその権力におもねるようになる。こうした政治権力と結びついた世界は、キリスト教世界、またはキリスト教国と言われるようになる。最盛期のキリスト教世界は非常に強大で、その栄光の雲が創始者であるガリラヤの田舎から出た男の血を流す姿を覆い隠して、ほとんど見えなくなるほどだった。といっても、完全に見えないわけではなかった。今や本物の王冠を頭にいただき、本物の皇帝として紫のマントを羽織ってはいたが、新約聖書ではキリストの別の姿が、聖堂に礼拝に訪れるキリスト教徒に語り継がれていたからだ。キリストが約束通り再来することはなかった。だが、それはキリストが完全に姿を消したのではないからだと考える人々が常に教会にはいた。

キリスト教の話はまだ終わりにはほど遠い。頂点となる年月はまだこれからだ。だが本書ではキリスト教からいったん離れて、以下の章でアブラハムまでさかのぼり、彼を父とする別の宗教の台頭について紹介する。イスラーム教だ。

Chapter 22 最後の預言者

3つの宗教がアブラハムを父祖とすると主張している。そしてその主張の解釈は2通りある。ひとつは、その主張を宗教上の系統を示すものと考えることだ。アブラハムがユダヤ教徒に伝えた一神教は、ユダヤ教徒を通じてキリスト教徒に伝わった。そして7世紀になってイスラーム（イスラム）教が、ユダヤ教とキリスト教によって薄められたと考える一神教を元の姿に戻した。一方、アブラハムの子孫だという主張は、物理的意味と理解することもできる。アブラハムの息子イサクはイスラエルの先祖だ。ユダヤ教徒とキリスト教徒の父系はイサクに行き着く。だが、アブラハムにはもうひとり息子がいて、その息子にまた別の逸話があるのだ。

アブラハムにはふたりの妻がいた。サラと、エジプト人の女奴隷ハガルだ。サラはハガルに嫉妬し、アブラハムがハガルの息子イシュマエルを跡継ぎにするのではないかと恐れた。そこでサラはふたりを追い出すように夫を説得した。ハガルは年若い息子を連れて砂漠をさまよい、紅海からさほど遠くないところまでやってきた。ハガルはそこで岩の上に座り込み、泣き出した。あまりに悲しくて不幸せだったからだ。だが、イシュマエルは悲しくも不幸せでもなかった。彼は怒っていた。とても怒っていた。イスラーム教の伝承によれば、怒りに任せて砂を蹴散らす。あまりに激しく砂を蹴ったので、湧き水が見つかったという。砂漠のなかのオアシスと呼ばれる緑地にあるような泉だ。アブラハムはイシュマエルが作ったオアシスのことを聞いて、自分が見捨てた妻と息子のところを訪れ、ふたりの命を救った泉の近くに神殿を建てた。アブラハムはこの神殿に聖なる黒石を収めた。この石についても別の逸話がある。

「創世記」という、ユダヤ教の聖書の冒頭の書では、最初に創造された男がアダム、その妻がエバと記されている。アダムとエバはエデンと呼ばれるすばらしい楽園に住み、何も不足はなかった。楽園のなかには果物の木が何本もあったが、ひとつの木だけは彼らが触れることを禁じられていた。善悪の知恵の木だ。アダムとエバは必要なものをすべて神から与えられ、いつまでも子供のような純真な生活を送っていた。親というものは子供を永遠に幼いままにとどめておきたいと時に思うものだ。だが、子供は成長して善悪の知恵を自ら見いだすのを待ちきれない。このような衝動に駆られてアダムとエバは禁じられた果実を食べる。すぐさま彼らの頭に、世の中はもはや単純なものではないという知識が押し寄せた。

アダムとエバが純真さを失ってしまったので、神は彼らを地上に追い出し、大人の複雑さに満ちた生活を送らせる。だが、イスラーム教ではこの話のなかで、神は彼らに楽園の記念となるものをもって行くことを許したという。記念となるものは、永久に残してきたものと、永久にともにあるものの両方を彼らに思い出させる役目をはたす。彼らはエデンを失ったが、神を失いはしなかった。エデンの門が彼らの背後で閉ざされても、神はまだ彼らとともにある。彼らがもち出したのは黒石で、天国から来たものだと言われている。アブラハムがその石を受け継いだ。そして、イシュマエルが見つけたオアシスに建てられたカアバという神殿に据えられたのはこの石だ。カアバとその伝説上の黒石の周りに町が発展した。この町の名前をメッカ（マッカ）という。

メッカ（現在はサウジアラビア内）はアラビア半島の紅海東岸を半分ほど南下したところにあり、地上でもっとも神秘的で魅力的な場所のひとつだ。アラビア半島は長さ1900キロメートル、幅2100キロメートルの巨大な半島で、西側は紅海、南側はアラビア海、東側はペルシャ湾に面している。内陸は広大な砂漠で、そこに暮らすのが大胆不敵で独立した戦士だったベドウィンと呼ばれる遊牧民の部族だ。「創世記」にはイシュマエルについて「野生のロバのような人になる。／彼があらゆる人にこぶしを振りかざすので／人々はみな彼にこぶしを振るう」（「創世記」16章12節）と核心をついた記載がある。ベドウィンの部族同士は井戸やオアシスの所有権をめぐって争い、戦うが、誰もが聖地メッカを崇めて巡礼を行い、アダムから受け継がれた黒石に接吻し、イシュマエルが見つけた井戸の水を飲む。ベドウィンの先祖アブラハムは熱心な一神教信者だったが、彼らにも同じことが言えるわけではない。アッラー（アラビア語での唯一の神の呼称）を最高神として崇拝していたが、偶像も好み、崇める神々が1年のうち毎日ひとりずついるほどだった。黒石に接吻し、聖なる井戸から水を飲み、店から偶像を買うために訪れる巡礼者を相手にもうける商人たちも同じだった。彼らの店がカアバの周りに数多く立ち並んでいた。

ヘブライ語の古くからの話が伝えるように、アブラハムは宗教を種にしてもうけることがいかに簡単かを知っていた。彼は家族で営む店で父親が偶像を作って売るのを見ていた。偶像は貧しい人から小銭を巻き上げる詐欺だとアブラハムは非難していた（第7章参照）。メッカの当時の状況も憎んだことだろう。精神的慰めを求めてやってくる巡礼者の要望に商人がつけ込んでいたのだから。これは時代や宗派を問わず、どの聖地でも必ず起こりうることだ。必要な人に精神的慰めと称するものを売ることで、いつでも手っ取り早くもうけることができる。イエスはエルサレムで聖職者の一族が貧しい人々を相手に財を成しているのを見て、嫌悪感をあらわにした。だからこそ神殿のなかで両替人の台を倒し、神の家を強盗の巣にしたと言ったのだ。570年にメッカで生まれたひとりの男もイエスと同じように、出生地の商人や行商人によってアブラハムの一神教が崩壊していると憤った。彼の名前をムハンマド（570頃〜632）という。

ムハンマドのそれまでの人生は楽ではなかった。父は彼が生まれる前に死に、母も彼が6歳のときに没した。幼いみなし子は祖父に育てられたあと、叔父のアブー・ターリブの養子となった。ターリブは商人として成功しており、若いムハンマドをラクダの乗り手として働かせた。商品を積んだラクダの隊商の列は、アラビア半島での経済の特色のひとつだ。北はシリア、西はエジプトやパレスチナ、東はペルシャまで、香水や香辛料を運び、絹や麻と交換して長い帰途につく。預言者イザヤも述べているように、アラビア半島南部のシェバからラクダの大群が黄金と乳香を携えてエルサレムに至る。ムハンマドが見習いとしてはじめたのはこの貿易商の仕事だった。

ムハンマドは物覚えが早く、有能で信頼できるという評判が立ったので、ハディージャ（555頃～619）という裕福な寡婦に見込まれ、シリアへ向かう隊商のひとつを任された。ムハンマドとハディージャは595年に結婚する。ムハンマドは25歳で、ハディージャは40歳だった。子供が6人、4人の娘とふたりの息子が生まれたが、息子たちは幼い頃に亡くなった。もっとも有名な娘はファーティマだ。アリー（ムハンマドのいとこ）と結婚し、ムハンマドの孫にあたるハサンとフサインの母となる。ムハンマドは商人として成功する一方、正直で公正な取引をするという名声を得たことで、地域社会の一種の指導者となった。商売上の問題や親族間の争いの解決に助けが必要になったときに頼りにされた。だが、ムハンマドは社会の指導者だけでは終わらなかった。

彼はこの世やあの世を見通して意味や目的を常に見つけようとする、あの特別な集団に属していたのだ。彼らは人間社会の特徴である醜さや不正に悩む。もがいている人たちに己を超えた精神的な真実に触れさせようとする宗教には敬意を払うが、権力者が自分の目的のために宗教を操って、本来なら助けるべき者たちの善意をどれほどたやすく裏切るかも知っていた。

メッカのカアバで目にする不正な商売に反感を抱き、40歳頃のムハンマドはひとり離れてメッカの郊外にある洞窟で祈り、瞑想するようになった。そこで彼は初めて幻を見て、初めて声を聞いた。こうした啓示は生涯つづくことになる。その啓示は神ご自身の姿や声ではないことにムハンマドは気づいた。瞑想によって現れたのは天使ジブリールだった。ジブリールからの最初の言葉は、「読め、『創造主なる汝《なんじ》の主の御名《みな》において。主は凝血から人間を造りたもうた』」（中公クラシックス『コーランII』96章1〜2節〔中公クラシックス『コーランI』『コーランII』藤本勝次、池田修、伴康哉訳、中央公論新社。以下、中公クラシックス『コーランI』『コーランII』とする〕）だった。ムハンマドはどう判断してよいかわからなかった。自分を誘惑する邪悪な霊の声を聞いたのだろうか？　あるいは頭がおかしくなってきたのか？　幻を見たり声を聞いたりする者はいつも頭がおかしいと言われているのではないか？　ムハンマドは混乱して不信に満ちていた。だが、その声は非常に美しく魅力のある言葉で引きつづき彼に話しかけた。そしてムハンマドは自分が預言者として召し出されていると確信するようになった。

預言者として肝心な点は、聞いたことを自分だけにとどめてはおかないことだ。彼らは世界に警告して神からのお告げを聞くように説得するために遣わされるのだ。ムハンマドは天使ジブリールの啓示を数年間聞いたのち、その啓示を記憶して復唱できるまでになっており、妻ハディージャの温かい支えと励ましを受けて、613年にはメッカの男女に説教をはじめた。彼の伝えるお告げは目新しいものではなく、ムハンマドも目新しいものとは主張しなかった。彼のお告げは彼らが忘れていたことを思い出させるものだった。つまり、預言者アブラハムが言っていたとおり、偶像はまがい物であり、神以外に神はおられないというお告げだ。

ムハンマドが伝えるお告げは特に貧しい人々を引きつけた。彼らは神殿を支配して偶像を売る商人に食い物にされていたからだ。まもなくムハンマドはメッカに信奉者をもつようになり、彼らは「神に帰依する者」と呼ばれた。これがムスリム（イスラーム教徒）という言葉の意味だ。アッラーだけが神であり、ムハンマドは神の預言者だというお告げにムハンマドがとどまっている限り、問題はなかった。宗教はありふれていて、宗教市場には新たな宗教が生まれる余裕が常にある。だが、すでに定着した組織の利益や特権をその新しい信条が脅かすようになると、風向きが変わる。ここでも風向きが変わった。ムハンマドはカアバのそばの偶像市場で財を成した商人や、聖なる井戸の水を飲む巡礼者からお金をとる者たちを非難した。非難することによって避けられない事態がつづいた。メッカでムスリムへの迫害がはじまったのだ。

幸いなことに、ヤスリブという町から訪れてムハンマドの説教を聞いた一団が、ムハンマドと信奉者たちをヤスリブに移住するように招いた。そのヤスリブの人々は指導者を必要としており、ムハンマドがぴったりだと考えたのだ。メッカから350キロほど離れたヤスリブへの移住は、秘密裏に行われた。ムハンマドと、いとこのアリー、友だちのアブー・バクルが最後に出発した。彼らは夜にメッカを出たが、622年9月のこの脱出は「ヒジュラ」（聖遷）と呼ばれるようになり、この年がムスリム歴の元年となる。脱出先のヤスリブの町には、のちに預言者の町を意味するメディナ（マディーナ）という新しい名前がつけられる。

この移住でも問題は解決しなかった。その後の10年間、メッカとメディナのあいだで戦争となる。ついに630年、ムハンマドは大軍を率いて自分の出生地に向かう。勝ち目がないことを悟ったメッカ側は降伏し、預言者が町に入る。住民への報復はせずに、ムハンマドはカアバから偶像を撤去し、メッカの市民にムスリムとなることを奨励して、メディナに戻った。

だが、彼の死が迫っていた。632年にムハンマドはメッカに巡礼して、最後となる説教を行った。こうしてムハンマドが、黒石と聖なる井戸のあるメッカのカアバを最後に訪れたことを記念して、「ハッジ」と呼ばれる巡礼が、5つの義務のうちのひとつとして定められた。5つの義務とはムスリムが行うべきイスラーム教の五行（柱）だ。ハッジののち、預言者に残された時間は長くはなかった。彼は高熱を出して病に倒れ、632年6月8日に亡くなった。だが、彼の残した信仰は現在、世界で2番目に大きな宗教となり、歴史を刻みつづけている。以下の章で、その豊かな神学理論と実践について探ってみよう。

Chapter 23 帰依

イスラームという言葉は、ムスリムという言葉の語源となるアラビア語であり、「神の意志への帰依」という意味だ。そのイスラーム教の信仰と実践について語る前に、関係の深いユダヤ教やキリスト教と、イスラーム教との違いを把握しておく必要がある。一神教の第一の理念は神が実在するということだ。一神教の場合は、神が「唯一の現実」だとして、その理念をさらに押し進めることができる。

宇宙について考えてみよう。膨大な数の銀河、およびわたしたちには見えないが、おそらく膨大な数の宇宙がある。だが、銀河や宇宙が存在していなかった時代がある。そこに存在していたのは、一神教によれば、唯一の神だ。その神から、存在するものすべてが生まれた。ちょうど、小説のなかの登場人物が著者の頭から生まれるのと似ている。本書ではヒンドゥー教を説明する際にも、人間を小説のなかの登場人物として考えた（第4章参照）。一神教についてもその考え方をまた用いるが、前とは異なる発想を加える。ヒンドゥー教では、小説のなかの登場人物が、自分たちが実在しないことに気づくという発想を用いた。彼らは幻想だった。アブラハムの宗教では登場人物は全員、問題なく存在するが、自分たちを創造したものについて、つまり彼らの著者についてもっと知りたいと考えるのだ。

もう一度言うが、このような考えのどれについても、読者は信じたり受け入れたりする必要はない。ただ宗教がわかるようになるには、その宗教の考え方をよく理解する必要がある。本章を読み進めるためだけでも構わない。一神教とは、本のなかの登場人物が自分たちの著者と接触を図ろうとするようなものだ。そう考えるだけでも、めまいがしてしまうのではないか？　宇宙という本の登場人物の一部が言い出す。誰かが自分たちを作ったのは明らかで、その人が誰であれ、接触してみたいと思うのは当然だ。ほかの登場人物は反対する。馬鹿げている。著者などいない。存在するのはこの本そのもの、あるいは宇宙でも何でも、君たちが名づけたものだけだ。物事はただ起こるだけで、起こったとおりに書かれる。だから、君たちの想像する著者に接触しようなどと考えるな。

だが接触しようと主張する者にとって、その過程はほかの創造的活動と同様だ。預言者や聖者は待機して、耳をすまし、遠くに目を凝らす。彼らは心を開いているので、自分たちの創造主が姿を見せる。そしてその実在は彼らの頭のなかで形をなすが、著者の頭のなかでひとりの登場人物が実体化するのと同じ過程を経る。ただし、その方向は逆だ。登場人物が著者を実体化するのだ。暗室で写真が現像されるように、ゆっくりと神が姿を現す。神学者はこの作用を啓示の顕現と呼ぶ。そしてその登場人物がたいてい主張するのは、自らの信仰によって高められた神の姿こそ、今までのどの宗教よりも一段とはっきりしているというものだ。多神教よりユダヤ教のほうが神の姿をよくとらえている。ユダヤ教よりもキリスト教のほうが明確に定めている。だがイスラーム教は神の完全な描写によって、今までのどの宗教よりもまさっていると主張するのだ。ではつづいて、ユダヤ教やキリスト教ともっとも異なるものとなるクルアーン（コーラン）から、イスラーム教についてさらに探ってみることにしよう。

クルアーンをイスラーム教の聖書と考えてはならない。聖書がクルアーンと大きく異なる点は3つある。ひとつは、聖書が何世紀にもわたって多数の著者や編者によって時間をかけてまとめられた点だ。ふたつ目は、聖書は本のシリーズであり、1冊の本ではない点だ。3つ目は、神の啓示についても書かれてはいるが、聖書は人間が作り出したものであり、人間の手によるものとわかっている点だ。イスラーム教ではクルアーンについて、この3つの点をどれも認めていない。クルアーンはひとりの男の生涯に連続した啓示としてもたらされた。人間が媒介しているが、人間が作り出したものではない。建物に電気をもたらすケーブルのように、ムハンマドは神からの力を伝えるクルアーンの導管だ。クルアーンは神の考えを地上の形に表したもので、地上における神の存在そのものだ。つまりムスリムにとってのクルアーンは、キリスト教徒にとってのイエス・キリストなのだ。キリスト教徒の教義では、イエスは地上における神の顕現であり、神がこの世に現れるために人間の形をとったと定められた。ムスリムにとってはクルアーンがそうなのだ。彼らとともにおられる神なのだ。クルアーンという言葉は、詠唱すべきものという意味だ。天使ジブリールが預言者ムハンマドの耳に詠唱したものだ。その預言者が信者に詠唱したものであり、その詠唱が彼の死後に書き留められた。今でも敬虔なムスリムはクルアーンを暗記しており、114の「スーラ」と呼ばれる各章を最初から最後まで詠唱できる。

ムハンマドの主張によれば、ユダヤ教徒が生み出して、キリスト教徒が進化させたものを、彼の代で完成させたという。クルアーンは彼のことを「最後の預言者である」(中公クラシックス『コーランII』33章40節)と記す。もう預言者は現れないのだ。預言者の系譜は終わった。封印されたのだ。そしてイスラーム教がその完璧な総括なのだ。ムハンマドはユダヤ教徒やキリスト教徒がそうした見方をしないことに失望したが、彼らの反応は特に珍しいものではなかった。古い宗教を守る人は常にそうだが、自分たちの日々が終わり、新しい宗教に道を譲らなければならないとは認めたがらないものだ。ムハンマドが望んだのは、自分は天敵ではなく、彼らが待ち望んでいた終末の履行者だと、メディナのユダヤ教徒やキリスト教徒に納得させることだった。クルアーンに記されているように、「神は以前のものの確証として、汝《なんじ》にこの啓典を真実をもって下したもうた。かつて神は律法と福音を下したもうた」(中公クラシックス『コーランI』3章3節)。だからこそムハンマドは初めの頃は信者たちに、祈るときにはエルサレムのほうを向くようにと指示した。ユダヤ教徒とキリスト教徒に預言者として受け入れられなかったので、それからはエルサレムではなくメッカのほうを向くようにと信者に教えるようになった。

だがムハンマドは自分が拒絶されたことを悲劇だと思いつつも、それはずっとつづいてきた反応だととらえた。ユダヤ人は神から送られた預言者を常に拒んできたのだ。彼の前に拒絶された預言者はイエスだった。そしてキリスト教徒さえ、イエスを神とすることで、預言者としては拒んだのだった。神の唯一性を熱烈に信じていたムハンマドは、キリスト教徒に憤慨していた。神に息子がいるとしただけでなく、天国で神の隣に座るふたつの神格を作り出したからだ。キリスト教徒は神についての教義を発展させて三位一体とした。三位一体とは、唯一の神に、天地の創造主である父なる神、地上で人として生きた息子イエス・キリスト、さらに終末までの歴史を通して人間を導く聖霊という3つの位格があるとする考えだ。ムハンマドは神学を巧みに操った細工だとして激怒した。「ラー・イラーハ　イッラッラー　ムハンマド　ラスールッラー（アッラー以外に神はなく、ムハンマドはアッラーの御使いである）」

イスラーム教の信者は信仰の一環として、5つの基本的な義務をはたす必要がある。5つの義務は、イスラーム教の五行（柱）とも呼ばれる。最初の義務は、「シャハーダ」と呼ばれる信仰告白をアラビア語で心から唱えることだ。このアラビア語を前の段落の最後に記した。前述のように「アッラー以外に神はなく、ムハンマドはアッラーの御使いである」という意味だ。一神論を表すこの言葉を詠唱することは、ムスリムなら信仰を断言し、改宗者ならイスラーム教徒だと告白する行為となる。

ふたつ目の義務は、1日5回、メッカのほうを向いて唯一の神に祈ることだ。「サラート」と呼ばれることの礼拝は、日の出前、午前、午後、日没、日没から深夜までのあいだに行う。「ムアッジン」と呼ばれる祈禱時刻を信者に告げる係がモスクのミナレット（光塔）の高い張り出しから信者に礼拝を呼びかける声は、地上でもっとも耳に残る音声のひとつだ。彼は四方の方角を順に向いて、「アッラーは偉大なり。アッラーのほかに神は無しとわたしは証言する。ムハンマドは神の使徒なりとわたしは証言する。いざやサラート（礼拝）へ来たれ。いざや成功（救済）のため来たれ。アッラーは偉大なり」と叫ぶ。今日ではこの礼拝への呼びかけは、ひび割れた録音音声を近代都市のざわめきの上に流すだけで済まされることもありそうだ。だが、静かなアフリカの村の夜明けに響くムアッジンの呼びかけを聞くと、熱い思いに貫かれるはずだ。

3つ目の義務は、「ザカート」と呼ばれる喜捨《きしゃ》だ。すべての富は神の寛大さによるものであり、敬虔なムスリムにとって喜捨は、すでに神が所有するものを神に返すことを意味する。ザカートは貧困者を助ける方法にもなり、イスラーム教の使命に貢献することにもなる。イスラーム教は布教を行う宗教であり、布教の目的は信仰と生活がしっくりと統合された「ウンマ」と呼ばれるひとつの共同体の構想に向けて世界を変えることだ。ウンマにはここまでが宗教でここからが社会、あるいはここまでが社会でここからが宗教といった境目はない。すべてがひとつとなる。

4つ目の義務は、イスラーム暦の9番目の月である「ラマダーン」の1か月にわたる断食だ。断食は30日間の日の出から日没までつづけられる。食べ物も飲み物もとらない。だが飲食をやめるだけではない。ラマダーンの終わりに向けて、信仰についての知識と精神を高めるためにモスクで特別なプログラムが組まれる。そしてラマダーンの27日目は、「みいつの夜」と呼ばれる特別なお祝いであり、ムハンマドがメッカ郊外の洞窟で神からの啓示を受けた最初の夜を記念する。さらにラマダーンは断食を終える宴会、「イード・

アル・フィトル」で最高潮に達する。イードとは、家族や親戚が訪問しあい、贈り物を交換して喜ぶ祝祭のことだ。

5つ目の義務は、先に紹介したように、ハッジと呼ばれるメッカへの巡礼だ。メッカを訪れることは、1日5回の祈りや、ラマダーンの1か月の断食より大変なため、ムスリムは一生に一度だけでよいが、巡礼を行うことが義務づけられている。巡礼者はアブラハムのカアバ神殿を訪れる。今やメッカの聖モスク内にある大きな立方体の建物だ。巡礼者はそのカアバの周りを反時計回りに7度回る。その後サファーとマルワと呼ばれるふたつの小高い丘に行き、そのあいだを走るか、急ぎ足で行き来する。この行き来は、暑い砂漠のなかで息子のために水を探したハガルの苦悩を再現するためだ。水はイシュマエルが怒りに任せて砂を蹴散らして見つかったのだ。ハッジではほかにも印象的な行為として、この世のあらゆる悪を表す3つの柱に向かって、巡礼者が石を投げる。ハッジの体験はムスリムにとって非常に重要で画期的なことであるため、達成した者には名前にそれを表す尊称をつけることが許される。男性ならハーッジュ、女性ならハーッジャと呼ばれるのだ。

5つの義務が明確に規定されているので、イスラーム教は信奉する者にとって、はっきりとしたわかりやすい宗教だ。だがその実践には、感情を強く刺激する特徴がふたつある。ひとつは、預言者ムハンマドへの深い尊敬の念だ。実際には崇拝に近いが、崇拝ではありえない。神以外に神はなく、結局のところ、「ムハンマドはアッラーの御使いである」。ムハンマドは崇拝の対象にはならない。彼は神ではないからだ。だがムハンマドへの尊敬の念は強く、その名前を出すときは、習慣として「彼に平安あれ」という言葉がつづけられる。だからこそ、ムスリムは彼らの預言者を不信心者があざけったり中傷したりすると、ショックを受けて激怒するのだ。

だがムスリムのアッラーへの信奉は、アッラーの預言者への尊敬の念よりはるかに強い。イスラームの一神教はアッラーの唯一性を繰り返し強調するだけでなく、激しく情熱的な信仰であり、クルアーンのなかでアッラーのすばらしさをほめたたえる箇所は叙情詩のようだ。クルアーンのなかでもっとも心に訴える部分はアッラーをさまざまな名で呼びかけているところであり、のちにそれらの箇所が、アッラーの99の美名としてまとめられた。そのいくつかを紹介する。

アッラー、あらゆる名にまさる名……
慈悲ぶかいお方、なかでももっとも慈悲ぶかいお方……
慈愛あつきお方、慈悲ぶかく慈愛あつきお方……
監視する者、おまえたちを絶えず見はりたもう……
罪を赦《ゆる》す者、よく赦したもう寛容なお方……

クルアーンは美しく、慰めとなる一方で、慰めがすべてではない。スーラ13でも、アッラーと世界の関係には、慰めだけでなく危険があると警告している。美名についても、次のふたつのような名が加えられている。

害を与える者、危害を加えられたり幸運をお授けになろうと……
報復する者、罪を犯したものを罰した……

クルアーンはアッラーのすばらしさを歌う。一方で罪を犯した者や不信心な者には怒りをとどろかせる。
では次章で、アッラーのおそろしさとそれが多くの者にどのような結果をもたらすかを見てみよう。

Chapter 24 奮闘

ムハンマドは預言者であるだけでなく、戦士でもあり、信者を率いてイスラーム教と敵対する勢力と戦った。彼はこのふたつの役割が矛盾するとは考えなかった。信者の多くは戦うスリルや略奪の楽しみを味わえるものとして戦《いくさ》をとらえていただろうが、ムハンマドにとってはそうではなかった。彼にとって戦は自分の宗教上の目的を遂行する手段だった。もしこの人物を理解しようとするなら、あるいはムハンマドだけでなく、その目的の達成のために暴力を用いた歴史上の宗教指導者を理解しようとするのであれば、ムハンマドの頭のなかに入り込んでみる必要がある。

　最初に理解すべきは、ムハンマドのような預言者にとって、この世での人生は、それ自体が目的でもなければ、楽しむものでもないという点だ。人生はムアッジンの呼びかけのように、はかなく心を打つものだ。開幕のファンファーレであり、死の向こう側でわたしたちを待つメインショーへの前奏曲だ。この世にいるあいだのわたしたちの目的は、向こう側で待っている終わりのない命をどのように過ごすかを決めることだ。

数分間の苦しい試練に耐えれば、何億もの大金が受け取れるという確固たる保証がある場合を想像してほしい。大金はすでに銀行口座に振り込まれていて、大金をもらうことに自分が同意さえすればよい。その場合あなたはどうするだろうか？　ちょっとのあいだの痛みに耐えて、その後に待つ富を勝ち取るだろうか？おそらくあなたはその取引に応じるだろう。

宗教をしばしば運命づける暴力は、そうした論理に支えられている。傷つけるためでなく命を救うために患者を切り開く外科医の無情さも、その論理が支える。あの世で彼らを待つ祝福を受けるために殉教者として命を捧げる信者もいる。友人や他人の攻撃から信仰を守るために、相手の体を傷つけたり、死に至らしめたりすることが、自分たちの義務だと考える信者もいる。好むと好まざるとにかかわらず、この論理が宗教史の不変の特徴である聖戦や残酷な粛清の背後にある。

初期の頃にイスラーム教を確立するために近隣で戦い、のちに世界の果てまで行って戦ったムスリムほど聖戦に熟練した者はごくわずかだろう。ムハンマドの死から100年後、イスラーム教は北はシリア、西はエジプトまで支配を伸ばしていた。エジプトからは北アフリカに広まる。やがてパレスチナおよびペルシャのかなりの部分を支配下に置き、インドや中国にもイスラーム教が伝わった。そしてスペインを征服する。スペインでは限定的ながら、キリスト教徒やユダヤ教徒の活動を容認した。ヨーロッパのカトリック勢力が巻き返しを図ろうとするまでは、イスラーム教がヨーロッパのカトリック勢力全体を圧倒するように見えた時期もあるほどだ。だが本書での著者の関心は、イスラーム教の戦いや勝ち取った領土を列挙することより、イスラーム教が示した、こうした戦いの神学的正統性について考えることにある。戦いの正統性のひとつは、今日の世界でも声高に唱えられている。それは、「ジハード」（奮闘）という考え方だ。

ジハードは一部のムスリムには、イスラーム教の非公式の6つ目の義務ととらえられている。実際、5つの義務の遂行に断固として取り組むこと自体がジハードと見なされるのだ。この言葉が意味するものは、信仰を守り公正な社会を築こうと努めるか、イスラーム教を敵から守ろうと努めるかによって、「努力」にも「闘い」にもなる。何百年にもわたってジハードは両方の意味で実践され、その激烈な面はムスリム同士の争いにも見られた。同じ宗教の信者間での激しい意見の衝突は、歴史においてよく見られることだ。ムハンマドの死という出来事だけでも、まだ成立からまもないイスラーム社会のなかで衝突が発生するきっかけとなった。その様相からよくわかるのは、宗教そのものの構造と、意見の衝突が生じる原因についてだ。

衝突したのは、誰がムハンマドの後継者となるべきか、後継者を選ぶのにどのような原則を定めるべきかという問題についてだ。結局、ムハンマドの親友で忠実な同士だったアブー・バクル（573頃～634）が初代「カリフ」、つまりムハンマドの後継者に選ばれた。その後、4代目のカリフとして、ムハンマドのいとこでかつ義理の息子（娘ファーティマの夫）であるアリー（600頃～661）が選出されると、争いがはじまる。アリーが選ばれることに全員が賛成したわけではなかった。この争いによって、イスラーム教で今日もつづく分裂が生じたのだ。ムハンマドの近親であるアリーではなく、3代目カリフのいとこであるムアーウィヤ（603頃～680）を4代目カリフにしようとする派閥があった。つづく戦いでアリーは殺害され、ムアーウィヤが主導権を握る。アリーの支持者たちは彼の息子フサインを選ぶように推すが、680年にフサインも戦いで殺される。

この争いはイスラーム教の分裂に発展し、分裂したグループを専門用語では「分派」と呼ぶ。宗教史を学ぶ学生には用語として使うのに便利な言葉だ。ほかの多くの便利な言葉と同様に、schism（分派）はギリシャ語が語源であり、「切り取る」ことを意味する。分派は主体から自らを切り離して独自の派閥または宗派を形成するグループのことだ。このような分離の背景には、たいてい宗教上の意見の衝突がある。もっともよく意見の衝突を引き起こす原因のひとつが、宗教の指導者をどのようにして選ぶかという問題だ。キリスト教でも誰を十二使徒の真の後継者とするかについて確執が生まれ、現在もつづく教会の分派を招いた。イスラーム教の分裂と同様だ。

イスラーム教の分裂から、スンナ（スンニ）派とシーア派として知られるふたつのグループが生まれた。スンナ派が多数派であり、シーア派が自らを切り離して独自の宗派を築いた分派だ。スンナ派とは、ムハンマド以来の慣行（スンナの元々の意味）を支持する人々だ。シーア派はアリーの一派で、ムハンマドの後継者となるのはイマーム[※1]と呼ばれる、ムハンマドの子孫でなければならないと考える勢力だ。この最初のふたつ

※1　イマームは一般に「イスラーム教の指導者や学者」を意味するが、シーア派では特に「アリーの子孫」を意味する。

の派閥のそれぞれにも、今や数多くの分派があるという事実は、ほとんどの宗教が、特に誰が主導権を握るかという論争において、いかにもろいかを想起させる。

宗教界における主導権争いは、他者に君臨したがる人間の弱さの例と言ってしまうこともできる。宗教の世俗的面が浮き彫りになっているのだ。悲しいことだが避けられない。一方で、神の啓示に基づく宗教は、神の御心と天国での永遠の命にまっすぐわたしたちを導くことが期待される。したがって、その宗教にも同じような分裂の衝動があることがわかると不安になるものだ。そして、死後の生活も生前の生活とかなり似ているように見える。クルアーンはこの世で奮闘することで、あの世がどのようなものかがわかると主張する。このふたつの見通しから、思わず不安になってごくりとつばを飲む人もいるだろう。

クルアーンによれば、すべての人があの世で最後に行き着く先はすでに決まっている。切符はすでに発行されているのだ。実際には生まれる前から発行されている。これはイスラームでは「定命《ていめい》」と呼ばれる教義だ。キリスト教も含めて、ほかの宗教にも見られる伝統的な考え方だ。定命の考えは、どこにおいても、その明らかな不公平さと残酷さのために論争の対象となる。だが、まずそのとおりに解釈してみよう。ほとんどの宗教では、この世の人生は死後の世界の準備と見なされる。よい人生を送り、イスラーム教の五行のような信仰上の教えを守れば、神から褒美として天国で歓迎されるという説だ。だが定命の教義ではその解釈の仕方によっては、すべての人の試験用紙について、試験を受ける前に、神が採点を済ませていることになる。それならなぜ神はわざわざ預言者を送って、わたしたちの生き方を変えてさらに努力するように忠告するのか？　わたしたちの運命がすでに決まっているのなら、なぜ奮闘するのか、なぜジハードの犠牲を払うのか？　このような絶対的な著者がいるという考えは本書ですでに紹介した。登場人物の運命について、ある者には喜びと成功を、ある者には悲しみと失敗を、気まぐれにつづる著者のことだ。

これについて、ムハンマドに語りかけた声はどのように表現していたか。クルアーンには「われらは、彼らに首枷《くびかせ》をかけたところ、それが顎《あご》につかえて……われらはまた、彼らの前後に障害物を置いて……汝《なんじ》が彼らに警告してもしなくても、結果は同じこと。彼らはけっして信じようとはしない」（中公クラシックス『コーランII』36章8～10節）とある。イスラーム教にはほかにも、すべてあらかじめ取り決められていることをはっきりさせている聖典がある。

ムスリムにはクルアーンだけでなく、スンナ（慣行）と呼ばれる手引書となる書物がある。クルアーンの内容がムハンマドが天使ジブリールから聞いたことなら、スンナの内容はムハンマドの親しい友人や家族がムハンマドから直接聞いたことだ。スンナは、「ハディース」という彼の教えや会話の記録として構成されている。そしてそのハディースのひとつに、定命のもっとも明白な説明がある。「あなた方の魂はすべて、天国と地獄での居場所をあらかじめ決められている。つまり、彼が幸福な者となるか、あるいは不幸な者となるかを書き留められている」。ごくり！　どうしてこれが、もっとも慈悲ぶかいお方、慈愛あつきお方、罪を赦す者というアッラーのあの美名と釣りあうのだろうか？

実際、この教えはあまり調和しないため、7世紀に書かれてからというものほぼ絶えることなくイスラーム教の学者のあいだで議論されてきた。学者たちが宣言しているとおりアッラーが公平なら、定命の教義はその本質と相反する。イスラーム教の五行の遵守のように、宗教的努力が求められるということは、人々に自由意志があることを意味する。彼らが耳を傾け、後悔し、救済の道をたどることが自由にできないのなら、どうしてアッラーは預言者を遣わされるのだろうか？　このように議論はつづいた。

この論争が喚起するのは、クルアーンの解釈が最初に思われたほど単純明快ではないということだ。解釈が単純ではないことは宗教学の学生にとって、新たな困惑の種となる。どの宗教にも、クルアーンのような聖典を文字通りの意味でとりあげる「直解主義者」と呼ばれるグループがある。一方、宗教学者はたいていその文章を直解主義者より詳しく把握しているので、もっと巧妙に読もうとする。直解主義者が事実としてうのみにすることを、宗教学者は比喩として読むことがよくあるのだ。宗教上の書物の歴史とは、このような対抗する学派間での長い論争の話だ。わたしたちの生活に影響しないような事柄が論争になるので、問題とならないことも多い。だが時には、普通の人々の生活に巨大な恐怖と不安をもたらす恐れがあるために、大きな問題となることがある。定命の考え方だけでも十分不安になるならば、定命に結びつく天国と地獄の存在の教義ほど怖いものはない。

クルアーンのなかに、天国や地獄について言及するスーラは多い。もっとも有名なものを挙げよう。スーラ56の「審判の日」についてだ。天国は楽園として描写され、男性専用の快楽を意図して作られているようだ。泥酔することも二日酔いになることもないお酒の泉が永遠に湧き出ている。地上で耐えてきた苦しみの褒賞として、新たに到着した者のために、目の大きな美しい乙女たちがいる。さらに魅力的なことに、天国ではくだらない話はなく、「平安あれ、平安あれ！」と言うだけだ。このような天国が、クルアーンで「右がわの者」と呼ばれる者たちを待っている。「左がわの者」と呼ばれる者への扱いはまったく異なる。彼らに用意されているのは地獄であり、「業火の炎と、煮えたぎる熱湯と、黒煙の陰のもと……」と描写される。

天国と地獄は比喩として、美徳への褒賞と悪徳がもたらす結果について教えるひとつの方法として、解釈できる。あるいは、文字通りの事実と見なすこともできる。もし地獄が存在するなら、神が一部とはいえ神の子を、耐えられない苦痛に永遠にゆだねることを意味する。本書ではほかの宗教にも地獄が登場することにすでに言及した。そこでクルアーンについてはここで終えることにして、次章で人間によるもっともおそろしい発明について考え、煮えたぎる湯と黒煙の地を訪れることにする。地獄をのぞいてみよう。

Chapter 25 地獄

地獄とは何か？　地獄とは罪を悔いていない罪人が死後に送られ、永遠の責め苦を受ける場所だ。キリスト教やイスラーム教に登場する地獄について十分に把握すれば、地獄とは逃げ場のない場所だとわかる。そこに送られる羽目になれば、永久に留まるしかない。その点が重要だ。

では、地獄はどこにあるのか？　人間の頭のなかにある。あるいは頭のなかで宗教上の異界を作り出す部分にある。これについて理解するには、宗教上の想像がどのように働くかを思い出そう。想像が働く部分はふたつの階層に分かれている。ひとつは、考える、または思いをめぐらす部門だ。人間は生きることについて考え、生きる意味は何だろうと思わずにはいられない。人類の歴史の初期の頃から、死んだらどうなるのかと考えていた。そしてあの世が存在すると想像するようになった。自分たちのあいだでのひどい不平等についてもなぜだろうと考え、この世で不平等が解決されることがまれにしかないのなら、そして世界に正義があるのなら、あの世で解決されなければならないと判断した。もちろんこうしたことをすべて判断したときにも、あの世でどうなるかについての実際の情報はなかった。憶測による、またはおそらく単なる願望による考えだった。だが、それは熟考の末人間の頭から自然に生まれた。だから神学者はこれを「自然宗教」と呼んだ。

次に、受容部門が引き継ぐ。受容部門は人間の頭のなかで、幻を見て、声を聞く部分だ。そして、あの世についての情報を直接受け取ったと主張した。そのため、神学上この部門については「啓示宗教」と表現される。自然宗教は死のベールの向こう側について「思考した」が、啓示宗教は向こう側を「見た」と主張した。あの世についての疑問はどの地域でも生じるが、答えが地域によって異なっていたことは興味深い。もっとも大きな違いは、インドの宗教と、キリスト教やイスラーム教とのあいだにあった。

インドの聖者によれば、死後の魂が永久的な状態に至ることはない。別の命に生まれ変わり、新しい命の状況は、その直前の人生で功徳が増したか減ったかに依存する。ヒンドゥー教の言い伝えにも天国と地獄があるが、最終目的地というよりも、一時収容のキャンプ地のようだ。この仕組みから逃れるには何百万もの命を経るかもしれないが、誰にも必ず最終的に解脱できるという希望がある。最終的な目標は、消失してニルヴァーナに入ることだ。

インドより西に住む者にとっての将来の展望は、転生の輪からの最終的な消失を望むことではなく、あの世でつづく、それまでとは異なる生についての解釈に基づいていた。「地獄」を表す初期の言葉に、その意味についての手がかりがある。英語の古語であるアングロサクソン語では、地獄は地下の国を、死んだ人の魂が住むところを表す。旧約聖書で「シェオル」と呼ばれた陰府の国のことだ。だがそこはおそろしい場所というより、気の滅入る場所だった。今でも「地獄のように気が滅入る」と言うことがある。ひどい病気から決して全快しない人のように、地下の国にいる死者は、決して訪れることのない何かを待ちつづける亡霊のようにさまよっていた。

しかし宗教史において不変のものはなく、あの世にさえ変化が訪れる。イスラエル人のバビロン捕囚の時代に、ペルシャ人の考えがユダヤ教に忍び込んだ。そのうちのひとつは、地下の国の陰気な病後保養所に死後の霊魂が永久に閉じ込められるのを否定するものだった。霊魂は天国での至福の状態に到達するか、地獄の責め苦を宣告されるかのどちらかとなった。あの世についてのこの解釈はユダヤ教では完全には受け入れられなかったが、1世紀には支持者が得られた。イエスがそのひとりだ。イエスは地獄について多くは語らなかったが、地獄の存在は当然と考えていたようだ。そしてイエスが用いた言葉から、新たなおそろしいひねりが加えられた。

子供を嫌って傷つける者は「ゲヘナ」という地獄の「消えない火のなか」に投げ込まれるだろうとイエスは言った。ヘブライ語の古い書物に、ゲヘナとは審判の日ののちに罪人が罰せられる場所と書かれている。後世の言い伝えによるとゲヘナはエルサレムのゴミ捨て場の名前であり、そこでは絶えずゴミが捨てられていたので、燃やされてくすぶりつづけていたという。イエスがこの言葉をどのような意図で、終わることのない罰の比喩として用いたかを知ることはできない。だが消えることのない焦熱地獄は、地獄に標準的に組み込まれるようになった。クルアーンが書かれた600年後には、永久につづく罰を宣告された者が近づくと、その焦熱地獄が息づくのが聞こえると言われるようになる。そして炎のなかに投げ込まれるとき、番人は彼らにむかって、「警告者が現れなかったのか」と尋ねる。

クルアーンはキリスト教の聖書よりも地獄についてかなり詳しく記述している。そしてこのような生々しい描写をしていることをはっきりと意識していた。伝えようとしたのは、ムハンマドの警告を無視する人が、地獄の炎のなかに引きずり込まれるだけでなく、煮えたぎる湯が頭からかけられる責め苦も加えられることだ。ムハンマドの時代には、焦熱地獄の番人も打ち合わせ通り、効率がよく、おそろしいほど効果的な制度を運営する方法を心得ていた。人々をおびえさせて宗教に誘うことは常に効果的な戦術だった。イスラーム教に対抗するキリスト教が不利だったのは、クルアーンのほうが新約聖書よりはるかにおそろしげに思えたことだ。そこで、キリスト教は何か手を打つ必要があると判断した。教会の聖書がおそろしさではおそらくクルアーンに勝てないとしても、教会にはムスリムが利用できない強みがあった。

イスラーム教とは違って、カトリック教会は十戒の第2の戒めとなる偶像礼拝の禁止をそれほど気にかけたことはなかった。神の栄光をたたえ、キリスト教の教えを伝えるためにあらゆる形態の芸術を利用できると考えていた。そのため、カトリック教会は芸術家たちのかつてないほど寛大な後援者となった。音楽や建築術を駆使して信仰を祝し、たたえた。だが芸術のあらゆる形態のなかで、とりわけ視覚に訴えることを好んだ。つまり、ムスリムは言葉でしか地獄を表わせないが、キリスト教徒は地獄を「描く」ことができる。

1枚の絵が一千もの言葉に匹敵することは誰もが知っている。そこで地獄についての教えが明確なだけでなく派手に伝わるように、聖堂の壁にその絵を気味の悪いほど詳細に描いた。ひとつ例を挙げよう。

ソールズベリーというイングランドの町に、トーマス・ベケット（1118～1170）にちなむ名がつけられた教会がある。現存する建物は15世紀に建てられた（後出のセント・トーマス教会のこと）。ベケットはカンタベリー大主教だったが、イングランド王ヘンリー2世（1133～1189）の命により1170年12月29日にカンタベリー大聖堂のなかで殺された。彼に敬意を表して名づけられたソールズベリーの教会堂は、古い優雅な建物で、やさしい光が差し込む。だが中央の通路を歩いて行くと、内陣のアーチ形の壁からぼおっと浮かび上がるのは、「最後の審判」を題材とした中世の絵画だ。最後の審判をアングロサクソン語ではDoom, その日をDoomsdayという。死者が墓から呼ばれて自分の一生についての神の審判を聞かされる日のことだ。最後の審判の絵画は人々を怖がらせるために描かれた。この絵も非常に効果的だったに違いない。

1475年に描かれたこの絵は、審判の席に着くキリストを示す。彼の右側には天国に送られてきた徳の高い人たちが天使に迎えられている。だが彼の左側には、地獄に送られてきた罪人たちが火を吐く竜の口に悪魔によって追い立てられている。この絵を最初に見た人々は絵が示すとおりに受け取ったことだろう。彼らにとっての宇宙は、いちばん上に天国があり、真ん中にこの世、そしてその下に地獄がある3層のケーキのようなものだった。死んだら天国に「上る」か地獄に「下る」かであり、地獄は地球の中心部にあると考えられた。火山が燃える溶岩を吹き上げたとき、地下で何が待ち構えているかを罪人に示すために「地獄が口を開けた」と考えられた。

キリスト教では聖堂の壁に地獄が描かれただけでなく、説教師が想像力を駆使してそのおそろしさを説教のなかで言い表した。アイルランドの作家ジェイムズ・ジョイス（１８８２～１９４１）は、自伝的小説『若い芸術家の肖像』（１９１６）のなかで、少年の頃に聞いた説教について書いている。説教師は十代の聴衆に向かって、地獄で燃やされる硫黄の火はゲヘナの炎と同様、永久に燃えつづけるように考案されていると言った。地上の火が燃やすものは消失する、と説教師は声を上げる。熱さが激しいほど、燃える時間は短い。だが地獄の火が燃やすものは消失することはなく、苦しみが終わることは決してない！

地獄での終わりのない苦しみについて考えると、地獄を信じていなくても声が喉に詰まる。こんな考えを頭に描くことができるなんて！　人間は何世紀ものあいだ互いにひどいことをしてきた。だがもっとも残忍な罰でさえ、ある時点で終わりにならざるを得ない。犠牲者の死による終わりしかないとしてもだ。地獄の邪悪さの真髄はその苦しみが決して終わらないことだ。地獄の囚人たちは待ち望むその先がなく、今を永遠に過ごす。ソールズベリーの最後の審判の絵に、画家はラテン語の警句、救いはない（Nulla est Redemptio）と記した巻物を加えた。ソールズベリーのこのセント・トーマス教会の壁に無名の画家がその言葉を描いた100年ほど前、ダンテ（１２６５～１３２１）というイタリアの詩人が、『神曲　地獄篇』（１３０８頃）と題して有名な叙事詩を書いた。彼は地獄の門での警告として「この門をくぐる者は一切の希望を捨てよ」と記した。

同じメッセージだ。地獄は終わりがなく、希望もない。人間が直面するいちばん冷酷な展望だ。カトリック教会のもっとも偉大な神学者である聖トマス・アクィナス（1225頃～1274）の言ったことは注目に値する。アクィナスは親しみやすい人でもあったが、天国の魅力を増すものとして、地獄に落とされた人々の苦しみが見下ろせる便利なバルコニーがあると言った。「聖人の無上の喜びをさらに高めるために……地獄に落とされた人々の罰がよく見えるように作られた」。つまり、地獄に落とされた人にとっては苦悩の地獄だが、救われた人々にとっては無上の喜びなのだ。

ここまでは実におそろしい。しかし、宗教は自身の非常に厳しい教えを認めてその厳しさを修正することにも長けている。前章で見てきたように、ムスリムの学者はクルアーンの定命の教義がアッラーの慈悲と両立しがたいことを示唆した。カトリック教会でも地獄について、同じようなことが起こった。死後に天国に入るほど善人でもなく、地獄に投げ込まれるほど悪人でもない人々への中間の道はないのだろうか？　罪人が天国に入るための再試験の準備に集中できる訓練所を設定できたらすばらしいのではないか？

その要望が認められ、12世紀にはこうした場所が正式に規定され、煉獄《れんごく》と呼ばれた。地獄と煉獄の違いは、煉獄には出口があることだ。聖トマス・アクィナスは煉獄の仕組みについての偉大な権威者だった。彼の説明によれば、人が罪を償う前に死ぬと、煉獄で2度目の機会が与えられる。煉獄がすばらしいのは、希望がもてる場所だからだ。確かに苦しむ場所でもあるが、苦しみに耐える者には苦しみが永久にはつづかないことがわかっており、その期間を終えると、彼らのために天国の門が開かれるのだ。

煉獄を規定したことは死への恐怖を多少なりとも取り除く慈悲の行為だ。だが、教会にはその自らのやさしささえ堕落させる傾向があった。そしてこの場合もその道をたどる。教会は煉獄を不正な金儲けに変えた。そのあまりのひどさに、カトリック教会が分裂する。次章でどのような経緯だったのかを見ていこう。

Chapter 26 キリストの代理

4世紀にコンスタンティヌスがキリスト教をローマ帝国の正式な宗教と定めてからの千年のうちに、教会はキリストの再来を待ちながら迫害を受けていた分派から、地上で最大のもっとも強力な組織へと発展していた。宗教上の権力だけでなく、世俗的な権力も兼ね備え、天国と地上を統一体として完全に統合すると断言した。壮大な組織であり、善行だけでなく悪行もはなばなしく、皇帝たちを見下し、軍隊を率いて地上に君臨した。そして教会が信奉すると称する十字架につけられた預言者イエスから実態は大きくかけ離れていたものの、イエスは消えることのない影響力を保ちつつ、気がかりな存在として背後に存在しつづけた。

カトリック教会は権力が最高潮に達した13、14世紀までに、ひとつの教訓を学んでいた。それは歴史の荒海に浮かびつづけようとするなら、宗教が修得する必要のあるもっとも重要な教訓だった。本書で見てきたように、宗教はまさに本質上、瓦解しやすいものだ。ばらばらになるのに多くの要因は必要ない。

ひとりの男の死だけで十分なときもある。ひとつの単語のひとつの母音だけで論争になるのと同様だ。カトリック教会はこうした分裂を避ける方法として、ひとりの人間に権力を集中させ、その人物の権限を固める構造をその周りに築くことが最善だと判断した。

権力の集中と強化を実現するために、教会の広大な組織の下層を運営する司祭たちを対象として規律を整えた。カトリックの司祭に結婚は許されず、宗教上の役割と競合する恐れのある忠誠を誰かに誓うことも許されない。教会が彼らの家族となる。司祭には必須とされた個人的犠牲の見返りとして、大きな名声と、聖職者としての特別な地位が与えられる。「使徒継承」と呼ばれる宗教上の制度としてその地位が与えられるのだ。つまりイスラーム教シーア派のイマームのように、カトリックの聖職者に与えられる権限は人間からのものではなく、神から受け継がれたものだ。神から受け継がれたことは次のように説明される。

イエスは自分の使命を手助けするように12人の使徒を召し出した。そして彼らの頭に両手を置いて、使徒として働くように任命した。同じ方法で、使徒たちは彼らにしたがうものにその権限をゆだねた。カトリック教会は両手を置くことによるこの継承の鎖が途切れたことはないと主張する。この鎖は歴史上切れずにつながる見事なパイプラインだ。この継承のつながりを切ったり、別のつながりを求めたりすれば、イエスからの権限を失う。このようにして叙階（任命）されたカトリックの司教や司祭や助祭は、一般の人々とは区別される特別な位階を得る。司祭を傷つけたり侮辱したりすることは特別な罪になる。聖職者への攻撃は神《しん》聖冒瀆《せいぼうとく》であり、神への罪として、相応に罰せられた。

このような特権階級の設定はカトリック教会の統一にとって重要だったが、実際に制度の決め手となったのは、ひとりの人物に、つまりローマの司教に絶対的な権力を集中させるやり方だった。その方式が完成する頃までに、ローマ司教は地上でいちばんの権力者となっていた。彼の言葉はこの世の人生だけでなく、あの世の人生も左右するほどの権限があった。この世であなたを刑務所に入れることも、天国からあなたを追放することも同様にたやすくできるのだ。絶頂時のローマ司教の権力は計り知れなかった。だが、そうなるまでには何世紀もかかった。その過程を把握するには、4世紀のローマ皇帝コンスタンティヌスにまで舞い戻る必要がある。

ローマ帝国の行政の中心が常にローマにあったと決めてかかるのは誤りだ。最初はローマにあったが、330年にはコンスタンティヌスが皇帝の執務の拠点を帝国の東の端に移すと決めた。彼は壮大な都市を建設し、自分の名にちなんでコンスタンティノープルと名づけた。現在はトルコのイスタンブールとして知られている。この建設により一連の変化が起こる。コンスタンティノープルは帝国のなかでもっとも重要な都市となり、その威光の多くがその地域の司教のものとなった。ローマやコンスタンティノープルのような都市の司教は権力者となり、大都市ほど重要ではない地域の司教に対して権限をもつのが当然と考えるようになった。

東ローマ帝国の都市では、最上位の司教が自らを「総主教」（patriarch）と呼ぶようになった。ギリシャ語で父を意味する言葉が語源だ。西側では最上位の司教を「教皇」（pope）と呼ぶようになり、ラテン語で父を表す言葉が語源だ。使用する言葉の違いの裏で、さらに重大な意見の相違が展開していた。表向きはまだひとつの教会だったが、分裂がはじまっていた。歴史上の多くの論争と同様に、分裂が起こるのは、誰が主導権を握るかが問題になるときだ。かつてイエスの使徒たちのあいだで地上にイエスの国が組織されたら誰がもっとも偉くなるのかと口論になったとき、イエスは叱った。同じような論争がコンスタンティノープルの司教とローマの司教のあいだで起こった。東方の総主教と西方の教皇のどちらが偉いのか？　その争いを仲裁するイエスはそばにいなかった。

実際には宗教上の権力はローマに流れ込んでいた。皇帝がローマに居住しなくなったという事実は、かつての首都にいる教皇にとって権限を張りあう相手がいなくなり、自らが無敵の存在となったことを意味した。一方、コンスタンティノープルにいる総主教は、常に自分よりも目立ち、あれこれ指図する皇帝の影にいなければならなかった。１０５４年、くすぶっていたふたつの勢力間の抗争が燃え上がり、大シスマ（東西教会の分裂）と呼ばれる事態となった。キリスト教がふたつの教派に分かれたのだ。東の正教会と、ローマ教皇を首長とする西のカトリック教会だ。この分裂は現在もつづき、それぞれが独自の方式と文化をもつ。正教会の聖職者は通常ひげを生やすが、カトリックの聖職者は通常生やさない。正教会の司祭は結婚できるが、カトリックの司祭は結婚できない。だがこうした表面的な違いの裏に、ローマ教皇が当然とした最高権限の根拠について根深い意見の衝突があった。

表面上はよくある権力闘争と見ることができるだろう。とどのつまり、権力とはもっとも中毒性のある麻薬として知られており、権力を得て維持するために人はどんなことでもするのだ。しかし宗教上の権力闘争における論争者は常に注意深く、自分の野望を神聖な論争に覆い隠している。決して世俗の政治的な駆け引きにはしない。常に神への従順さについて争うのだ。イスラーム教のシーア派とスンナ派の争いでも本書で見てきたとおりだ。シーア派は預言者の子孫に関する宗教上の論理を権力闘争の隠れみのとした。ローマ教皇も同様の奥の手を使った。教皇が優位性を主張したのは、ローマが歴史上ヨーロッパでもっとも重要な都市だったからだけではない。それよりも重要なことがある。キリスト自らがローマが優位になるよう計画していたのだ！　その根拠を紹介しよう。

イエスが12人の使徒を召し出したとき、彼はペトロを最上位とした。そしてほかの者たちがペトロの立場について疑うことのないように、イエスはペトロに呼び名まで与えたのだ。彼の本当の名前、ユダヤ人としての名前はシモンだった。しかしイエスは彼のことを、ギリシャ語で岩を表すペトロ（ラテン語ではペトラ）と呼んだ。「あなたはシモンと呼ばれていた」とイエスは言った。「しかしこれからはシモン・ペトロ、岩のシモンと呼ばれる。わたしはこの岩の上にわたしの教会を建てる」。そしてそれだけではなかった。

ペトロがどこで死んだか覚えているだろうか？　紀元65年、キリスト教徒が最初の迫害を受けていたローマでだ。ペトロは処刑されたときにローマにいたのだから、彼がローマの最初の司教だったはずだ。ペトロが使徒たちの長だったのだから、ローマの司教として彼につづくものがその地位を継承すると主張できる。したがって、ローマの司教がペトロの後継者であり、すべての司教の長となり、地上でのキリストの代理となるはずだ。このローマの主張に、東方教会は賛同しなかった。ペトロがローマの最初の司教だったというのは強引だ。ペトロの頃のキリスト教はこれほど長いあいだつづくとは予期していなかった。イエス・キリストがすぐに戻ってくると言われていたのだ。ほかのすべてのものと同様にすぐに消え去るはずの組織をわざわざ築くはずなどない。

東方教会にはこの議論における独自の立場に関する歴史があった。教会が組織されたのは、イエス・キリストよりもコンスタンティヌスに負うところが大きいと考えていたのだ。したがって、彼らに対するローマ教皇の権限を受け入れずに、決裂することとなった。この決裂により、ローマ教皇が西方教会の首位の座に残った。だが教皇の権力の蓄積はまだ終わってはいなかった。次の展開を理解するには、煉獄のなかをさまようあの霊魂たちに戻る必要がある。

思い出してほしい。当時の宗教上の考えでは、この世は来るべき永遠の命のための準備期間でしかなかった。あの世でどのように過ごせるかは、地上での行いにかかっていた。罪があれば行き着く先は地獄か、運がよくても煉獄だ。だからこそ、死ぬ前に罪の許しを受けることが重大事だった。長期的な策を講じようとする人も出てくる。洗礼を受けて罪を洗い流してもらうのを、死ぬ間際まで遅らせようとしたのだ。遅らせれば、この世で楽しい時間を過ごせる一方で、あの世での快適な環境が当然保証される。コンスタンティヌスがとった方法がこれだ。彼は死ぬ間際まで洗礼を遅らせた。判断は微妙だったが、間にあわせることができた。

これについてほんの少し考えればわかることだが、もし罪の許しと天国に行く保証を施せるなら、巨大な力をおよぼせるようになる。その権限が自分にあるとローマ教皇は考えた。イエスはその権限をペトロに与えたのであり、自分はペトロの後継者だ。12世紀に教皇はこうした権力を使うようになり、それが最終的にカトリックの一枚岩が割れる原因となる。まず非難されたのはイスラーム教だった。

本書でイスラーム教の歴史を紹介したとき、ムハンマドの死後、ローマ帝国の南部と東部にイスラーム教が劇的に広まったことに注目した。その征服された地域のひとつにパレスチナがあった。したがって、ユダヤ教徒やキリスト教徒にとって神聖な、聖都エルサレムがムスリムの手に落ちた。もちろん、ムスリムもエルサレムを崇めていた。彼らにとっても聖都だったのだ。ムハンマドはアブラハム、モーセ、イエスの後継者として神から召し出されたのではなかったか。

教皇はムハンマドをイエスの後継者と考えてはいなかった。教皇にとってキリスト教徒の聖都がムスリムの手にあるのは屈辱的だった。そこで取り返すことを決意する。カトリック教会がエルサレムを奪回するために、キリスト教徒の戦士にヨーロッパからエルサレムへの行軍をうながす運動が繰り広げられた。これに挑戦して戦いに赴いたのが十字軍だ。十字軍は十字の印をかかげた軍だ。コンスタンティヌスがローマ市郊外のミルウィウス橋で十字の旗を前にかかげてライバルと戦ったように、十字軍も十字架につけられたイエスの印をかかげて、パレスチナを支配するムスリムに対する戦いに臨んだ。

教皇ウルバヌス2世（1042～1099）が1095年に第1回十字軍を送り出した。つづく200年のあいだにさらに7回十字軍が送られた。エルサレムをいっとき奪回したものの、ムスリムだけでなく、東方教会のキリスト教徒にも同様に損害を与えた。そしてカトリックの歴史に消すことのできない汚点を残した。だが、重大なのは次のような展開だ。十字軍への参加を奨励するため、教皇は報奨として、戦士らのすべての罪を許すとしたのだ。この取り決めは贖宥《しょくゆう》（免償）という特別な用語で呼ばれた。容認を表すラテン語が語源だ。この取り決めには宗教上の論理もあった。つまり、故国から遠く離れて馬や徒歩で行軍し、戦いの危険に耐えることで、悪い行いが帳消しとなるだろうと考えたのだ。現代の司法制度が課す罰金や社会奉仕のようなものだ。

その後、教皇は贖宥を、自分が推進する建築計画のちょっとした金づるになると判断し、その判断によって教会の混乱が引き起こされる。その混乱については、次の数章で見ていこう。

Chapter 27 抗議

1517年のある春の朝、ドイツのユーターボークの広場でひとりの説教師が木箱の上に立つと、集まってきた聴衆に大声を上げはじめた。彼の口上はキリスト教国を吹き飛ばす爆弾への導火線となった。

さあさあ、お聞きなされ！　お集まりの皆さん、きょうは特別な日だよ。きょうこそおまえさんがたが牢獄から出られる日。必要なのはこの小さなお符だけ。わたしが手にするこの小さなお符なら、たったの4分の1フローリンで、煉獄でのみじめな年月が救われるよ。

信心深いおまえさんがたカトリック教徒なら、罪が罰せられるのは知っているね。罪は償わなければならない！　告解はいくらしても構わないが、それじゃ何も変わらない。罪を償うには煉獄だ！　大罪ひとつに7年かかる。

1年に一体いくつ大罪を犯すかね？　一生ならいくつの大罪になるかね？　足してみなされ。あれよというまに何百年も煉獄で過ごす勘定だ。とくと考えなされ！

　ところがこの小さなお符ひとつで免れる。この箱にたった４分の１フローリン入れれば、すべての苦しみからおさらばだ。それからお聞きなさい。このお符が煉獄から救ってくれるのは犯してしまった罪だけじゃない、まだ犯していない罪にも効き目がある！　お買い得だよ！

　お符の中身かい？　免罪だ。聖なるパパ様、教皇おん自らのお符だよ。教皇様がわたくしめをここにお遣わしになり、おまえさんがたに伝えるようにとの仰せだ。免罪符を今買えば、たとえ死んでも地獄の門はぴたりと閉まり、天国への扉が大きく開くよ。

　しかも生きている者だけじゃない、亡くなった人も救われる！　煉獄から出られない家族や友人のことを考えなされ。この先何年かかることやら。まだまだつづくよ。何年も苦しみ、何年も罰を受ける！　ところがこの免罪符ひとつで、おまえさんの家族が煉獄から引き上げられてあっというまに天国さ！

　まだ、それだけじゃない。この免罪符はおまえさんがたやその愛する人のためだけじゃない。聖なるカトリック教会にもお恵みがある。ローマの大聖堂に満足な形で埋葬されていない聖ペトロ様と聖パウロ様のおんためだ。聖なる教皇レオ様が美しく壮大な聖堂を恐れ多くもこの世に建てなさる。おまえさんがたはそのお手伝いができるよ！　４分の１フローリンでひとつの石が買え、石が積み重なって新しいサン・ピエトロ大聖堂が建てば、その神々しさは驚くばかりだ。

　さあさあ、免罪符がたったの４分の１フローリンだよ！

説教師の名前はヨハン・テッツェル（1465～1519）といい、教会から贖宥状（免罪符）の販売を委託された説教者修道会（ドミニコ会）に所属していた。52歳の雄牛のような体格のいかつい男であり、教会のために手荒な仕事をしていたこともあった。

テッツェルがユーターボークの広場で説教をはじめる200年ほど前、教皇グレゴリウス9世（1165頃～1241）が異端審問所（宗教裁判所）と呼ばれる執行機関を制度化した。その執行官として任命された異端審問官は、拷問も含めたあらゆる手段で、教会における誤った教え（異端）を根絶しようとした。もっとも効果的な道具は、ラックと呼ばれる木製の拷問台で、下部に2本のロープが固定され、上部には別の2本のロープがハンドルに結びつけられていた。告発された者は両手両足をそのロープで縛られ、拷問者がハンドルを回すと、骨が恐ろしい音を立てて砕けて外れてしまうほど引っ張られる。それでも十分な自白が得られないと、犠牲者の腕が体から引き抜かれるまで拷問者はハンドルを回しつづけた。敵を愛し、自分を迫害するもののために祈れという教えとはまったく別世界だった。宗教上でのあの世へのこだわりが、いかにこの世の敵となるかの一例だ。

テッツェルは異端審問官のひとりだった。説教師として有能だったため、ドイツのマインツの大司教に贖宥状の販売責任者に任じられた。大司教は窮地に陥っていた。彼の大司教区は負債があり、その上教皇からローマのサン・ピエトロ大聖堂を再建するために多額の献金をするよう迫られていたのだ。そのとき大司教はひらめいた。ローマと取引したらどうだろう？　教皇から贖宥状販売の独占権をもらって、説教師のテッツェルを正式な販売員にすればよい。儲けの半分がマインツの大司教の取り分で、あとの半分をローマに献金するという条件だ。大司教と、彼に圧力をかけていた教皇の両方が満足できるだろう。その取り決めが行われた。こうして1517年4月の朝、ユーターボークでテッツェルの口上が衆目を集める。ほどなくお金が転がり込むようになった。

しかし、テッツェルがユーターボークで口上を述べた数か月後、もうひとりの太くがっしりしたドイツ人司祭がその取り決めを台無しにする。天国への道をキリスト教徒がお金で買えるという考えに憤慨し、近隣都市のヴィッテンベルクの教会の扉に、贖宥状の販売はキリスト教的ではないとするラテン語の文書を掲示したのだ。数週間のうちにその文書がドイツ語だけでなくヨーロッパのほかの言語にも翻訳された。1517年の11月の終わりには、ヨーロッパじゅうで話題となった。ローマ教皇レオ10世（1475～1521）は、また酔っぱらいのドイツ人の戯れ言だろうと取りあわなかった。しらふに戻れば考えも変わるだろう。

この「酔っぱらいのドイツ人」が敬虔な修道士、マルティン・ルター（1483～1546）だった。そして彼は決して考えを変えなかった。考えを変えなければならなくなったのは教皇のほうだった。その修道士の文書のおかげで、贖宥状の販売が落ち込み、お金がほとんど入らなくなったと聞かされて、それまで面白がっていた教皇は激怒した。サン・ピエトロ大聖堂の自分の再建計画が危うくなった。そこで教皇レオはマルティン・ルターの聖職位を取り消し、彼の書いたものをすべて禁止する大勅書と呼ばれる命令を出した。ルターは自分に届いた勅書を公衆の面前で焼き捨てた。だが、その日焼き捨てたのは大勅書だけではなかった。自分とカトリック教会をつなぐ橋を焼いたのだ。そして歴史家が宗教改革と言い表す国際的な反乱がはじまった。その反乱が自然な広がりを見せる頃、キリスト教によるヨーロッパ支配は崩壊した。

マルティン・ルターは1483年11月10日、ハンス・ルターとマルガレータの息子としてドイツのアイスレーベンに生まれた。7人の子供を養う貧しい家だったが、彼の両親は利発な息子によい教育を受けさせようと決意していた。ルターはエアフルト大学で学び、1505年に有名な聖アウグスチノ修道会で修道士となった。2年後に司祭に叙階され、1512年からはヴィッテンベルク大学で教えるようになる。昇進は早く、1510年には修道会の代表としての仕事でローマに送られた。ヴィッテンベルクでの厳粛な生活のあとに、永遠の都ローマを訪れたルターは、軽薄で堕落したローマのありさまに衝撃を受けた。だがヴィッテンベルクに戻ると、偉大なるローマカトリック教会の状況とは別の不安をつのらせる。自分の霊魂について心配し、教会には地獄から霊魂を救う力がもうないのではないかと恐れたのだ。贖宥状の騒ぎやそのほかの腐敗はどうしようもない。だがいちばんの不安の種は教会ではなかった。自身の聖書の発見にあった。

聖書が決して見失われていたわけではない。聖書からの抜粋は毎日ミサの際にラテン語で読み上げられる。ところがその頃、カトリック教会がおもに自分たちの権限を裏づけるために聖書を利用していた。聖書では、昔聖地で活動していたキリストについて語られる。その聖地をムスリムから救うために十字軍が送られた。だが問題は、現在この世で教皇がキリストの代理となることだ。聖書にある重要な事柄のすべてを教皇がわがものにする。天国や地獄へのカギをもつのは教皇だ。聖書にある古くからの言葉にカギはないのだ。聖書はラテン語で書かれているので、そのラテン語を実際に読めるものは少なかった。ミサで聖書を読み上げる司祭のなかでも理解している者は少なかった。ミサで読み上げるのはクルアーンの暗唱と同じだ。理解されていなくても威力があった。

だが、ルターの頃でも聖書を読み理解できる人々はいた。しかも1000年も前に訳されたラテン語だけではない。ルターのような学者は旧約聖書を原語のヘブライ語で、新約聖書を原語のギリシャ語で読むことができた。その聖書に書かれていることを学者たちは恐れるようになった。これこそ神の言葉だ、教皇の口から出た言葉ではないと彼らは理解していた。聖書は正しく実践すればよい知らせとなるが、間違って解釈すれば非常に悪い知らせとなる。ルターはカトリック教会が間違って、著しく間違って解釈してきたのではないかと恐れるようになった。

聖書は神から選ばれた民の話、婚姻についての話だ。神はイスラエルの民と結婚した。残念なことにイスラエルは不誠実だった。そしてイエスの時代、神は不誠実な花嫁であるイスラエルと離婚し、新しい花嫁としてカトリック教会を選んだ。その歴史が繰り返されているのではないか？　カトリック教会は今でもキリストの誠実な花嫁だろうか？　それとも、世俗的な成功とその成功がもたらす楽しみに走る不誠実な妻となりはててしまったのではないか？

イスラエルと神とのあいだの破綻した契約の話は、宗教改革の意味を探るカギだ。宗教改革の力を感じ取るには、カトリック教会が自分たちのために行った重大な主張を思い出す必要がある。その主張は民衆に男女を問わず永遠の祝福というよい知らせか、永遠の悲しみという悪い知らせをもたらす。彼らが神との契約に対して忠実ならば、天国で栄光の未来が待っている。だが不誠実ならば、その代償はソールズベリーのセント・トーマス教会に描かれた最後の審判の絵に図示される永遠の責め苦となる。

どうすれば救われるのかという強迫的疑問がマルティン・ルターの頭に焼きついていた。そして同じような強いこだわりをもつキリスト教徒だった聖パウロの手紙を読んで、啓示を受けた。神への洞察を得た瞬間だ。はてしない祈りや巡礼では救われない。教皇自らが署名した贖宥状でも救われない。贖宥状は神との関係を商取引にしてしまうものであり、お金で買えるものだ。ルターは神の愛が買えないことを知っていた。そして悟った。神の愛は買えないが、その必要はないのだ。神は無償で与えてくださる！　彼を救うのは神の愛だ。教会が仲介する安っぽい取引などではない。神の愛を信じるべきで、神のみを信じればよい。教会や教皇などの代理人は不要だ。

以後、何世紀もつづくことになるその影響をルターはわかっていなかったが、彼の頭のなかで起こったこの出来事は人間の歴史の転換点となった。歴史を永久に変えることになるふたつの力を放ったのだ。聖書、そして神の前に対面する自由な個人というふたつだ。その影響を直接受けて、かつては天下無敵だったカトリック教会の統一体が粉砕される。プロテスタントによる宗教改革が本格的に動き出すのだ。以下の章ではその結果について考えよう。

Chapter 28 大分裂

救われるのに必要なのは、宗教上の義務をはたすことでも、贖宥状を購入することでもなく、自分たちへの神の愛だけだというマルティン・ルターに訪れた啓示は、その頃のキリスト教には決して受け入れられない考えだった。ルター自身も、その革命的意味について認識してはいなかった。また、彼は他者との関係において必ずしもその考えにしたがって行動したわけでもなかった。だがその啓示が彼に訪れ、今やそこに存在するのだ。

宗教学者がルターのその洞察に与えた用語そのものが物語る。宗教学者はその洞察を「信仰義認」と呼んだ。手がかりは「義認」(justification)という言葉にある。justification(正当化)の現在使われている意味、つまり何かについて恥じる人や抗議された人が言い訳するという意味は忘れてほしい。そうではなくて、犯罪行為について裁判官の前に立った人を考えよう。その人は有罪であり、自分でも有罪だとわかっている。そして裁判官にも有罪であることが知られているとその人にはわかっている。だが、驚いたことに裁判官はその人を正しいとし、無罪と宣告して釈放する、つまり義認するのだ。

ルターは人間と神との関係について今までとは違ったとらえ方があると知った。宗教が人々に与えていたのは、神が人を捕らえようと待ち構えているイメージだ。人は問題さえ見たことのない試験で採点されようとしている。だからさまざまな宗教が互いに競いあって、自分たちだけがその試験の問題を知っている、あなたが何も知らずに生まれたときに登録されたテストについて、指導できるのは自分たちだけだ、とそれぞれ主張するのだ。だが、ルターはそれとは異なる神のイメージをとらえたのだった。彼が見たのは愛だ。条件や要求なしに世界に差し出される愛だ。その愛が真実なら、人は自分たちをこらしめようと待ち構える神に常にびくびくすることなく、自由に、幸せに生きられる。

ルターのひらめきがどれほど革命的だったかを理解するには、宗教が従来どのように機能していたかを思い起こす必要がある。宗教によって違いはあるが、共通点としては、「要求される」という言葉で表せるだろう。宗教は厳しい運命から人間を救うためにある。しかし、救われるために人間は特定の教義を信じて、特定の務めをはたすことが要求される。宗教とは、ローマ人が quid pro quo と呼んだ「見返り」だ。これを信じ、あれをすれば、結果はこうなるだろうというものだ。要求が否定形の場合もある。これを信じるな！　あれをするな！　その前提となる要求する神という考えを受け入れるなら、筋が通る。宗教は取引であり、保険契約だ。贖宥状がまさに取引だった。購入すれば、将来が守られる。その取引は宗教だけでなく、人間の多くの相互作用の仕組みでもある。誰かから何かを得るには、何かを与えなければならない。それはビジネスだ。

そのビジネスは、イエスが考えていた人間と神との関係ではなかった。だがイエスの言葉は謎めいていて、教会を支配する者はイエスの言葉にしたがおうとはしなかった。イエスは、あるたとえ話として、何時間働いたかにかかわらず、1日の終わりに誰にでも同じ賃金を支払うぶどう園の主人について語った。神と人間との関係は雇用法に基づくものではない、とイエスは言う。神と人間とのあいだは一対一の関係であり、個人の特別な事情に合わせたものだ。もっとわかりにくいたとえ話では、若い男が父親に財産を分けてほしいと要求し、家を出て放蕩《ほうとう》の限りを尽くしてその財産を使いはたす。それでも彼は、父から非難の言葉ひとつ受けずに、家にまた迎えられる。神はこのようである、とイエスは言う。わたしたちがどのように振る舞っても、神はわたしたちを愛することをやめはしない。あなたがたもそのように互いに愛しなさい！

おかしな話だ！　この世をそんなふうに動かそうとすれば、宗教をはじめ、組織も制度も収拾がつかなくなる。だがルターがヴィッテンベルクの書斎でその夜に垣間見たのは、愛が原動力となる新たな教会の可能性だった。彼が崇拝するパウロが書いたように、愛はすべてを忍び、すべてに耐える。神の愛は、神の子らが無法な行為をしようと、何があろうと揺るがない。たとえ罪人でも、神は愛しつづけてくださる。彼らを救うのは愛であり、恐怖や、恐怖から生まれる取引ではない。

ところが教会は、神のやさしさという宗教を人間の残酷さという宗教に変えることを認めてきた。その残酷さこそ、コンスタンティヌスがイエスの十字の旗印のもとで敵を殺戮したときに行ったことだ。十字軍が聖地へとムスリムを殺害しに向かったときに行ったことだ。そして異端審問官がラックの上で異端者の腕を引き抜いたときに行ったことだ。彼らは皆、彼らの立場から解釈する神に、人々を服従させることは立派な行いだと考えていた。なぜなら彼らの神の解釈は、自分たちの考えを投影させたものだったからだ。

ルターは一瞬のうちにこうしたすべてがどれほど間違っているかに気づいた。気づいたことにより、カトリック教会の権力と強欲に立ち向かい、新しいものを求める勇気を得た。ここでプロテスタントの宗教が生まれた。名前が示すように、プロテスタンティズムは、何のためかではなく、何に対抗するかによってはっきり定義される。権力の冷酷さへのプロテスタントによる抵抗は、ヨーロッパの歴史に貴重なものをもたらした。そしてやがては宗教上のみならず、政治上の暴虐に異議を唱える力となった。

当時の社会の管理体制のもとでは、プロテスタントの運動が地方の支配者の賛同や支援なしに大きく広がることはできなかった。ヨーロッパは民主社会ではなかった。そのため、改革した教会を組織するには、支配者である王や君主の後ろ盾が必要だった。支配者と結託して、新しい教会が出現した。だが全員が物事を同じように見て、同じことを信じたわけではない。そのためローマ教会からの大分裂ののちに、新たに浄化された教会のあり方について意見が合わないプロテスタントのあいだで、小さな分裂がつづいた。賛同しないものには妥協できないというプロテスタンティズムの特質は、最大の弱点でもあった。

ローマ教会の特質は、意見の相違に耐性があることだった。ローマ教会ではひとつの考えを押しつけることが接着剤となり、さまざまな地域のさまざまな人々をひとつの信仰に結びつけていた。ミサでのラテン語の使用さえも、求心力となっていた。ラテン語を理解できるのは教育を受けた者だけで、その数は決して多くはなく、助祭のなかでさえ少なかった。したがって、ヨーロッパじゅうでミサに行く人々は祭壇で何が唱えられているか知らないという点で一体だった。だが同時に、彼らはどこでも同じ聖なる秘跡にあずかっているという点でも一体だったのだ。宗教改革によってその統一体は永久に失われたが、カトリック教会のなかの統一性だけは残った。

激動の宗教改革に応じる形で、カトリック教会は対抗宗教改革（反宗教改革）として知られる独自の改革運動を行った。教皇パウルス3世（1468～1549）は、1545年から1563年までイタリアのトリエント（トレント）で公会議を開催した。想定通り、会議ではマルティン・ルターの著作が弾劾されたが、その引き金となった教会による権力の乱用も批判された。教会は最初の教皇とあえて呼ぶ使徒聖ペトロに因んで自らを「聖ペトロの船」と称するのを好んだが、その船が転覆する恐れのあった嵐を生き延びたのだ。歴史上の航海をつづけ、時折風にもまれることはあっても、深刻な事態にふたたび脅かされることはなかった。

一方、プロテスタント教会について同じことは言えなかった。航海のたとえをもう少しつづけるなら、プロテスタンティズムは国旗のもとに疾走する数隻の大型船から、ほどなく競合する何隻もの船団に増殖したが、その一部はカヌーほどの大きさしかなかった。この増殖結果の要因はふたつある。そしていちばん大きな要因は聖書だった。ある書物をひとつの権威の管理下から解放すると、多数の解釈の対象となる。特にその書物が神に啓発されたものと信じられている場合はなおさらだ。ルターは信仰義認を聖書のなかで発見した。だが聖書にはルターの発見よりはるかに多くのことが書かれており、互いに矛盾することも少なくない。聖書は結局のところ、何世紀にもわたって、多数の無名の著者により書かれ、書き直されてきた書物の集大成なのだ。何かを求めてまたは恐れて聖書に目を通す誰にとっても、その人に応じた何かが見つかる。新興のプロテスタント教会のなかには新約聖書よりも旧約聖書に触発された会派もある。本書ではあとの章で、各国の宗教改革が進む過程に聖書が及ぼした影響について見ていく。またその過程で、宗教に絶対的な権威を求める古代からの要求が、絶対に正しい教皇から絶対に正しい聖書にどのように移っていったかについても考えたい。

プロテスタントが分裂したもうひとつの要因は、宗教改革による個人の解放の仕方にある。従来の宗教では、一般の信者に選択の自由はあまり与えられていなかった。信者は教会を管轄する司祭や司教に言われたとおりにしなければならなかった。一方、宗教改革は個人の良心、および個人的に神と結びつく権利を肯定して、従来の権威主義を駆逐した。個人が神に近づくには正式に認定された専門家を通す必要があるという考えは否定された。万人が司祭だと考えられた。使徒継承により認められた者たちだけではない。それが原因で、プロテスタンティズムがひとつの団体を組織するのは困難になった。管理する者に異議を唱える反逆者は常にいる。そして自分の考えが聞きいれられなかった反逆者は、出ていって独自の教会をはじめるのだ。

しかし、宗教改革のいちばんの失敗は、キリスト教を腐敗させた方法、つまりかつてコンスタンティヌスが敵に対して用いた暴力による方法に対して異議を唱えなかったことだろう。ルターは愛について瞬間的に洞察を得たが、天国の門はふたたび閉じられ、ルターが敵を扱う冷酷さは、誰にも劣らなかった。彼の権威に異議が唱えられると、ためらうことなく相手を攻撃した。

ドイツの農民に対してルターが行ったことがまさにその攻撃だ。彼ら農民は教会の権力に対する宗教改革の挑戦に刺激を受けて、自分たちの生活を支配する領主の権力から解放されたいと考えたのだ。農民は完全な奴隷ではなかったが、奴隷並みの生活だった。彼らは農奴として、農業労働に従事し、権利も、貧困生活から抜け出す手立てももたなかった。豪邸や宮殿に住む貴族のために死ぬまで働くしかなかった。教会はこのような制度を神から与えられたものとして祝福していた。後世の人気のあった聖歌にも「富める者は城のなか、貧しい者はその門前にいる、神は高き者と低き者を作り、その階級を定められた」と歌われた。しかし、農民たちは神が定めたとは考えなかった。そして宗教改革が彼らに希望を与えたのだ。教会を変えられるなら、社会も変えられるのではないか？　マルティン・ルターがローマ教会の力を覆せるなら、ドイツの領主だろうと倒せるのではないか？

彼らの反乱はドイツ農民戦争と呼ばれたが、1524年から1525年までの1年間しかつづかなかった。ルターの怒りと熱心な支持を得て、領主側は徹底的に暴動を鎮圧し、10万人が殺された。鎮圧後も自警団が地方を練り歩き、残っていた農民を叩きのめし、その粗末な小屋を焼き払った。これもまた、人々を天国に導こうとする宗教上の執念によって、この世で平和に暮らす方法を見つけることには無関心になる例だ。農民戦争の鎮圧に関与したルターのこの行為は、プロテスタントによる最初の十字軍として説明できるだろう。ほかにもたいていの場合プロテスタント同士による争いがつづく。すべてが変わったが、すべてが同じままだった。

16世紀の終わりには、アイルランドを除く北ヨーロッパのほとんどがプロテスタントとなる。新しい各教会はさまざまな形態をとり、しばしばそのあいだで激しい論争が起こった。だが、ヨーロッパ大陸だけが宗教上の危機を経験したわけではなかった。インドでも同様のことが起こった。そこで海峡を渡ってイングランドとスコットランドでどのような宗教改革が起こったかを見る前に、また寄り道をしてインドで何が起こっていたかを見てみよう。

Chapter 29 ナーナクの宗教改革

マルティン・ルターはおそらく彼を気に入らなかっただろうし、その気持ちはおたがい様だっただろう。それでもルターとこの人物、シク（シーク）教の教祖グル・ナーナクには多くの共通点がある。いずれも同じ激動の時代に生きていた。ナーナクが生まれたのが１４６９年、ルターは１４８３年、ナーナクが死んだのが１５３９年、ルターはその７年後の１５４６年だ。ふたりはおたがいのことを聞いたこともなかっただろうし、６０００キロメートルも離れて、ナーナクはインドに、ルターはドイツに住んでいた。だが、ふたりとも生まれた社会の宗教の改革者となった。住む世界、信じるものの世界は異なっていたが、ふたりの生き方から、真理と純粋さを探求する過程で宗教が分裂する傾向が強いことに思い至る。

グル・ナーナクの弟子、または追随者はシク教徒と呼ばれ、ナーナクののちに9人のグルと呼ばれる教祖がつづいた。ナーナクはシク教の開祖だが、彼が考えていた信仰の最終的な形式が整ったのは、10代目の最後のグルが没した1708年だ。グルは指導者であり神の本質を明らかにし、その存在を実感させる。グル・ナーナクは死ぬ前にグル・アンガド（1504〜1552）を後継者として指名し、グル・アンガドは1552年に死ぬ前にグル・アマル・ダース（1479〜1574）を後継者として指名した。シク教での弟子によるグルの継承は、こうして10代目のグル・ゴービンド・シング（1666〜1708）が1676年に継承するまでつづいた。

その後に興味深いことが起こる。グル・ゴービンド・シングは後継者を指名しなかった。彼は次のように宣言する。今後、シク教の社会で神の代理となるグルは、ふたつの別個だが関連する形態で存在することになる。ひとつは、シク教の聖典をグルとする。聖典は「グル・グラント・サーヒブ」と呼ばれ、シク教の寺院である「グルドワーラー」（グルへの道の意味）の中央に安置され、彼らの中心に神がおられることを象徴する。

グルのふたつ目の形態は、シク教に入信した信者のコミュニティであり、「グル・カールサー党」（純粋な形のグル）と呼ばれる。宗教改革時にキリスト教に出現した一部の教会のように、シク教では信仰を監督する祭司団は必要ないと考えられた。敬虔な信者には神とのあいだの仲介者は不要だ。すべての信者が神から見て平等だ。そのため、シク教をインドの宗教におけるプロテスタントと考え、純粋な形のグルを、キリスト教の宗教改革派が好んだ万人司祭の形式と見るとわかりやすいだろう。シク教にはほかにも、インドのプロテスタンティズムの一形式と読み解くことができる要素があるが、ここではシク教の最初のグルであるナーナクに戻り、そもそもの始まりについて見てみよう。

ナーナクはインド北西部のパンジャーブ地方でヒンドゥー教の商人カーストの両親のもとに生まれた。ヒンドゥー教がインドのもっとも有力な宗教となってから長い年月が経ち、イスラーム教のほうが優勢になっていた。8世紀にムスリムの商人が初めてインドに到来し、宗教ももたらした。インドではいつものように、どのような形式の宗教も進んで受け入れたので、イスラーム教もインド亜大陸のほかのすべての制度のなかに根づいた。その後10世紀になると、隣国のアフガニスタンからムスリムがパンジャーブに攻撃を仕掛けるようになる。その当時、ムスリムは布教よりも略奪に関心があるようだったが、そこで出会った多神教には驚いたにちがいない。

ムスリムの侵略はつづき、ナーナクがシク教をはじめた16世紀には強大なムガル帝国がインドを支配するようになる。ムガル人はもともと中央アジアのモンゴル系であり、インドに遠征する頃にはイスラームに改宗していた。ナーナクが子供の頃、北インドの君主はすでにムスリムだった。しかし、ムスリムの支配者はヒンドゥー教の普遍主義に影響され、さまざまな信仰に寛容だった。そのため、真剣に宗教の探求に取り組むナーナクには選択の余地があった。ヒンドゥー教とイスラーム教のどちらをとるか?

ナーナクは霊感を求めて両方の宗教の聖地を巡礼することにした。はるか西方のアラビア半島のメッカまで行ったと言われている。旅を終えてパンジャーブに戻る頃には決意していた。彼の求める道はヒンドゥー教でもイスラーム教でもない。神との神秘的な出会いののち、まったく異なる道を宣言する。だがナーナクに啓示された内容についてここで考えてみると、シク教ならではの特性もあったが、彼が否定したふたつの宗教の要素も含まれていることがわかる。ムハンマドやプロテスタントの宗教改革の指導者と同様、ナーナクは飾り立てた宗教を嫌った。彼は偶像崇拝の商人たちを深く軽蔑する一神教信者だった。神の営業担当を自認する宗教上の詐欺師たちによって、宗教がいかに簡単に金儲けの方法に変わるかを見てきたのだ。神はすでに一般大衆の心のなかに存在するとナーナクは気づいた。神は代理人を通す必要はない。プロの祭司が執り行う必要がある礼拝の類をナーナクが嫌ったのはそのためだ。

こうした考え方について言えば、ナーナクはヒンドゥー教徒というよりイスラーム教徒だ。だがこの世の命を次々と渡り歩くことからの救済を願う魂に同情していた点で、ヒンドゥー教徒だった。カルマと輪廻転生を信じることは、ヒンドゥー教にもっとも特有の教義であり、ナーナクはその考えを受け入れていた。自分はその無限の再生の輪から解放されたと、神から告げられていたのだ。グルとして人々のもとに送られたのは、彼らにも無限の再生の輪からの救済が受けられる方法を示すためだった。ナーナクの宗教的体験を語る話のひとつに、彼の使命が次のように記されている。全能の神が彼に次のように言われた。

わたしはあなたを、誕生、死、再生の輪から解放する。信仰をもってあなたに目を向ける者は救われる。信念をもってあなたの言葉を聞く者は救われる……わたしはあなたに救済を認める。ナーナク、邪悪な世に戻り、男女に祈ること、寄付すること、清く生きることを教えなさい。この世に善をもたらし、罪の時代からこの世を救いなさい。

ここまでのところ、ナーナクが行ったことはヒンドゥー教とイスラーム教を少しずつ取り入れて包み直しただけと言えるかもしれない。だが彼が次に行ったことは、急進的で特有のことだったし、今でもそうだ。人々に一緒に食事をさせたのだ。食事をともにすることは目新しいことにも、重要なことにも聞こえないかもしれないが、宗教史の上では革命的なことだった。宗教的社会では、信者は誰と一緒に食べることが許され、または禁じられるかを学ばなければならない。これにはcommensality（親交）という専門用語さえあり、食事をともにすることが許されるグループという意味だ。そして誰とは食事をともにできないかを言い立てることにエネルギーのほとんどが費やされてしまう。というのも、宗教心の奥深くには純潔さという考えが流れており、不浄な食べ物や不浄な人々が存在するという信念があるからだ。不浄なものにふれれば、神を不快にさせ、浄化が必要になる。その考えがもっとも強いのが、カースト制度や人種分離のある国だ。ヒンドゥー教にはカースト制度があり、バラモンの昼食に不可触民の影が落ちただけで、その昼食は不潔とされ、廃棄されなければならなかった。

このような差別を実践してきた宗教はヒンドゥー教だけではない。ユダヤ教にも同様のものがあった。不浄とされる食べ物だけでなく、不浄とされる民族があった。イエスの罪状のひとつにもこのタブーの無視が挙げられた。彼は罪人に話しかけただけでなく、ともに食事をしたのだ！　イエスの先例に倣うと主張した教会は、やがて彼を手本にできない理由を見つける。食事のタブーはキリスト教にいまだに存在する。キリスト教の主要な礼拝は聖餐《せいさん》、聖体拝領、またはミサと呼ばれ、食事を儀式化したものだ。この礼拝はイエスが死の前夜に弟子たちととった最後の晩餐に基づいており、イエスが自分の記念として行うようにと弟子たちに告げたものだ。以後、キリスト教徒が儀式として行ってきた。だが、彼らは誰とでもその食事の儀式をするわけではない。ローマカトリック教徒がプロテスタント教徒とともに食事の儀式をすることはない。ほかのプロテスタント、または自分たちの清浄な教団の外部の人とは食事の儀式をしないプロテスタント教徒もいる。罪を犯したならば、食事の儀式を一切許されるべきではないと考えるキリスト教徒も少なくない。まるでいたずらの罰として夕食抜きで寝室に行かされるかのようだ。

ナーナクはこのようなタブーを一切嫌った。誰でも平等に愛してくださる神の名のもとで、人々を隔てる壁をどうして作るのかと考えたのだ。彼の答えは見事なまでにシンプルだ。シク教のコミュニティに「ランガル」と呼ばれるともに食事をする習慣を導入したのだ。ランガルはカーストを問わない。そしてランガルの活動に祭司がつけ足したがるような装飾的な宗教儀式は排除されている。普通の食事なのだ！　皆一緒に家族のように食事をとる。シク教のグルドワーラーでは、台所は建物のほかの部分と同様に神聖な場所だ。食べ物を料理して分けあうことで、カースト、信条、人種、性別を問わず、皆が平等であることを祝う。そのためにグルドワーラーには4つの方角すべてに入り口があり、誰であれ訪れる人に開かれていることを象徴している。ナーナクにつづくグルはすべて、シク教の信仰におけるランガルの重要性を強調した。3代目のグル・アマル・ダースは、彼に会おうとする者は誰であれ、最下層の農民からインドの皇帝自身まで、まずランガルで彼とともに食事をしなければならないとさえ主張した。

ナーナクにつづく9人のグルはそれぞれナーナクの考え方を踏襲し、その当時のニーズに適宜合わせていった。だが10代目のグルはシク教にめざましい独自性を与え、その独自性が現在もシク教を特徴づけている。ムガル帝国のインドは比較的寛容だったが、開かれた社会にはほど遠く、シク教はイスラーム教の弾圧から自らを守らなければならなかった。6代目のグル・ハルゴービンド（１５９５～１６４４）はコミュニティを守るためにシク教の軍隊を編成した。だが、シク教徒を優位に立たせたのは10代目のグル・ゴービンド・シングだ。民衆を激励して町の防備を固め、軍事訓練を行ったのだ。新しい宗教のほとんどが、自分たちが捨てた組織から迫害を受けて、どれほど自衛する必要があったかを思い出させる。シク教徒は伝説的な兵士となり、今も特徴的な軍人スタイルを採用している。

シク教には5つのKと呼ばれる重要な装いがある。「ケーシュ」（Kesh）は髪を切らないことを意味する。シク教徒は髪を伸ばすことが信仰の印とされる。シク教徒の男性はターバンを巻いて髪をまとめる。女性はターバンまたはスカーフを着用すればよい。「カンガー」（Khanga）はくしのことで、シク教徒の長い髪のなかに収め、純粋を象徴する。「カラー」（Kara）は鉄の腕輪で、無限の神のシンボルとして腕にはめる。「キルパーン」（Kirpan）は短刀で、肩ひもを使って腰のところに下げる。キルパーンは、シク教徒の軍事史だけでなく、正義のために戦う義務を思い起こすためだ。「カッチャ」（Kaccha）は兵士用の下着であり、自己抑制の必要性を忘れさせない役目がある。

キリスト教やイスラーム教とは異なり、シク教は布教を行う宗教ではない。信仰というよりも人種的アイデンティティだという点でユダヤ教に似ている。そして入信を望む者は改宗者として喜んで迎え入れるが、改宗者を求めて海を超えたりはしない。これは自らを救済への唯一認可された道と考える宗教とは異なり、シク教では神に至るには多くの道があると信じるからだ。この点でシク教はインドの宗教に特徴的な寛大さを示し、西洋のキリスト教を通常特徴づける不寛容とは対照的だ。本書ではこれを機に、インドを離れてイングランドを目指し、16世紀に移るあいだに宗教改革による紛争がいかに激しくなったかを見に行こう。

Chapter 30 中道

わたしが学生の頃、教会史のある先生はスコットランドのアバディーン出身で、興味深い話を聞かせてくれた。宗教改革の講義のなかで語られたたとえ話は今でも覚えている。16世紀の紛争から生まれたさまざまな教会の形式について、学生に考えさせるための次のようなたとえだ。

「君たちに幼い息子がいるとする」と先生は言った。「息子は友だちと外で遊んでいた。夜になって家に帰ってくると、顔は汚れて、一日中かけ回っていた野原の泥がついていた。息子の様子を見て、君ならどうするか？　3つの選択肢がある。そのまま寝かせて、きれいな枕カバーに子供の汚れた頭をのせるか。息子の頭を切り落とすか。確かに泥はとれるだろうが、その方法では息子を殺してしまい、息子をなくす。あるいは、息子を風呂に入れて、きれいにしてから寝かせるか」

先生は何を言おうとしていたのか？　考察していたのは、宗教改革後に残された教会における過去との継続性についてだ。3つのモデルが差し出されていたと先生は言った。何も変えずに継続させるか、何も継続させずに変えるか、一部を変えて継続させるか。カトリック教会は、使徒たちにまでさかのぼるキリスト教という継続性を保っていた。16世紀までにその顔は幼い男の子のように汚れてしまったが、汚れの下には最初から継続していたものがあった。それが改革されないキリスト教だった。

だが極端な改革派にとって、カトリックはもはやキリスト教ではなかった。教皇は顔が汚れているだけでなく、キリストの弟子のふりをしているが、実際には敵である反キリスト者だった。それはまるで、ある国を内部から破壊するために外国の工作員がその国の大統領になったようなものだった。カトリックはダークサイドに落ちてしまったのだ。だからその邪悪な頭を切り落とす必要がある。

その中間にいるのが、教会の顔を洗うだけだと主張する宗教改革派だ。教会を排除しようとしているのではない。教会を変容させた泥を落とそうとしているだけだ。そして宗教改革時に出現した教会のなかで、もっとも中道として評価され、中道こそわが道と主張していたのはイングランドの教会だった。カトリック教会に対して異議を唱えているわけではまったくない。問題なのはその司教のひとり、ローマの司教だ。どのような権利で、イタリア人の司教が他国の内政に干渉するのか？　ローマの司教が全世界に対して権限があるなどという主張は、教会の本来のあり方には含まれない。司教の権力争いはすでに東方の正教会と西方のカトリック教会の大シスマを招いている。ローマ教皇のしていることは悪巧みであり、自覚して注意しなければまた大シスマが起こるだろう。

ところがこの話には別の側面がある。そしてその側面はローマ教皇の野望よりも、イングランド王の結婚問題に深く関わっていた。その王の名前はヘンリー8世であり、6人の妻がいたことで有名だ。6人の妻について説明するには、彼が生まれる40年ほど前にさかのぼる必要がある。

ヘンリー8世（1491〜1547）が生まれたのは1491年6月28日であり、イングランドを分断していた30年間の一連の内戦が終結した6年後だ。内戦は1455年にはじまり、1485年にヘンリー・テューダー（1457〜1509）がボズワースの戦いで勝利するまで激しい攻防がつづいた。内戦を終わらせたヘンリー・テューダーがヘンリー7世として王位に就く。ついに平和が訪れた！　だが、中世の王は平和を当たり前のものとすることができなかった。「王冠をかぶる者は心安からず」とイングランドの偉大な劇作家であり、君主制をよく研究していたウィリアム・シェークスピアが書いている。

将来王となるヘンリー8世は、彼の父をイングランドの王位に導いた内戦の話を聞いて育ったことだろう。王位に対する非常に些細な脅威にすら王はどれほど警戒しなければならないかを学んでいただろう。ただし幸いなことに、彼にとってはそれほど重要ではなかった。彼には兄アーサー（1486〜1502）がいて、ヘンリー7世の死後に王になるはずだった。若きヘンリーは聡明で、活発であり、よく学びよく遊ぶだけだった。だが彼が10歳のときすべてが一変する。兄アーサーが亡くなり、妻であるスペイン王女のキャサリン・オブ・アラゴン（1485〜1536）が残された。ヘンリーは父が戦って勝ち取り、維持している王位の跡継ぎとなった。そして1509年にヘンリー7世が亡くなると、17歳の息子がヘンリー8世として即位し、その後38年間君臨することになる。

本書でのヘンリー8世の物語は、彼がイングランドの王座につき、キャサリン・オブ・アラゴンと結婚すると決意したところからはじまる。キャサリンは兄アーサーの未亡人であり、ヘンリーより5歳年上だった。その結婚は聖書で禁じられていたので、異例のことだった。旧約聖書の「レビ記」で、兄弟の未亡人と結婚することがはっきりと禁止されている。「兄弟の妻をめとるものは、汚らわしいことをし、兄弟を辱めたのであり」と記されていて、さらに悪い知らせが「男も女も子に恵まれることはない」(「レビ記」20章21節)とつづく。結婚を強行するためには、教皇の特別免除を得る必要があった。ヘンリーはその許可を得てキャサリンと結婚した。この時点では、教皇がイングランド王国に対して権限をもつことを、ヘンリーが進んで受け入れていたことがわかる。

問題が生じたのは、キャサリンが世継ぎとなる男子に恵まれなかったためだ。[※1] 男子に恵まれないことは、ヘンリーにとってまさに心配の種であり、中世の王なら誰にとっても心配の種だった。男の世継ぎをもうけることが当時の王妃に真に期待されたすべてだった。キャサリンはその務めをはたせなかった。彼女は娘メアリー(1516~1558)を生んだが、息子はいなかった。そして息子だけが重要だったのだ。ヘンリーは聖書をよく知っていた。実際、ちょっとした神学者であり、ラテン語もギリシャ語も読める、熱心なカト

※1　キャサリンは1515年に男子を産むが、生後52日で亡くし、その後も男子を死産している。

リック教徒だった。ヨーロッパで巻き起こった宗教改革の話をすべて嫌っていた。ルターの唱える神学を攻撃して論文を書き、教皇レオ10世から「信仰の擁護者」という特別な称号を得たほどだ。これは現在のイギリスの君主も名乗る称号となる。1ポンド硬貨を見れば、女王の名前のあとにFDという文字が刻まれているのがわかる。このFDがFidei Defensor（信仰の擁護者）というラテン語を表している。

したがって、ヘンリー8世がどのような人間だったにしろ、プロテスタントではありえなかった。彼はイングランドに新しい教会を望んでなどいなかった。望んでいたのは息子を生む妻だった。解決策は簡単だ。教皇は聖書の教えにもかかわらずキャサリンとの結婚を許可した。キャサリンが息子に恵まれなかったという事実は、教皇がそもそも同意すべきでなかったということを証明している。「レビ記」に何と書いてあるか？「子に恵まれることはない」のだ。娘は勘定に入らないのだから、ヘンリーは子に恵まれていないと考えていた。教皇は結婚を取り消すべきだ、つまり有効ではなかったと宣言すべきだ。

結婚の取り消しは、教皇にとってむずかしい要求だった。その取り消しに応じれば、キャサリンの実家であるスペイン王家を怒らせるだろう。取り消しに応じなければイングランド王が激怒するだろう。そこで教皇は何もせず、事態が変わって責任から逃れることを待ち望んだ。

事態が変わったのは、ヘンリーの人生に新たな女性、王妃キャサリンの侍女であるアン・ブーリン（1501頃～1536）が登場したことによる。亡くなった兄の妻と結婚したことで呪われたと確信していたヘンリーは、アンと恋に落ち、1533年に密かに結婚する。そして1534年、歴史から前例が掘り起こせると側近たちを説得して、ヘンリーは自らイングランド国教会の最高の首長であると宣言した。教会に対するヘンリーの新しい権限の最初の行使は、キャサリンとの結婚を無効にすることだった。ローマ教会との分裂が完了した。

ここで注目すべきは、この分裂が新しい教会を求めるプロテスタントによるものではなく、新しい妻を求めるイングランド王が引き起こしたものだった点だ。イングランドにももちろん、プロテスタントがいた。そのひとりは王の補佐役の長を務めるトマス・クロムウェル（1485〜1540）だが、彼がプロテスタントに共感していることを、ヘンリーは知らなかった可能性が高い。この混乱した状況から、カトリックでかつ改革派というイングランド国教会が生まれた。同じカトリックだが今までとは異なる。以前からの司教、司祭、助祭という階級を維持し、依然として使徒継承の枠内だと主張する。以前からの祝日や断食日の教会暦のほとんどを維持したまま新しい祈禱書が作られた。この新しい祈禱書によって、イングランド人が独自の美しい言語である英語で礼拝できるようになった。イングランド国教会は新しい教会でも、種類の異なる教会でもない。元のカトリック教会の顔をぴかぴかにきれいにしたものだ。

ただし、そう自称するのを好んだというだけだ。発端はぴかぴかとはほど遠かった。イングランドを元のカトリック教会から分離したのは、神学の改革というより王の政治的魂胆だった。それでもイングランドの宗教改革は、本書で宗教について考えるべき側面を例示している。人間社会の政治との絡みあいが避けられなくなるという側面だ。politics（政治）は都市を意味するギリシャ語が由来であり、緊張関係や意見の不一致もすべてを含めて人間が社会生活を構成する方法について、簡潔に言い表したものだ。校庭での喧嘩から国連での議論まで、政治はあらゆるものに入り込む。

そして宗教には、最初から政治が混入する部分が含まれていた。神と人間との関係そのものが政治の一種だと言えるかもしれない。宗教とは、人が他者とかかわる方法を模索するものだからだ。宗教は最初から世俗的政治に含まれる不可分な要素だった。宗教内でも、誰がその宗教を支配するか、支配者をどのように選ぶかについての論争など、明らかに政治的駆け引きがある。

しかし実際に危険が生じるのは、論争の的が何であれ、政治的権力者間での論争において神は自分の側にあると主張することで、宗教が武器となるときだ。だからこそ宗教改革を、特にイングランドにおいては、当時の政治から分離できない運動として見る必要があるのだ。ヘンリーは自分の王国の安全のために離婚する必要があり、教皇が同意しない、または同意できないなら、離婚に同意してくれる誰かを必要としていた。そのためローマ教会と決別して、イングランド国教会が生まれた。発端は体裁が悪かったが、イングランド国教会は自らを両極端の中道を行くものと考えていた。カトリック教会ではあるが、顔を洗ったのだ。

ヘンリーは離婚したが、幸せにはなれなかった。アン・ブーリンにも息子は生まれず、娘が生まれた。呪いはつづいたのだ。ヘンリーは姦通罪を犯したと捏造してアンを処刑した。次にジェーン・シーモア（1508頃〜1537）と結婚し、待望の息子が生まれ、エドワード（1537〜1553）と名づけられた。1547年にヘンリーが亡くなると、9歳のエドワード6世が王位を継いだ。

エドワードの短い治世のあいだにイングランド国教会の改革が確立された。しかし、1553年にエドワードが死去し、キャサリン・オブ・アラゴンの娘メアリー1世があとを継ぐと、イングランドの宗教政治は反対の方向に振れる。カトリック教会が復権し、メアリーは自分の母の生涯をみじめなものにした人々に復讐を図った。プロテスタントを容赦なく迫害し、異端者としてその多くを火あぶりの刑に処したので、ブラッディ・メアリー（血まみれのメアリー）という呼び名が献じられたほどだった。

1558年にメアリーが死去すると振り子がまた振れる。メアリーの次はアン・ブーリンの娘であるエリザベス（1533～1603）が王位を継ぎ、1603年までの在位中、王国に平和と安定をもたらした。皮肉なことに、ヘンリー8世が望まなかった娘がイングランドの歴史上もっとも賢明な君主のひとりとなった。エリザベスは国家を安定させ、教会の改革を完了した。だが、彼女も父親と同じくらい非情だったと言えるかもしれない。1587年にエリザベスは反逆罪により、いとこであるスコットランド女王メアリーの首をはねた。メアリーの不幸な生涯の冷酷な結末として、斧《おの》が3回振り下ろされた。その原因を本書で説明するには、スコットランドへと北に向かう必要がある。スコットランドでの宗教改革はまったく異なる展開を見せていた。

Chapter 31
獣《けもの》の首をはねる

中世ヨーロッパで女王になるのは危険なことだった。女王の役割は、国家間の同盟を固めて、おそらく自分を愛していない男の子供を生むことだ。男の子を生むことがヘンリー8世の最初の妻、キャサリン・オブ・アラゴンにとっての役目だった。彼女は少なくとも自分のベッドの上で死んだ。ヘンリーの甥《おい》の娘にあたるスコットランド女王メアリー（クイーン・オブ・スコッツと呼ばれる［1542〜1587］）は、死刑執行台の上で死んだ。その時代の宗教抗争の犠牲となったひとりだった。メアリーは1542年、スコットランド王ジェームズ5世（1512〜1542）とフランス人の妻メアリー・オブ・ギーズ（1515〜1560）の娘として生まれた。彼女の喪失の人生は早くからはじまる。父親は彼女が生まれた6日後に死去し、メアリーが名目上スコットランドの女王となる。5歳でフランスに送られ、15歳のときに、フランスの14歳の王太子と結婚した。

義父のフランス王アンリ2世（1519〜1559）が、実父を知らない彼女にとって父となった。メアリーは熱心に勉強し、動物、特に犬を愛した。快適で守られた生活を送っていたが、また喪失の人生がはじまる。１５５９年に義父が亡くなり、夫がフランソワ２世（１５４４～１５６０）として王位につき、メアリーが王妃となった。１年後に母であるスコットランドの摂政女王が亡くなった。6か月後に夫フランソワも死去した。メアリーは18歳にしてみなし子で未亡人となった。子供の頃から教えられたカトリックの信仰が悲しみのなかで彼女を支えた。そしてメアリーはその信仰とともにスコットランドに呼び戻され、女王となる。だが彼女がいないあいだ、スコットランドはプロテスタントの国になっていた。カトリック教徒の女王はどのように迎えられるのか？

メアリーは１５６１年８月19日に出生地に戻った。エディンバラのロイヤルマイル通りを下りきったところにある宮殿（ホリールード宮殿）で最初の夜を過ごす支度をしていると、窓の外で歌声が聞こえた。歌声は彼女をスコットランドのなじみの歌で歓迎するセレナーデではなかった。スコットランドの新しい賛美歌でメアリーに警告する抗議者の一団だった。気をつけろ、というのがメッセージだった。スコットランドの古くからの同盟国フランスはまだカトリックかもしれないが、スコットランドは今やプロテスタントだ。お気をつけなさい、カトリックの女王様！　その歌は不吉な前触れだった。若い女王にとって問題が起こるのは避けられなかった。歌う一団のリーダーは長い顎ひげをはやした背の低い男で、名前をジョン・ノックス（１５１０～１５７２）といった。

宗教改革がスコットランドに到達したのは遅かった。パトリック・ハミルトン（１５０４～１５２８）という青年が、学生として過ごしたヨーロッパ大陸からプロテスタント思想を持ち帰った。１５２８年に彼がその信仰のためにカトリック教会によって火あぶりにされた場所は、今もセント・アンドルーズ（スコットランド南東部の北海沿岸の都市）に残る。亡くなるまでに6時間かかるという手際の悪い処刑だった。だが、セント・アンドルーズでの次の殉教者、ジョージ・ウィシャート（１５１３～１５４６）の死は、反抗の火を燃え上がらせ、最後にはスコットランドのカトリック教会を焼き尽くすことになる。ウィシャートは、ケンブリッジで学生だった頃に自分のベッドからシーツをはがして貧しい人に与えたほどのやさしい男だった。しかし善良であっても、プロテスタントとしてカトリック教会に捕らえられるのを免れることはできなかった。１５４６年に彼も火あぶりの刑となる。スコットランドの教会の長だったビートン枢機卿（１４９４～１５４６）はセント・アンドルーズ城の窓からその処刑を見守った。その手際を確認していたのかもしれない。今回の段取りは間違いなかった。ウィシャートのポケットに火薬を詰めて、火の回りを早くしたのだ。

ウィシャートの死の数か月後、プロテスタントの一団がその城を襲い、ビートン枢機卿を刺し殺して復讐をはたした。ほかの者たちも加わり、城に立てこもった。そのひとりがジョン・ノックスだ。先ほど紹介したエディンバラでメアリー女王が滞在する宮殿の窓の外にいた男だ。彼はもとはカトリックの司祭だったが、ジョージ・ウィシャートのプロテスタンティズムに強く影響されていた。

ノックスが聖書に引きつけられたのは遅かった。2冊の書物が現代の新聞の見出しのように彼に向かって叫び立てていた。旧約聖書の「ダニエル書」と、新約聖書の最後の「ヨハネの黙示録」だ。「ダニエル書」

は紀元前167年頃、イスラエルがアンティオコス王の迫害を受けていた時代に書かれた。「ヨハネの黙示録」は紀元1世紀の終わり頃、初期のキリスト教徒がドミティアヌス帝の迫害を受けていた時代の書だ。どちらの書物も迫害を受けていた者だけが理解できる言葉で暗号のように書かれ、敵に抵抗する彼らを力づけるものだった。情勢は厳しいが、夜明け前の闇だ。最後の戦いに彼らは勝利して夜が明ける。神の子らを貪ろうとする獣を地上から一掃するために神がまもなく来てくださる。ノックスは衝撃を受けた。「ダニエル書」や「ヨハネの黙示録」に書かれているのは過去の話ではない。スコットランドで今起こっていることだ！　カトリック教会がアンティオコス王であり、ドミティアヌス帝だ！　なすべきことはカトリック教会の改革ではなく、破壊すること、まったく異なるものに取り替えることだ。

セント・アンドルーズで行った説教で、ノックスは「ダニエル書」の暗号のような言葉を引用した。

十の角《つの》はこの国に立つ十人の王／そのあとにもう一人の王が立つ……／彼はいと高き方に敵対して語り／いと高き方の聖者らを悩ます……／聖者らは彼の手に渡され／一時期、二時期、半時期がたつ

（「ダニエル書」7章24〜25節）

それこそ、こうして話しているあいだにも、彼らに起こっていることではないのか？

そして彼は「ヨハネの黙示録」に書かれた獣に向かう。

わたしはまた、あの獣と、地上の王たちとその軍勢とが……集まっているのを見た。しかし、獣は捕らえられ、また獣のまえでしるしを行った偽預言者《にせよげんしゃ》も一緒に捕らえられた……獣と偽預言者の両者は、生きたまま硫黄の燃えている火の池に投げ込まれた……

（「ヨハネの黙示録」19章19〜20節）

ノックスにとって、それはイスラエルの完全に過去の話ではなかった。それはセント・アンドルーズでの現在のことだった。最後の審判がスコットランドにまもなく訪れる。人々はどちらの側につくかを決めなければならない。妥協はありえない。神の側につくか、神に敵対するカトリックの獣の側につくかだ。中道はない。それをノックスはスコットランドの言葉で na middis（中道はない）と言った。本書はここで初めてノックスの言葉を紹介したが、これが最後となる恐れもあったのだ。

こうした出来事が起こった1547年、スコットランドはまだカトリックの国だった。スコットランド女王メアリーの母である摂政女王メアリー・オブ・ギーズが治めていた。摂政女王はプロテスタントの改革派を娘の王位に対する脅威と見なした。そして必要なときにはフランス人に助けを求めた。フランス軍が船で到着し、セント・アンドルーズの立てこもりを終わらせた。ノックスは捕らえられ、フランス軍のガレー船で2年間働くように宣告される。軍艦はおよそ長さが46メートル、幅が9メートルもあった。帆を備えていたが、風がないときにはこぎ手に頼った。ひとつのオールの片側に6人のこぎ手が拘束され、食べるのも、眠るのも、用を足すのもその場だった。ガレー船で2年近くを過ごしてから、ノックスは解放された。だが、今やフランス人が支援するスコットランドには戻らないことにした。次の数年間はイングランドでのプロテスタント運動のために働く。そしてブラッディ・メアリーの治世となってカトリックが勢いづくと、彼はプロテスタントが支配していたジュネーブに亡命する。

彼がスコットランドに戻ったのは1559年5月、プロテスタント運動が成功を収めようとしていた頃だ。ふたたびノックスの説教が戦いの最終段階を方向づける。摂政女王はまだ娘メアリーのために、スコットランドをカトリックに維持しようと戦っていた。彼女がプロテスタントの説教師を追放しようとしていた頃、ノックスはパース（スコットランド中部の都市）に来て説教を行う。ノックスにとってカトリック教会の絵画や像は無害の芸術ではなかった。絵画や像は神への冒瀆、侮辱であり、カトリック教会が獣に自らを差し出しているさらなる証拠だった。ノックスは預言者ムハンマドと同様に、同じ理由で偶像にこだわっていた。偶像は十戒の第2の戒めで禁じられており、唯一のまことの神の怒りを買うものだ。

ノックスの説教によって暴動が起こった。彼らは教会の絵画を引きはがし、祭壇を倒して、像を打ち砕いた。破壊活動がはじまり、スコットランドでの長いカトリックの歴史のあいだに作られた芸術はほとんど残らなかった。プロテスタント教会は白塗りの素朴な建物のなかで礼拝を行うようになる。気を散らす像はひとつもなく、聖書から神の言葉を聞くことが唯一の信頼される刺激だ。

スコットランドでのカトリックとプロテスタントの争いはずっとつづくと思われたが、突然終結する。摂政女王が死去し、スコットランドの貴族たちが取り決めを行った。スコットランドはノックスが望んだ厳格な形式でのプロテスタントの国となる。だが、摂政女王の娘メアリーはカトリックを信仰したまま女王として戻ることが許される。メアリーは個人的にミサにあずかることはできるが、公にはプロテスタントの国としてスコットランドを治めなければならない。それは政治的な妥協だったが、本書で見てきたように、ノックスは妥協が嫌いだった。今やホリールード宮殿から丘を800メートルほど上ったセント・ジャイルズ教会の牧師となったノックスは、カトリック教徒のメアリーがスコットランドの女王として戻ってくることを喜ばなかった。だから、彼女が戻った夜に窓の外で彼女に対抗する賛美歌を歌ったのだ。

取り決めは両者にとってもう済んだことだったが、ノックスはスコットランドの貴族たちが女王メアリーに対して行った妥協を批判する説教をつづけた。メアリーがスコットランドのプロテスタントの純粋な教会に、カトリックの獣を潜り込ませる方法を見つけるのではないかと恐れたのだ。まだ若い女性であるメアリーはカトリックの信仰を実践することで自らを慰めており、自身の信仰がこの男のなかで憎悪を呼び起こして何度も責め立てられることに当惑していた。ジョン・ノックスとスコットランド女王メアリーのぶつかりあいが示すのは、本来なら善良で思いやりのある人々のあいだに、いかに宗教が対立を呼び起こすかだ。ノックスは悪人ではまったくなかった。彼自身、宗教に悩んだこともあった。だが、彼にとってはすべてが黒か白だった。グレーはない。中道はないのだ。Na middis!

そして王家の血のなせる業か、喪失に苦しみ愛を渇望していたためか、メアリーは思いを募らせながらも決して満たされないという遍歴をたどることになる。愛されることを必要としながら、間違った選択を重ねる。1565年、22歳のメアリーはカトリック教徒のいとこであるダーンリー卿（1545～1567）と結婚した。この人物は短気で嫌われ者で大酒飲みだった。ノックスは結婚に反対する説教をする。1566年、メアリーはダーンリー卿の息子としてジェームズ（1566～1625）を生んだ。のちにスコットランドではジェームズ6世、イングランドではジェームズ1世となり、両国が統一される。ダーンリー卿は1567年に殺害された。メアリーの次の夫はボスウェル伯（1535～1578）だ。メアリーを最初に拉致し、のちに見捨てたやはり悪党だった。結婚生活の一連の失敗に、スコットランドの貴族たちは目をつぶってはいられなくなった。女王は国家の安定を脅かしている。メアリーは捕らえられ、退位して息子ジェームズに王位を譲るように強制された。

そしてメアリーの悲劇の最終章の幕が開ける。彼女はイングランドを目指して逃げ出した。いとこの女王エリザベスが助けてくれると信じていたのだ。だが、そこでも判断を誤った。エリザベスにとって、メアリーの存在は脅威だった。エリザベスはイングランドの宗教をある程度安定させていた。細心の注意を払って、何とか改革派を政治上失脚させた。プロテスタントを迫害した姉のブラッディ・メアリーのようにエリザベスがカトリック教徒を迫害することはなかったが、危ういバランスを保っていた。スコットランド女王メアリーはそのバランスを脅かす恐れがあった。カトリック教徒の野望と不満がメアリーのもとに結束するかもしれない。メアリーをイングランドの王位につけてカトリックを復権させようではないか。メアリーこそ本物の女王だ。エリザベスはアン・ブーリンの娘であり、ヘンリーとアンの結婚を有効ではないと考える者も多かった。エリザベスに対抗してメアリーをイングランドの正当な女王とする争いが起こる恐れがあった。

そこでつづく19年間、エリザベスはメアリーをイングランドの各地で軟禁状態に置いた。そして自分のかわりに王位に就こうとする陰謀をメアリーが企てているらしいと聞いたエリザベスは行動を起こした。1587年、メアリーは首を斬られる。処刑にあたり、メアリーはカトリックの殉教者の色である赤をまとうことを主張した。首を落とすために数回斧が振り下ろされた。死刑執行人が彼女の死を証明する型通りの所作で頭をもち上げると、つかんだのはかつらだけで、頭はまだ受け籠のなかにあった。

ヨーロッパの宗教戦争は数世紀にわたって、カトリック対プロテスタント、そしてプロテスタント対他のプロテスタントとつづいた。だが時折争いの霧のなかから、宗教改革が生んだ憎しみや政治的抗争を超越したグループが出現する。そのなかのひとつに、クエーカーという呼び名が有名になったグループがある。次章ではそのグループについて紹介し、大西洋をアメリカへと渡ろう。

Chapter 32 フレンド

神の声が人間の頭のなかに語りかけたとき、スケールの大きいことが起こるはずだと思うのは間違いだ。たとえばイスラエル人によるエジプトからの脱出、ムハンマドのメッカからの聖遷、マルティン・ルターによるウィッテンベルクでの贖宥状への攻撃といった、ハリウッドの大作映画のようなことが起こるとは限らない。時には神の声があまりに個人的なことを命じて、その内容を心に留める人がいることが意外に思えるほどだ。だが、それでも確かに歴史を変える。

宗教史においてもっとも魅力的な人物のひとりであるジョージ・フォックス（1624～1691）にとっては、まさしく個人的なことだった。時代は17世紀、当時のイギリスで教会や社会の権力者たちに見られる態度は、仰々しくもったいぶったものだった。彼らは肩書と肩書を表す礼拝時の祭服を愛した。下々の者には、自分たちに向かってひざを曲げ、帽子をとって敬意を払うことを求めた。自分たちに称号を与えることで、彼らが凡百の者たちのはるか上にいることを強調した。聖下、閣下、閣下夫人、陛下といった言い方は、自分たちはアリのように足元で蠢《うごめ》く一般人の上にいると決めつけるものにほかならなかった。キリスト教徒のあいだでのこのような態度は驚くべきものであると同時に、驚くほどのものでもなかった。驚くべき理由は、弟子たちにうぬぼれることがあってはならないと説いたキリストの教えに明らかに背いていたからだ。だが、驚くほどではない理由は、その態度は世の常であり、聖なるローブを何枚も着込んで隠していても、宗教とて世の常にしたがうものだからだ。

16～17世紀にヨーロッパで起こった宗教改革は当初、こうした高慢さに疑問を突きつけるだろうと思われた。ある程度はそうなった。だが、各教会はローマ・カトリック教会の権威主義を退けたものの、すぐにまた自分たちの優越性を誇示する別の方法を探し出した。ピューリタンという呼び名を得た分派は、まさしくこの理由から生まれる。彼らは自分たちだけが真の純粋なキリスト教徒だと信じた。人間の虚栄心から生じる優越性のあらゆる形のうち、およそ宗教上の優越さほど鼻もちならぬものはない。

精神的あるいは社会的優越性を主張されても、ジョージ・フォックスが感服することはなかった。神の声が彼に説いたのは、身分が高かろうが低かろうが誰に対しても帽子を取らなくてよいし、話し方を変える必要もないということだった。フォックスは富者であれ、貧者であれ、強者であれ、弱者であれ、誰にも「あなた」と話しかけようとした。そして誰に対してもぺこぺこお辞儀しなかったので、相手の怒りを買い、その地位の高さを認めようとしない者として、何度も投獄されることになる。フォックスは不遜な態度をある法廷で問われた際、自分が前にしておののく権威者は神のみだと宣言した。そこで判事が彼らをクエーカー（震える者）と呼んで冷やかしたという。フォックスの支持者たちは自分たちをフレンド会（キリスト友会）と呼んだが、判事の冷笑の言葉が広まって彼らはクエーカー派として知られるようになり、現在は会員たちもこの名称を使用している。

ジョージ・フォックスは1624年、イギリスのレスターシャーで生まれた。父は職工であり、フォックス自身も靴屋になる修行を積んだ。多くの預言者同様、彼もまた若くして教えと救いを求め、家を出る。宗教が混乱していた時代だった。宗教家たちが自分たちの信仰こそ唯一無二のブランドだと大声で宣伝して信者を集めようとし、町は騒然としていた。各派は反目しあっていたが、ひとつ、共通点があった。どの教派も自分たちのキリスト教信仰で神に近づくことが約束されると言ってはばからないのだ。つまり、神を見いだそうとするならば、自分を紹介してくれる仲介者が、有力なコネが必要だというのだ。

24歳のときにフォックスは啓示を受け、神の面前に至る門に導いてくれる誰かを探すことは時間の無駄だったと気づく。自分の外ばかり探していたが、自分自身の息よりも身近なところに答えがあったのだ。神の正式な門番と自称する者たちの案内など必要ない。神の面前に向かうのに、従来からの司祭も新しい説教師もいらない。その門はすでに開いている。ただそこを通ればいいのだ。

教会もいらないし、フォックスが教会の建物を表す言葉をあてた「尖り屋根の家」もいらない。牧師の黒いガウンであれ、司祭の色鮮やかな祭服であれ、カトリックの手の込んだ典礼であれ、プロテスタントのごく質素な式であれ、宗教に付属するものは祈りの妨げとなるだけだ。男も女も信じる項目を並べた信条など必要ない。宗教の権威者や番人に信仰を強制される必要もまったくない！　自分たちがすべきことは、同じ志をもつ者たちと静かに座り、心のなかに聖霊が語りかける声が聞こえるのを待つだけだ。神の光はすでにわたしたちのなかで燃えている。

すべてが十分に革命的だった。大きく広まっていれば、組織化された宗教を一掃できたかもしれない。しかし、教会組織を否定しただけではなかった。フォックスが主張したのは、すべての人間は男も女も、奴隷であれ市民であれ、平等だという途方もない考え方だ。教会も国もジョージ・フォックスの啓示を受け入れる下地はなかったが、クエーカー派は独自の生活を暮らしはじめた。そのために大変苦しい状況に追い込まれる。この信念をもつことで何人も投獄され、そこで息絶える者も少なくなかった。それでもくじけることなく、貧しい者たちの生活を改善しようとする。クエーカー派は厳しい時代に、囚人や精神病者の扱いの改善を訴える運動を行った。だが、この教派が歴史に最大の影響を与えたのは、奴隷制度への反意行動だった。その行動はアメリカではじまった。

北米大陸は17世紀初期までに、ヨーロッパでの宗教上の迫害から逃れて新たな約束の地を求める各宗教集団の聖域になっていた。ヨーロッパ人による大規模な新世界への侵入がすでに起こっており、イギリスのクエーカー派は早い時期にアメリカに渡っていた。中でも有名なのはウィリアム・ペン（１６４４〜１７１８）で、のちにペンシルヴェニアと呼ばれる植民地を１６８２年に開いた人物だ。

一方、ヨーロッパからの入植者がキリスト教以外に北米に持ち込んだものがある。人間のもっとも大きい悪のひとつである奴隷制度ももたらしたのだ。奴隷制度は古代から全世界で見られる残酷な制度だが、ヨーロッパ人の入植によってアメリカで新たな拍車がかかる。開拓者は手に入れた過酷な土地を開くため、労働者が必要になり、彼らが息絶えるまでロバのように働かせた。奴隷たちは開拓者たちの目的実現に不可欠だったし、当時は十分に手に入れることができた。

大西洋のいわゆる「中間航路」に船が連なり、何百万もの奴隷たちがアフリカ西岸から西インド諸島のサトウキビ畑へ、さらにはアメリカ南部のプランテーションへと連れてこられる。アフリカで捕らえられた黒人たちは足かせをはめてつながれ、空気が十分でないところに押し込められたので、大西洋渡航中に何人もが命を落とした。海上で天候が怪しくなると、船荷を軽くするために船長は奴隷たちを足かせをつけたまままとめて海に放り出すこともあった。船が危うくなるのならば、奴隷を溺死させるほうがましだったのだ。もちろんこれは最後の手段だ。奴隷は貴重な商品だった。西インド諸島あるいはカロライナ（現在のノースカロライナとサウスカロライナをあわせた南部の大西洋岸地方）に連れて行けば、砂糖や綿と交換できる。18世紀まではイギリスがこの取引を支配した。スコットランドとイングランドのキリスト教を信仰する奴隷商人が、巨額の富を手に入れた。やがて母国に戻れば、今までのことを忘れて悠々自適の隠居生活を迎え、豪華な城を立てて余生を過ごすことができた。今もそうした城の多くがイギリスの田園地方に華を添えている。彼らはキリスト教徒だったが、このような罪深い商売をどうして正当化できたのか？

本書ですでに見たように、奴隷制度は聖書には当然のこととして記されている。そういうものだった。キリストの教えとは一致しないが、初期のキリスト教徒たちは奴隷制度に反対しないことにもっともらしい言い訳をしていた。世界と、世界を構成する制度がこんなに長くつづくことになると、彼らは予想していなかったのだ。まもなくイエスが神の国の実現のためにこの世に戻ってこられ、地上での一切が神の国と同じように行われるようになる。イエスを待つあいだ、キリスト教徒は清らかな生活を営み、この世の終わりに備えよう。世界はそのままにしておこう。パウロが奴隷のオネシモを所有者のフィレモンのもとに戻したことをすでに紹介した。オネシモを大事にするようにとパウロは嘆願した。オネシモはすでに仲間となるキリスト教徒だ。だが、オネシモを奴隷から解放すべきだという忠告はまったくなかった。すべてが終わりに向かうとき、そんなことをして一体何になる？

1688年までにはキリスト教徒にもわかっていたはずだ。イエスの再来は今までもなく、今後すぐに戻ることもないだろう。終末期に世の悪を神が正されるのを待つのではなく、今こそ自分たちが悪に対処するときだ。ただし奴隷制度に関しては、ひとつ問題があった。この制度について神の声がモーセに告げたことが聖書に書き記されていた。

あなたがヘブライ人である奴隷を買うならば、彼は六年間奴隷として働かねばならないが、七年目には無償で自由の身となることができる。もし、彼が独身で来た場合は、独身で去らねばならない。もし、彼が妻帯者であった場合は、その妻も共に去ることができる。もし、主人が彼に妻を与えて、その妻が彼との間に息子あるいは娘を生んだ場合は、その妻と子供は主人に属し、彼は独身で去らなければならない。

（「出エジプト記」21章2～4節）

そしてパウロはエフェソ（エペソ）の教会に宛てて手紙を書いたとき、キリスト教徒の奴隷たちに、地上の主人に対しては、「キリストに従うように」従順であるようにと助言した。

もう十分わかったと思う。聖書にあえて反対する人がいるだろうか？　ところが1688年、ペンシルヴェニアのクエーカーたちが敢然と聖書の記述に反対した。そして彼らの反対の仕方がその後のキリスト教徒の聖書の読み方に革命的な影響をもたらした。クエーカー派は内なる光の、わたしたちが良心と呼ぶものの権威を信じた。その光に導かれて、奴隷制度は明らかに間違っていると知る。もしすべての人間が平等ならば、ある者たちを人間ではないかのように、神の子ではなく所有物のように扱うのは間違いだ。もし聖書がそう言っていないのならば、聖書が間違っている！

クエーカー派は聖書による奴隷制度の正当化に抗議する以上のことも行った。奴隷制度そのものをひっくり返すためにできることをすべてしたのだ。ペンシルヴェニアでは奴隷制度を廃止し、さらには南部からアメリカ北部やカナダへと自由を求めて逃亡する奴隷たちを手助けする秘密組織「地下鉄道」の立ち上げにも貢献した。いわゆるキリスト教社会で奴隷制度が存在することに対するクエーカー派の怒りが世界に浸透するには時間がかかった。大英帝国で奴隷制度が廃止されるには1833年まで待たねばならなかった。アメリカで奴隷制度が禁じられたのはさらに30年以上あとの1865年、南北戦争終了後だった。

だが、クエーカー派は奴隷制度を廃止する以上のこともももたらした。子供じみた聖書の読み方もやめさせたのだ。聖書に反しても自分たちの良心にしたがい、聖書を触れてはいけない偶像ではなく、ほかのあらゆる本と同じように研究できるものとした。クエーカー派は真実と、聖書に真実と記されていることの違いを認識した。そして、この違いを彼らに警告したのは神だと信じていたので、当然、神ご自身も聖書に疑問を抱いておられると考えた。もし聖書が奴隷制度について誤っているとすれば、神による6日間の天地創造も間違っているのだろうか？　われわれは聖書をずっと昔から読み間違えていたのかもしれない。聖書には解釈が必要で、もっと理知的に読むべきかもしれない。聖書にある判断のいくつかに対して、恐れることなく自身の良心を突きつける必要があるかもしれない。

こうして、クエーカー派は聖書の歴史的、批評的研究として知られる試みを推進した。その研究は必ずしも聖書に対する神の影響を除外するのでなく、人がもたらしたものと神がもたらしたものを区別しようと試みるのだ。奴隷制度は人間が生み出した。汝を愛するように隣人を愛せよと神は命じた。判断するのはあなただ！

フレンド会（キリスト友会）は世界でもっとも小さい教派のひとつかもしれないが、影響力は計り知れない。この教派はキリスト教の良心としてとどまっている。そしてキリスト教の刺激的な新形式をアメリカにもち込んだのだ。しかし、アメリカにはキリスト教がもち込まれる前に独自の精神性が存在した。今度はそれを見てみよう。

Chapter 33 アメリカ製

クリストファー・コロンブスは1492年にアメリカを「発見」した。この言い方は、それまでアメリカ大陸がそこにあることを誰も知らなかったとするものだ。ヨーロッパ人は確かにアメリカ大陸がそこにあることを知らなかった。コロンブスはインドへの航路を探そうとして、この歴史的な航海を成し遂げることになった。アフリカ大陸の南端をまわる長い旅をして、インドがヨーロッパの東にあることはつかんだ。だが彼が期待したのは、ヨーロッパからずっと西に向かえば、インドに別のルートでもっと容易に到達できるだろうということだった。そしてついに新世界の地に足を踏み下ろしたとき、そこがインドだと思った。だからこの大陸に住む者たちをインディアンと呼び、彼らはその名で呼ばれるようになった。

「発見された」ことは、そこにずっと住んでいた「インディアン」たちにすれば破滅でしかなかった。以後400年間、白人の入植者たちは彼らの国を支配し、たがいにさまざまな形で競いあいながらキリスト教を植えつけた。宗教は恵み深いものから残酷なものまで、多くの目的をかなえる。もっとも残虐な目的は、ほかの民族を押しのけ、その住処から追い出すことを正当化することだ。パレスチナの約束の地を征服したイスラエル人のように、ヨーロッパ人の開拓者は北米大陸を西に突き進んだが、その道を行くのは神によって命じられた運命だと信じた。彼らが携えたプロテスタンティズムは落ち着くことを知らない宗教で、この特色がアメリカ合衆国自体に植えつけられた。そして出来上がったのが、欲望に突き動かされ、永遠に満足しない、常に金儲けに夢中な文化だ。征服すべき新たなフロンティアが常に存在した。

しかし、ヨーロッパからの侵入者が踏み荒らした土地は宗教上の真空地帯ではなかった。その土地の先住民は独自の宗教的伝統を保持しており、その伝統は彼らが攻撃を受けた動的なプロテスタンティズムと正反対のものだった。アメリカの先住民は自然の本質とともに生き、自然に逆らうことはなかった。自分たちを支える土地との神聖なつながりを維持していた。その土地には、彼らのいう「大精霊」(部族主神)によって命を吹き込まれていると信じていた。特に大陸の中央に大きく広がるグレートプレーンズ(大平原)と呼ばれる地で暮らす部族たちにすれば、まさにそうだった。南北に4800キロ以上、東西にゆうに1100キロ以上、2億5600万ヘクタールにもおよぶグレートプレーンズが、北はカナダから南はメキシコ北部まで広がっていた。そこをバッファローが群れをなして歩きまわり、同じくその広大な平原で生活していた人々はこの野生動物から必要なものをほぼすべて得ていた。彼らは移動しながら暮らしており、バッファローとの関係をある意味「心の交流」のようにとらえていた。アメリカ先住民は大地の上で軽やかに生きていたのだ。そして「大精霊」を明らかにしよう、制御しようと望むよりも、神の神秘に心を開き、神秘が呼びおこす恍惚感を体験しようとした。先住民にも預言者がいて、この者たちは薬草を使い、断食や祈禱を通じて恍惚のうちに幻を見て、それによって大精霊との交わりを求める儀式を行った。そして部族のところに戻り、踊りを繰り返しながら、大精霊と交わったことを歌にして伝えた。

だが、それを「宗教」として、「信仰」という名の仕切られた空間で、彼らの生活のほかの部分から切り離されたものとしてとらえるのは間違っている。この意味において、アメリカ先住民には宗教はなかった。自分たちは言ってみれば生きる神秘に囲まれた空間で暮らしているのであり、そのなかには大地もあればバッファローもいて、大平原の草を揺らす風も吹いていると感じていた。そしてそれは実体のない、もろいものだった。入植者の侵略を防ぐこともできず、彼らに組織的にバッファローを虐殺され、彼らの計画通りに食料に困ってその場を離れるしかなくなってしまった。その運命はピューリタンとは異なっていた。ピューリタンはイギリスで信仰によって迫害を受けたが、大西洋を越えてその信仰をもち込むことができた。一方、大平原に住んでいたインディアンは自分たちの土地を追われ、バッファローが捕獲されて絶滅するのを見届けると、すべて失うことになった。

彼らの悲劇によって、思い出すも痛々しい破滅的な情熱が噴き出した。いつの時代も終末的行動を引き起こすのは、神がこれほど長く自分たちを苦しめつづけるはずはないと信じる抑圧された者たちだ。そのため彼らはじき元通りになるはずだという夢をいだく。１８８９年、グレートプレーンズですべてを失ったインディアンたちが「ゴーストダンス」（幽霊踊り）と呼ばれる運動を起こした。彼らの預言者が告げたことによれば、インディアンが長く激しく踊ることで、すべての白人は新たな土地の層深くに永久に埋められる。すべてなくなれ！　侵略者たちは消え去れ！　そうすればバッファローや野生の動物も群れをなして平原に戻り、さらさら音を立てる草のあいだをふたたび歩きまわるだろう。そして亡くなったインディアンたちもよみがえり、ともに楽園で暮らすのだ。

楽園とは何だったか？　楽園とは、想像もできない喜びが味わえる天国ではなかった。白人たちがやってきてすべてを破壊する前の彼らの生活だ。だから彼らは踊った。だが楽園は訪れない。もっともっと激しく踊った。中にはその激しさで命を落とす者もいた。大地が白人たちを飲み込むこともなければ、彼らとその残虐な行いを埋めることもなかった。北から地響きを立てて現れるバッファローを追いかける興奮と交流の感覚が呼び起こされることもなかった。皮肉なことだが、最近の動物保護の方針によってバッファローは今ふたたびグレートプレーンズに生息する。亡くなったインディアンたちが戻ることはない。

ゴーストダンスのような終末的運動が哀願するのは、苦しみが消えてなくなることだ。終わりは決して訪れないという事実が、この強い願いを消すことはない。同じようにアメリカで苦しみを受けた黒人たちの宗教にもその願いが見て取れる。彼らは祖国から引き離され、大西洋のはるか向こう岸にある大陸に連れてこられ、キリスト教徒の主人に奴隷として仕えた。宗教史の皮肉のひとつだが、奴隷たちがそれぞれの主人から取り入れたキリスト教の信仰のほうが、奴隷主たちが理解できるどのような信仰の形より原形により忠実だった。

ユダヤ教は奴隷の宗教としてはじまったのだ。神の声が燃え上がる藪からモーセに語りかけ、神の子らをエジプトから解放し、約束の地に導くように告げた。奴隷主ははたしてこの話に共感を覚えるだろうか？　だが、あなたは奴隷で、この話を初めて聞いたと想像してほしい。自分の話を聞いているようだ！　この話は自分のことだ！　あなたの背中をむち打つ農場監督が日曜日に白人の教会でどれほど讃美歌を歌おうとも決して理解できない形で、あなたはモーセの物語を受け止める。ユダヤ教は束縛からの解放を希求する人々の信仰だ。同じことをアメリカに連れてこられた黒人たちも望んだ。彼らはその物語を自分たちのものにした。そして歌として歌いあげる。

行け、モーセ
エジプトの地にくだれ
ファラオに告げよ
「わが民を解き放て」と

キリスト教は解放運動としても広がるようになった。キリストは神の使者として、歴史上いまだかつてない王国を地上にもたらす。権力あるものをその座から引き下ろし、身分の低いものを高く上げる。抑圧の横行を正義の慣行に変える。病める者を癒《いや》し、囚われた者たちを解放する。これは、むち打たれ、蔑まされながらゴルゴタの丘に十字架を運んだひとりのメシアによってもたらされるのだ。

こうした言葉を聞いて、奴隷たちがこの話は自分たちの置かれている状況だと思わないはずはなかった。奴隷主はこうした言葉が出てくる聖書を所持しているが、聖書が意味することがわかるのは自分たち奴隷だ。キリスト教は奴隷たちの宗教だ！　奴隷主がどうしてこの宗教を理解できるか、ましてやこの宗教とともに生きられるのか？　奴隷主は特権的な生活の日々でこの宗教を否定する。奴隷たちはこの宗教を日々生き抜く！　この宗教が自分たちのものだと知っている。自分たちは聖書が読めないかもしれないが、どうすれば聖書とひとつになれるかわかっている。解放への切望は、自分たちの切望だ。

そして奴隷たちは聖書をまたほかの形でも利用するようになった。聖書は確かに彼らの自由になりたいという願いを歌っていた。彼らがまだ手にしていない、これからも手にできないかもしれないものを切に求める思いが、そこに響き渡っていた。だが彼らは拘束された体制の範囲内で自由を与えられる方法で聖書を礼拝に使うようになった。奴隷たちの説教者は聖書のなかの物語についてただ語るだけではなかった。話を聞く者たちがそのなかに入っていけるような方法で、物語を今起こっている現実のこととしたのだ。こうして彼らは苦しみを歌い上げながらもまさにその苦しみを覆い隠す音楽にする形式、アメリカの偉大な芸術形式を作り上げた。南部のプランテーションの丸太小屋で日曜日に、せいぜい1時間か2時間ほどの時間だったが。それでも奴隷たちはむちと蔑みから逃れて、別の場所に到達できる恍惚感に浸ったのだ。

こっそり、こっそり、こっそりイエス様のもとに逃れていこう！
こっそり、こっそり、故郷に逃れていこう
もうここにはいなくてもいい

宗教のもうひとつの目的を、耐えがたい悲しみに耐える多くの者たちをやさしく慰める宗教の力を、奴隷たちは確立していった。19世紀の哲学者で、もっとも偉大な思想家のひとりであるカール・マルクス（1818〜1883）は、宗教に慰めとなる面があることを認めていた。宗教は痛みを和らげるが、彼が望んだのは、その痛みを生み出す不公平を世界から取り除いてしまうことだった。「宗教は人民のアヘンだ」とマルクスは断じた。宗教は麻酔だと考えた。だが、麻酔が必要なときもある。手術を受けるとなれば、体を切られる前に医師に眠らせてもらうことを喜んで受け入れるだろう。宗教は存在の痛みを和らげる薬になる。このような方法で惨めさを和らげる者たちに同情できないのは不寛容な心だけだろう。キリストが故郷に連れていってくれるという希望に安らぎを見いだしている奴隷たちの集会を見て心を動かされないのは、血も涙もない者だけだろう。

だが、黒人たちがユダヤ教やキリスト教とその物語を利用したのはそれだけではなかった。もっと直接政治につながる形でも利用した。20世紀のアメリカにおける人種差別と不公正に抗議する運動に、聖書のメッセージを利用したのだ。黒人たちにすれば、アメリカはまだエジプトであり、自分たちはなお囚われの身だ。彼らの新たなモーセがマーティン・ルーサー・キング牧師（1929〜1968）であり、この人物が黒人たちの解放をふたたびファラオに求めたのだ。

キングは1929年、当時合衆国南部の奴隷州の中心だったジョージア州アトランタに生まれた。1954年にアラバマ州モンゴメリーのバプティスト教会の牧師になり、ここで黒人の公民権運動を開始した。1968年4月4日に暗殺される前夜、[※1]遠くから約束の地を見たものの、そこに入ることができなかったモーセに彼はなぞらえられることになった。キングにすれば、1865年に奴隷制度が廃止されたときに黒人たちはエジプトから脱出したが、それから100年の歳月が過ぎても彼らは完全な平等が約束された地からなおはるか離れた地をさまよっていた。そしてキングの死から半世紀以上の歳月が流れても、状況は変わっていない。

本書ですでに何度も見てきたが、宗教は神秘的な体験からはじまったとしても、常に政治につながる。最初に、神の声を伝える者として選ばれた預言者に声が聞こえる。そして預言者が聞いた内容は必ず、人々の生き方に影響を与える行動に結びつき、そこに政治が加わる。時には政治が悪い場合がある。間違いとされる信仰にしたがったり、間違いとされる声に耳を傾けたりすれば、迫害される。あるいは最新の人気預言者

※1　その日キング牧師はテネシー州メンフィスにおいて、「申命記」32章のモーセを思わせる「わたしは山頂に達した」という、自らの死を予見したかのような演説を行った。

が唱えることを受け入れるように強要される。そのため、宗教史はさまざまな形の抑圧を研究することになる。

一方、時には政治が正しい場合もある。抑圧ではなく、解放に関する政治だ。1688年にクエーカー派がペンシルヴェニアで奴隷制度に抵抗したのは、正しい政治だった。そして現代の黒人教会において、キリスト教の政治活動は今も解放に関するものだ。モーセの戦略やキリストの約束が、世界をよりよい場所にするために用いられているのだ。宗教はもはや不公正と不平等の痛みを鈍らせるアヘンとしてではなく、その痛みに打ち勝つ刺激剤として投入される。これが多くの人々を宗教戦略に引きとどめる。

そして宗教戦略はアメリカ人が好む戦略だ。19世紀と20世紀、新興宗教が次々にアメリカで生まれた。次章でそのいくつかを見てみることにしよう。

Chapter 34 ボーン・イン・ザ・USA

わたしはエディンバラに住んでいて、散歩を趣味にしている。町の周りの丘に向かうのが好きだが、時間が取れないと町なかの家の近くを歩く。月に何度か若者たちに勧誘を受ける。だいたい彼らはふたり組だ。どちらもこぎれいなビジネススーツとシャツを着て、ネクタイを締めている。皆礼儀正しく、アメリカ英語で話しかけてくる。質問はいつも同じ。イエス・キリストについて知りたくないですか？　聖書についてもっと知りたくないですか？　たいていやんわりと断り、その場を離れる。だが、近所を歩いていると何度も何度も声をかけられる。怒ることはしない。彼らは宣教師としてスコットランドに来ている。わたしを救いたいと願っているのだ。

向こうはわたしのことを知らないが、わたしは彼らのことをかなり知っている。彼らは末日聖徒イエス・キリスト教会のモルモン教徒だ。本部はアメリカ西部のユタ州ソルトレイクシティにある。この教団の男性信徒は国内もしくは国外での2年間の布教活動が義務づけられている。だからわたしを改宗させようとするこの若者たちには丁重に接することにしている。故郷を遠く離れ、よく知らない寒い国で、キリストがまもなく再臨することを教えようとしているのだ。もちろん、わたしだってキリストの再臨については聞いているが、彼らの言うことは少し違う。彼らが伝えることによれば、キリストはエルサレムではなく、アメリカを目指している。そしてアメリカ訪問はキリストにとって初めてではない。以前にも訪れているという。

どうして彼らはそのことを知っているのか？　どこでその情報をつかんだのか？　彼らがその情報を得た方法は、あらゆる宗教の考えがこの世界にもたらされる方法と同じだ。幻を目にし、声を耳にし、啓示を受けたことを書きつづる預言者からだ。そしてその預言者はほかの者たちにもその啓示を信じるように説き伏せる。彼らの預言者はアメリカ人で、名前はジョセフ・スミス（１８０５～１８４４）。１８０５年にバーモント州ウィンザー郡シャロンで生まれた。両親は貧しい農民で、のちに家族でニューヨーク州北部に移住した。幼い頃ジョン少年は、町でプロテスタント教会がふたつに分かれて、対立していることに悩んでいた。何をもとに教会を選べばいいのか？

それまでの預言者たちと同じように、スミスは離れた場所に行き、自分の問題について祈った。そして祈るうちに、示現（啓示）を目にすることになった。地元の教会に加わらないようにと告げられたのだ。世の教会はイエスの考えからかけ離れてしまった。イエス・キリストの最初の弟子である12使徒の死後、誤った考え方がもたらされ、キリスト教は方向性を失ってしまった。だが、回復がはかられつつあり、スミスがその媒介者となる。準備せよ。時が来れば、彼が元の純粋な教会に戻して、ふたたび正しい道を歩ませるのだ。

そしてスミスはその時を待った。17歳のときにまさにその示現が訪れた。ひとりの天使に、古代アメリカ大陸に実在した預言者たちが書き残した一連の文章が存在すると告げられる。4世紀にモルモンという人物が金の板数枚に1冊の本を記して丘に埋めたが、その丘がニューヨーク州ウェイン郡パルマイラの町にある。そこにはキリスト以前に関することも記されていた。この本は古代に中東からアメリカに逃げてきたニーファイ人らの民族の物語を伝えるものだった。ジョン・スミスにこれを伝えたのはモロナイという名の天使だ。スミスはのちに知ることになるが、存在が明かされたこの本のなかで、モロナイは重要な役割を演じている。この人物は戦いで命を落としたが、天使としてよみがえった。そして天使としてスミスにモルモン書が記された金の板の存在を知らせたのだ。

スミスは4年後にその金板をすべて掘り起こし、英語に訳しはじめたと言われている。そして3か月後、『モルモン書』として知られる500ページを超える本を書き上げた。スミスが翻訳したのは紀元311年から385年のあいだに編纂されたと言われる本だが、有名な英訳聖書である『欽定英訳聖書』に似た形式である。『欽定英訳聖書』はその金板の作成年から1200年後の1611年に出版され、各地のプロテスタント教会およびスミスが通っていた教会で好んで読まれていた。『モルモン書』はこんなふうに書かれている。

そして、父は言われる。『その日、悔い改めてわたしの愛子《あいし》のもとに来ない者を、わたしは自分の民、イスラエルの家の中から絶とう。／わたしは異教徒に及ぼすように、彼らが聞いたこともないほどの報復と怒りを彼らに及ぼそう。』

（「第三ニーファイ」21章20～21節）

『モルモン書』は、イエス・キリストの再臨とイエスがすべてを支配することを告げる黙示録的文献と同列にあると言えるが、新たなシオンの丘がアメリカに設けられると記されていることが異なる。驚くことはない。『モルモン書』には、神の計画が中東からアメリカ西部に移されたと記されているのだから。そしてアメリカはイエスが紀元34年頃、復活の数か月後にすでに個人的に訪れた聖なる地として、その地位が確立されているのだ。『モルモン書』には、「大勢の人がバウンティフル（ソルトレークシティの北の都市）の地に集まったとき、イエス・キリストはニーファイの民にご自身を現し、彼らを教え導かれた」（「第三ニーファイ」11章）と記されている。これは強力な記述だ。世界にこのニュースを伝える必要がある。そこでジョセフ・スミスは1830年4月6日にニューヨーク州の町ファイエットで自分の福音書を出版する。彼は自分がすべきは新しい教会を設立するのではなく、古い教会を浄化することだととらえた。最初のキリスト教徒たちは自分たちを聖徒と呼んだ。スミスの信奉者たちも聖徒であり、まさに今日の聖徒だ。こうして末日聖徒イエス・キリスト教会が生まれ、『モルモン書』がその聖書になった。

すでに見てきたとおり、新しい宗教運動は命を縮める。誰でも自分の宗教が間違っていると言われるのは気持ちがいいことではない。キリスト自身も、預言者はその故郷では敬われないと言っていた。昔から知っている者が神に預言者になるように召し出されたと聞いても、とても信じられない。スミスも例外でなかった。一体何様のつもりだ？　ほかの教会の指導者たちはスミスの主張に激昂《げっこう》した。彼も信徒たちも投獄され、町から町へと追われた。しかし、彼は示現を受けつづけた。モルモン教の聖典にほかの書も加えられた。ほかのキリスト教徒から見てスミスの命取りとなったのは、性に関する問題だった。天使が新しい聖書を示したというのは無視できる。だが、ほかの男の妻を寝取るよう天使が告げたというのであれば話は別だ。

スミスが天使に告げられたのは、末日聖徒イエス・キリスト教会が古代イスラエルの真の信仰を回復するというものだ。アブラハムにもほかの族長にも多くの妻がいたから、彼らの例にしたがい、聖書に則《のっと》って一夫多妻制を復活させなければならない。スミスはこの制度を守り、40人以上の妻をめとったが、中には教団内のほかの男と結婚している女性もいた。

一夫多妻制は敵対する者たちの怒りを決定的なものにした。東部での迫害から逃れ、スミスは信徒を連れて西部のイリノイやオハイオへと移動し、1836年にはオハイオに最初のモルモン教の神殿を建てた。追っ手から逃れて移動しつづけるのはむずかしいと感じたのだ。スミスは何度も投獄されたが、ついに

1844年、イリノイ州のカーセージで騒乱罪などで告発され、裁判を刑務所で待っているあいだに兄ハイラム・スミス（1800〜1844）とともに暴徒に殺害された。だが、スミスの死で彼が設立した教団が終わることにはならなかった。殉教者の流した血は常に宗教拡大の種になる。1847年、モルモン教は新たな指導者にブリガム・ヤング（1801〜1877）を選んだ。ジョセフ・スミスがモルモン教の預言者だとすれば、ブリガム・ヤングは教団を整理統合した者であり、この人物が教団を永続させるシステムを作り上げた。

ヤングは1801年、バーモント州ホワイティンガムに、11人兄弟の9番目として生まれた。目覚ましく実践的な人物で、自ら進んで何でも成し遂げようとした。1832年に末日聖徒イエス・キリスト教会に入信し、この新しい教団の発展において存分に才能を発揮した。ジョセフ・スミスは自らの使命である教会の回復にあたって、統率グループとして十二使徒定員会を設置していた。ヤングは1835年にそのひとりに任命された。スミスはヤングの才能を認め、教団の運営を任せた。モルモン教の当初からの注目すべき点のひとつは、世界との関係に手堅く現実的に対処できることだった。

スミスが殺害されたのちに教団の指導的地位を受け継いだヤングは、教団の安全をどのように確保するかという難問に直面した。その問題に対して打ち出した解決策は、教団をさらに西へ、当時メキシコの支配下にあったユタに移すことだった。ユタはモルモン教にとって約束の地かもしれなかったが、すでにそこにはユート族のインディアンが住んでいた。元々インディアンとの交渉はスミスにとって問題ではなかった。モルモン書が彼に告げたところによれば、インディアンはキリストよりも数百年前にアメリカにたどり着いていたイスラエル人の末裔《まつえい》だったからだ。そしてキリストが復活後にユート族を訪れ、彼らの先祖に説教をしていたのだ。つまり、アメリカ西部に踏み込んできたほかの入植者たちとは違って、モルモン教徒は出会ったインディアンと敵対することはなかった。インディアンはすでにモルモン教の物語の一部だった。モルモン教徒は彼らインディアンたちを改宗させて、キリストが1800年前にはじめた使命を成し遂げようとしたのだ。

そこでブリガム・ヤングは多くのモルモン教徒を乗せて脱出する荷馬車の隊列を率い、彼らの新たなシオンの丘に向かいながら、古代イスラエル人の末裔との出会いを心待ちにしていた。だがすぐに、モルモン教徒がユート族に求めるものと、ユート族がモルモン教徒に求めるものは相容れないことが明らかになる。アメリカ大陸の至るところで見られたように、モルモン教徒らとの出会いもインディアンに破滅をもたらすことになった。ヤングの認識によれば、自分が「文明の習慣」と呼ぶものは、ユート族の生活習慣と両立しえないものだった。そして文明の習慣こそ広めなければならない。ユート族は居留地に押し込められ、ユタはモルモン教の聖地になった。

アメリカとメキシコの米墨戦争（1846〜1848）の終結後にユタがアメリカの支配下に置かれると、ヤングはユタ準州の最初の知事に就任した。末日聖徒イエス・キリスト教会はついに安全な本拠地を手にすることになった。だが、支払うべき代償もあった。スミス同様、ヤングも一夫多妻制主義者であり、20人の妻と47人の子供がいた。ユタでモルモン教徒が波風を立てずに信仰を実践することを望むならば、一夫多妻制を断じて許さない連邦政府に妥協する必要があったのだろう。一夫多妻制は断念されたが、その誘惑は完全に消えることはなかった。モルモン教の歴史において、ジョセフ・スミスの原初の教えとして教団の生活に一夫多妻制を復活させようとする者がたびたび現れる。そのたびに誰もが失敗するが、残念賞のようなものが考えられた。一夫多妻制は天国において実現するのだ。ひとりの男性はその妻が地上で亡くなれば、ふたたび結婚できるし、死後の世界でそのふたりの妻をもてる。

末日聖徒イエス・キリスト教会は創設時こそ艶やかだったが、今は謹厳な集団だ。モルモン教徒は煙草も吸わなければ、ほかのどのような薬物も摂取しない。酒もお茶もコーヒーも飲まない。タトゥーもピアスも禁じられている。ギャンブルも厳禁だ。婚姻前の性交も認められない。家庭生活を重んじ、結婚すれば子だくさんがよいとされる。勤労を心がけることで、多くは大変な富を築く。そして若い男性信徒はアメリカ国内あるいは外国において2年間の宣教活動を科せられる。あなたも近所でその信徒たちに出くわすかもしれない。

Chapter 35 大いなる失望

ジョセフ・スミスが19世紀のニューヨーク州に現れたただひとりの預言者というわけではない。そして末日聖徒イエス・キリスト教会だけがニューヨークに存在する新興宗教というわけでもない。あちこちで宗教に寄せられる関心は高まっていたが、すべて同じ方向に向いていたのではなかった。スミスは過去のなかから新しい形を掘り起こした。だが、後ろではなく、前を見ている人々もいた。この者たちは過去には興味がなかった。未来だけに関心を寄せていた。なぜなら、聖書に約束されたキリストの再臨に関するすべてが実現されようとしていたからだ！　イエスは戻ってこられる！　それもすぐに！

　このことを誰よりも強く意識したのが、ニューヨーク州ローハンプトンのウィリアム・ミラー（1782〜1849）だった。ミラーは聖書を貪り読んでいた。そして旧約聖書にも新約聖書にも見られるキリストが生者と死者を裁くために再臨するという予言に魅せられる。聖書を正しく読み取りさえすれば、そこにキリストが再臨するまさにその日を知らせる暗号が隠されていると確信するようになった。再臨について読み解こうとするなら、「ダニエル書」を読むべきだとすでに本書で紹介した。そしてミラーはその手がかりをまさに「ダニエル書」に見いだす。

「ダニエル書」の8章に、「彼は続けた。『日が暮れ、夜の明けること二千三百回に及んで、聖所はあるべき状態に戻る』」という預言者の記述がある。ミラーはこの箇所こそ探していた暗号だと確信した。この記述は2300年間を意味する！　この年数から計算すると、[※1]1844年3月21日にキリストは再臨される！

ミラーはその日に備えた。だが、再臨は起こらなかった。自分の計算が多少間違っていたと判断し、もう一度特定しようとする。今度は同じ1844年の10月22日が再臨の日だと判断した。その日が来たが、今度も何も起こらなかった。ミラーと彼の支持者にとって、彼の失敗は「大いなる失望」として知られることになった。ミラーは賢明なことに、キリストの再臨の予想を止めることにした。

一方、この予想をほかにつづける者がいて、彼らは独自の預言者を立てて1860年に新たな教団を形成した。セブンスデー・アドベンチスト教会（安息日再臨派）だ。「再臨派《アドベンチスト》」と名乗ったのは、日付こそはっきりしないが、キリストはすぐに戻ると信じつづけているからだ。7番目の日《セブンスデー》としたのは、彼らの安息日は日曜日ではなく、7番目の日である土曜日だからだ。この教団はカトリック教会が安息日を週の最終日から最初の日に変えたことを非難した。だが、安息日を変えたことは、彼らにしてみればごく控えめなローマ教会への批判だった。セブンスデー・アドベンチスト教会は、ローマ教会を反キリスト者だとしたスコットランドの宗教改革者ジョン・ノックスに賛同していた。

セブンスデー・アドベンチスト教会の預言者はエレン・ホワイト（1827〜1915）だ。彼女が書き残したものが教団内で聖典として権威をもつことになった。ほかの教団と同様、セブンスデー・アドベンチスト教会の信徒も、菜食主義を徹底し、禁煙や禁酒に加えてダンスなどの通常の娯楽を控えるなど、厳しい道徳規範にしたがった。三位一体説とキリストの神性を信じた。そしてキリストが力と栄光を手に再臨することを期待した。だが、その死後に関する信念は正統的教義からは外れていた。

キリスト教の公式の教義によれば、審判の日に人間はふたつの集団に分けられる。その罪深さのために永遠に地獄で過ごすことになる集団と、天国で永遠の至福を享受できる正しい人々の集団に分けられるのだ。エレン・ホワイトはこの教義を退けた。彼女は書いている。

愛と慈悲についてのあらゆる感情、さらには公正に関するわたしたちの感覚に、この教義がどれほど反しているかがわかる。この教義では、罪深い死者たちは永遠に燃え盛る地獄において炎と硫黄によって苦しめられ、地上でのほんの束の間の生活において犯した罪のために、神が生きておられる限り苦しみを味わうというのだ。

※1　「ダニエル書」のほかの箇所の記述から1日が1年に当たるとし、紀元前457年を起点として2300年後が1844年と計算したという。

ホワイトが言うには、神は罪人を永遠の責め苦に追いやるのではなく、永遠の忘却の彼方に葬り去ることを選ばれた。罪人の運命は霊魂消滅であり、永遠に続く苦しみではない。「その時には、永遠の刑罰を受けて苦しみながら神を汚す失われた魂などいないのである。地獄の哀れな魂の叫びが、救われた者の歌に混じることなどないのである」（エレン・G・ホワイト著、清野喜夫、村上良夫訳『各時代の大闘争』33章、福音社）。聖トマス・アクィナスはこの考えを決して認めなかっただろう。

地獄を廃止するホワイトの思想は、ほかにも世界の終わりの手がかりを探していた19世紀のアメリカ人によって取り上げられた。チャールズ・テイズ・ラッセル（1852〜1916）はペンシルヴェニア州の現在のピッツバーグで男性用服飾店を経営していたが、ウィリアム・ミラーの予想に影響を受けた。だがミラーとは違って、キリストの再臨を目の当たりにできなくても敗北や失望を覚えることはなかった。キリストは実際に戻ってこられたが、その姿を透明にするマントに隠されていたと主張して問題を収拾しようとする。最後の審判の日はあったたし、この世の終わりはすでにはじまっている。1914年のハルマゲドンの最後の戦いにおいて、頂点を迎えることが明らかになるだろう。

スコットランドの宗教改革者ジョン・ノックス同様、ラッセルも旧約聖書の「ダニエル書」の預言者ダニエルと、新約聖書の「ヨハネの黙示録」の著者である預言者ヨハネを重ねあわせた。ヨハネはローマ皇帝ドミティアヌスによるキリスト教徒の迫害時にエーゲ海のパトモス島に流刑となっていた。「ヨハネの黙示録」は次のように幕を開ける。「イエス・キリストの黙示。この黙示は、すぐにも起こるはずのことを、神がその僕たちに示すためキリストにお与えになり、そして、キリストがその天使を送って僕ヨハネにお伝えになったものである」（「ヨハネの黙示録」1章1節）。ヨハネは主の日（Lord's Day）に霊に満たされた状態で、ある声を聞く。「見よ、わたしは盗人のように来る。裸で歩くのを見られて恥をかかないように、目を覚まし、衣を身に着けている人は幸いである」（「ヨハネの黙示録」16章15節）。その声によれば、「ヘブライ語で『ハルマゲドン』と呼ばれる所」で最後の戦いの火蓋が切られる。ハルマゲドンはエルサレムの北の平原で、イスラエルの歴史上いくつかの戦いがあったところだ。

こうした終末がラッセルの求めていたことだった。1879年、彼はキリストの再臨とそれにつづくハルマゲドンを見張る者たちのために、「ものみの塔」と呼ばれる組織を興した。組織に加わった者ができる限り多くの人に注意をうながそうとしたのは、何が起ころうとしているかだ。ただし、たった14万4000人しか救われないという。ほかのすべての人々は、エレン・ホワイトが予言した通り、霊魂が消滅する運命にある。ラッセルはホワイトのセブンスデー・アドベンチスト教会から多くを学んだが、何を受け入れるか慎重に吟味した。ホワイトと同じく地獄の思想を排除したが、地獄以上のものも消し去ろうとした。三位一体もなくすべきだ。神、つまりエホバ――ラッセルは神をエホバと呼ぶのを好んだ――だけが自分に必要なものだ。

1914年の第1次世界大戦の勃発時には、ハルマゲドンがヨーロッパを襲ったと思われた。だが、それはラッセルが予想した形ではなかった。1916年ラッセルは死に瀕してもなお、真のハルマゲドンの到来を待っていた。ラッセルのあとを継いで「ものみの塔」運動の指導者になったのは、ジョセフ・フランクリン・ラザフォード（1869～1942）という敏腕判事だった。ラザフォードはただちにラッセルの支持者たちを集め、長期間にわたる布教活動を展開した。そして1931年、教団名を「エホバの証人」に変えた。信徒たちには厳しい規律を課し、周りの社会から切り離そうとした。世間に背を向けて、内に引きこもらせようとしたのだ。

現代社会に背を向けて、たとえば薬の服用も含めて、現代社会の恩恵をすべて拒むのは勇気のいることだ。エホバの証人は輸血を認めない。血は自分たちに与えられた生命であって、生命をもたらすのは神だけだ。時には自らの子供にも輸血を拒んで告発されることもある。このような反社会的な立場をとることで、ひとつの集団として強力な同一性が得られる。迫害されることで組織への傾倒が強化される。こうした強化によって、たとえ教団の信仰について思い直したとしても、退会するのもむずかしくなる。

ラザフォードは1942年に没した。ハルマゲドンが起こることはなかったが、その頃勃発した第2次世界大戦がハルマゲドンを思わせるものとなった。ふたたびエホバの証人たちは失望を乗り越えた。新しい指導者は信徒に長い歴史のなかで腰を据えて待つように助言する。キリストは戻ってこられる。だから常に目を凝らしておくのだ。モルモン教徒と同じように、エホバの証人の信徒も一戸一戸家をまわって熱心に布教活動を行う。そして自分たちの教団への改宗者を確実に増やしている。彼らの崇拝の場は教会ではなく、王国会館《キングダムホール》と呼ばれる。教団の冊子『ものみの塔』を全世界で長年にわたり販売している。水平線の向こうからイエスが夜に「盗人のように来る」ことはないか、信徒たちは警戒をつづけているのだ。

セブンスデー・アドベンチスト教会やエホバの証人のような教団によって、わたしたちは聖書に記されたもっとも触れたくない問題を思い起こすことになる。2000年ものあいだ目を凝らして待ちつづけても、キリストがまだ戻らないという事実を突きつけられるのだ。進歩的なキリスト教信者はこの問題に注意深く対処する。彼らはキリストの再臨を信じていないわけではない。もちろん信じている。キリストの再臨は自分たちの聖書にしっかり記されている。信条のなかで何度も復唱している。そしてクリスマス前のひと月――待降節（降臨節、クリスマス前の約4週間。11月30日にもっとも近い日曜にはじまる）――は、この意味を深く考えるためにある。

神の来たるべき王国はすでに成立していると示唆することで、セブンスデー・アドベンチスト教会やエホバの証人はこの問題に対処する。キリスト教徒がすべきなのは、王国の存在を示すものを探すことだ。貧しい人々が援助を受け、不公平が是正される場所で王国の存在が示される。善き人々が世界をよりよくしようとする場所、キリストによって描かれた王国にさらに近づけようとする場所だ。そしてこの試みを裏づけるキリストの言葉もある。まぎれもないキリストの言葉が記されているにも関わらず、新約聖書に入ることのなかった1冊に、そのキリストの言葉を見ることができる。「トマスによる福音書」と呼ばれる書だ。そのなかで弟子たちがキリストに「神の王国はいつ訪れますか?」と尋ねる。イエスは答える。「それは、待ち望んでいるうちは来るものではない。『見よ、ここにある』、あるいは、『見よ、あそこにある』などとも言えない。そうではなくて、父の国は地上に拡がっている。そして、人々はそれを見ない」（荒井献訳『トマスによる福音書』113節、講談社学術文庫）

キリストの再臨を本格的に信じる者たちは、目に見えないものは説得力がないと考える。これぞまさにというものがほしい。ハルマゲドンすら望んでいる。そしてアメリカのキリスト教はこの終末思想を上手に差し出してきた。おそらく、アメリカ人は自分たちを神に運命づけられた、選ばれた国の、特別な者たちだと思っているからだろう。終末をどのように説明するにしろ、アメリカのキリスト教の歴史にはこの世の終末とキリストの再臨を求める教団がいくつも出現してきた。そして今も終末を求めている。新たな預言者がひっきりなしに現れ、終末は近いと宣言する。誰もが今までと異なる新たな形で自分のメッセージを伝えようとする。そのうちのもっとも成功した者のひとりは、自分の言葉を物語にして伝えている。地元のスーパーで買える小説のシリーズにメッセージを込めたのだ。

アメリカ福音派の牧師ティム・ラヘイ（1926〜2016）は、過去40年においてアメリカでもっとも影響力のあったキリスト教徒と言われる。彼はキリストの再臨を新たにわくわく興奮するものに仕立て上げた。「レフトビハインド」という16冊の小説シリーズがある。現代を舞台に設定したのが衝撃的だ。古代のイスラエルが舞台ではない。まさに今日の暴力的で不安を抱えた世界で起こる物語だ。この連作小説では、「携挙《ラプチャー》」と呼ばれる状況がすでに起こっている。終末がはじまっているのだ。真の信者は地上で何をしていたかにかかわらず、終末がはじまった時点で天国に召される。車を運転していようと、飛行機を操縦していようと、操縦席から引き上げられ、瞬時に永遠の命を得る場所へと運ばれる。そして残された車や飛行機は下界で爆弾のように炸裂する。「レフトビハインド」（後に残された）世界は大混乱となり、人々は恐怖の世界から救い出してくれる指導者を強く求めるようになる。そしてある男が現れる。人々はこの人物が地球に秩序をもたらしてくれると思い、彼を国連事務総長に任ずる。世の人々は気づいていないが、この人物は実は聖書に予言されていた反キリスト者で、世界の転覆を企むとんでもない詐欺師だ。けだもの《ビースト》だ！　宗教改革の時代ならば、この人物は教皇になるように設定されたことだろう。だが、福音派アメリカ人が現代で嫌悪するのはローマ教皇ではない。国連だ。「レフトビハインド」シリーズでは、ある航空機のパイロットと友人たちがまもなく何が起こっているのかを理解する。この新たな反キリスト者に戦いを挑み、失われた者たちを救って最後の審判の前兆となる「大患難時代《グレート・トリビューション》」に備えようとする。「レフトビハインド」シリーズは全米で6500万部を売り上げたという。アメリカでは今も終末論で多大な利益を上げることが期待できるのだ。

だが、ここ100年間に出現したのはこうした類の宗教だけではない。

Chapter 36 神秘論者と映画スター

宗教学を学ぶ者は教会（チャーチ）と教団（セクト）を区別する。教会は教団よりも複雑だ。ひとつの教会内でも信仰に関する考え方は多様であり、そのあいだである種のバランスを保とうとしている。一方、教団は宗教のある面に固執して、主要関心事とする。前章で紹介した、セブンスデー・アドベンチストやエホバの証人は、キリストがこの世に審判を下して終末をもたらすために再臨するという聖書の予言の一部に傾注している。そのため、セブンスデー・アドベンチストやエホバの証人のような団体は教会ではなく、教団として分類される。1879年にアメリカのボストンで創設されたキリスト教科学（クリスチャン・サイエンス教会）も教団として説明される。この教団はイエス・キリストの行為の一面を取り上げ、その一面を主要教義としてとして推し進める。

キリスト教科学が使命とするのはイエスの癒しの業《わざ》だ。この運動をはじめた提唱者、メリー・ベーカー（1821〜1910）は1821年にニューハンプシャー州で生まれた。子供の頃から病弱で、大人になっても慢性疾患に悩まされていた。「マルコによる福音書」に登場する、多くの医者にかかって苦しんでいた女性のように、メリーも多大な時間をかけて治療法を求めていた。通常の医療だけでなく、催眠療法などの代替療法も試していたが、効き目が長くつづくものはなかった。そして1866年、凍った道路で転倒し、背骨を損傷する。そのとき彼女はそれまでとは違うことを試す。医者の手当てではなく、新約聖書に癒しを求めたのだ。そして、「マタイによる福音書」でイエスが寝たきりの男性に起きて歩くように命じた箇所について瞑想するあいだに、彼女自身が癒される経験をする。損傷していた背骨が治っただけでなく、イエスの癒しの業を支える科学を発見したと信じたのだ。

メリーに訪れた啓示は、病気は幻想から起こるという考えだ。物質が独立した存在だというのは幻想だ。物質は独立したものではない。神の心から作られたものだ。心が原因であり、物質はその結果だ。だから物質より心を優先させて癒しを求める必要がある。この考えを彼女は著書『科学と健康』に記した。「人の知識は、これらの力を物質の力と呼んでいる。しかし、神性科学はこれらの力が全く心に属し、この心に内在するものであると宣言（する）」（メリー・ベーカー・エディ著『科学と健康』6章、The First Church of Christ, Scientist）。心が物質を支配するという原則を人間の苦しみに当てはめると、わたしたちの体の病気は実体がないものとなる。病気は見かけ倒しの幻想であり、物質が心を支配しようとする策略だ。病気を治すのは、同じその物質の策略上で治そうとする医者によってではない。神の愛の力に対して自分の心を開くことによって治る。神の愛は病気という幻想を追い払い、わたしたちの健康と実体を回復させる。キリスト教科学は病気を治しているのではない。その根底にある病気にかかっているという幻想を取り除くのだ！

メリーの考えは、ニューイングランドの主流派の教会に受け入れられるような教義ではなかった。メリーが言うほど簡単に苦しみが消えるとは彼らには考えられなかった。苦しみは現実であり、幻想ではない。メリー・ベーカーは罪とその裁き、天国と地獄を現実のものとして信じていないのかと彼らは疑った。メリー自身も信じてはいなかった。彼女の著書によれば、救われない者はいない。心が物質にまさるという原則を理解すれば、解決しない問題などない。1877年に3番目の夫となるアーサ・ギルバート・エディと結婚していたメリーは、自分の啓示への彼らの反発を不満に思い、1879年ボストンにクリスチャン・サイエンス教会を創立した。1908年には新聞『クリスチャン・サイエンス・モニター』を創刊する。現在も発行され、幅広く高い評価を受けている。同様にキリスト教科学の母教会も有名で、ボストン市バックベイにある5万7千平方メートルもの敷地に建っている。

キリスト教科学の礼拝は、聖書とメリー・ベーカー・エディ自身の著作、特に『科学と健康』の朗読が中心だ。賛美歌や黙想もあるが、祈りの形式で唱えられるのは「主の祈り」だけだ。キリスト教科学は大衆運動とはならなかったが、世界中に広がった。ほとんどの主要都市に読書室が設けられ、メリー・ベーカー・エディの著作が置かれており、心が物質にまさるという原則が、自分を悩ます病気にどのように当てはまるかを自分自身で確かめることができる。メリーは1910年にボストン郊外の自宅で亡くなった。

それから40年後の1952年、キリスト教科学よりもさらに強く現代医学を否定するアメリカの宗教がまた生まれる。サイエントロジー教会と称する団体であり、提唱者は1911年ネブラスカ州生まれのSF作家、ラファイエット・ロナルド・ハバード（1911〜1986）だ。サイエントロジーはハリウッドの映画スターのあいだで流行した。トム・クルーズ（1962〜　）やジョン・トラボルタ（1954〜　）が自分たちの成功をサイエントロジーの原理と実践によるおかげだとしている。サイエントロジーは現代の技術と精神の探索手法を用いるが、その土台となる哲学はヒンドゥー教の古代からの輪廻転生の教義だ。「セイタン」と呼ばれ、何兆年ものあいだ肉体から肉体へと転生する不死の魂の存在を信じる。サイエントロジーではセイタンについて、その詳細は確かめがたいが、作られたものではないと考えられている。セイタンそのものが宇宙を創造するのだ。そしてそのなかで動きまわるための実体としてセイタンが作ったのが人体であり、人体はセイタンが採用した多くの形のひとつでしかない。

ここから話が複雑になる。どのような宗教もこの世の悪や苦しみからの救済について説明し、救済を提供しようとする。聖書では苦しみを不服従のせいだとする。エデンからアダムとエバが追放されたのは、罪を犯して神の不興を買ったからだ。そして人類の歴史は、罪の償いと楽園の復帰を模索することとなった。ヒンドゥー教の神学では、原因はすべてカルマ（業《ごう》）であり、そのために人間は何百万回も生まれ変わり、罪を清めて最終的にニルヴァーナに至るまで転生を繰り返す。サイエントロジーではその両方の要素を教えに取り込んだ。

何百万回もの転生をさまよう経験によって、セイタンは感情的にも心理的にも消耗する。過酷な子供時代が大人になっても人生に影を落とすことがあるように、セイタンに傷が残る。こうした損傷の一部は、偶然経験するものだ。ハバードはその傷を「エングラム」と呼んだ。何百万もの人生を送るうちに時がセイタンに残す単なる損傷で、ありきたりの傷だ。時には意図的に損傷を負わされることがある。ダークサイドに落ちたセイタンが、ほかのセイタンを支配しようとして傷つけるのだ。

人間の精神をこのように故意に傷つけることをハバードは「インプラント」と呼んだ。インプラントは、肉体的および精神的な苦しみのおもな原因となるだけでなく、セイタンに意図的に植えつけられて堕落の道に誘う邪悪な考えにもなる。彼は、「インプラントはさまざまな病気、無気力、堕落、神経症、精神障害のすべての原因となり、これらを人にもたらす原理的要因となる」と書いている。ハバードによれば、天国というキリスト教の考えは43兆年前につけ加えられたものだ。セイタンを待ち構える無限につづく転生ではなく、1回限りの命を生きればよいとセイタンを欺くために巧妙に計画されたふたつのインプラントによるものだという。

サイエントロジーでのエングラムとインプラントは、キリスト教では「堕罪」と呼ぶものにあたる。どちらも人間の苦しみを説明するものだ。そして、その苦しみに対するサイエントロジーの救済法も同様に独特だ。エングラムは、ハバードが「反応心」と呼ぶ人間の潜在意識のなかに閉じこもって人生に苦悩をもたらす引き金となる。その救済には、「オーディティング」と呼ばれるプロセスによる「クリアー」、つまり消去を行う。オーディティングはまるで、カウンセラーが相談者から現在の悩みの原因となった過去の出来事をゆっくり聞き出すプロセスのように聞こえる。だが、サイエントロジーのやり方はカウンセラーとは異なる。オーディターはただ聞き出すのではなく、そのための技術を用いる。うそ発見器のように機能する「電子精神メーター」または「Eメーター」と呼ぶキットがあるのだ。Eメーターは、オーディターが埋もれた出来事を表面に浮かび上がらせる質問を見つける手助けをする。オーディティングセッションの目的は、「打ち勝つ」こと、隠れたものを明らかにすることだ。打ち勝つことにより、罪の意識のある経験が表面に浮かび上がって消される。その出来事が思い起こされて癒されるのではなく、記憶から消されるのだ。過去を告白して償うのではない。消去するのだ。

サイエントロジー流の救済をもたらす贖罪《しょくざい》のテクニックはほかにもある。しかし、その救済は特定の意味での救済だ。信者がその時点で過ごしているこの世での救済に限られる。そもそも終末時の救済や天罰という考えはない。天国もなく、地獄もない。人生は1回限りのものではない。死後に次の人生へと永遠に繰り返される。ニルヴァーナのない輪廻だ。サイエントロジーが手助けするのは、エングラムを消去し、インプラントを認識することで、現在の人生をよりよく生きられるようにすることだ。

だが、救済は安価ではない。その救済のテクニックに対し、現金で支払う。しかも高価だ。サイエントロジーの神秘をさらに深く極めるほど、より多額の費用を前払いする必要がある。だから批評家はサイエントロジーは宗教ではなく、ビジネスだと言う。その批判に対するサイエントロジストの答えは、ほかのどの宗教も運営上必要なお金をそれぞれの方法で人々から得ているのだから、自分たちもそうしているだけだというものだ。ラファイエット・ロン・ハバードは1986年に亡くなった。サイエントロジストとして生まれ変わったか、あるいは何かほかのものに生まれ変わったかは判断できない。彼がまだそのシステムに組み込まれているかどうかはわからない。

サイエントロジーのような宗教は次々と現れるが、その宗教の主張に多くの目新しさを見つけることはむずかしい。もはや何についても、新たに言えることはないからかもしれない。旧約聖書の「コヘレトの言葉」にも「かつてあったことは、これからもあり／かつて起こったことは、これからも起こる。／太陽の下、新しいものは何ひとつない」(『コヘレトへの言葉』1章9節)と記されている。本章の最後に言及する宗教については、確かに目新しさがないというのは正しいようだ。統一教会、正式には世界基督教統一神霊教会(現在の正式名称は「世界平和統一家庭連合」[Family Federation for World Peace and Unification])は、創設者であり預言者である文鮮明([Sun Myung Moon] 1920~2012)の名前からムーニーズと呼ばれることもある。文鮮明は1920年に韓国で生まれた。16歳のときにイエスが彼の前に現れ、使命を完了するよう任命すると告げたという。文鮮明は性的関係をとても重視していた。彼は創世記の昔、エバが人間の性的関係を愛から切り離すことで堕落させたと考えていた。エバはアダムと正式ではない夫婦関係を結んだだけでなく、サタンとも関係をもった。そのエバの罪が原罪として受け継がれてきたという。

その状況から救済するように神はイエスを遣わした。その計画はイエスが結婚して原罪のない子供を作ることだ。このように、サイエントロジーの言葉を借りれば、エバが人間の性的関係にもたらした罪の「インプラント」を消去し、イエスとその花嫁は原罪のない子供を作るはずだった。残念ながら、イエスは完璧な配偶者を見つけて人類を救済する前に十字架につけられてしまった。神の計画はまたもや阻止された。だが、今やその計画がまた軌道に乗った。文鮮明がメシアとして、イエスの仕事を完成するように任命された。そして理想の家族を築くことでその使命をはたし、その愛の純粋さによりエバの罪を取り消すのだという。

文鮮明は4人目にして完璧な配偶者を見つけ、結婚による救済運動をはじめることができた。そして信者たちに自分の例にしたがうように要請する。完璧な配偶者と結婚することを奨励し、合同結婚式を挙行している。有料だが何千組も参加して一度に結婚式を挙げるのだ。その多くは結婚相手を選んでもらっていた。収益性が高かったのだろう。文鮮明が2012年に92歳で死去したとき、その資産は9億ドル相当だったと言われている。

統一教会は1970年代にアメリカ西部に移住し、多くの若者を魅了して信者に引き入れた。その教えの概略を見れば、宗教では堕落と救済のテーマがいかに繰り返され更新されてきたかがわかる。不満をもつ人間は、問題への解決策を常に求める。そして、そこにまた新たな宗教を差し出そうと待ち構えている者が必ずいるのだ。次章では、宗教を増やそうという意図ではなく、まとめようとする動きを紹介して一息つこう。

Chapter 37
門戸を開く

宗教用語に加えると便利な言葉として、「エキュメニカル」（世界教会主義）という言葉がある。ギリシャ語で「家」を表すoikos（オイコス）が語源であり、そこから拡大して「人類全体」を表すoikoumene（オイクメネ／エクメーネ）という考えが生まれた。門戸を閉じて中に引きこもっていたひとつの家族から、外の世界の人類全体へと向かう動きだ。エキュメニカルとは、他者に接して、双方に共通するものを祝うことだ。閉じられた門戸から外に出て、隣人と手をつなぐのだ。このように外に開くことは、20世紀での宗教における大きな出来事だった。さまざまなところで行われたが、まずキリスト教から見ていこう。

16世紀の宗教改革によって、キリスト教は相争うグループに分裂した。キリスト教間での殺しあいをやめたあとの数世紀間は、たがいを無視しつづける。各教派はそれぞれの殻のなかに閉じこもり、独自の道を歩んでいった。その後、徐々に重い扉を開け、外に出て、高い垣根越しにたがいに話をするようになった。1910年にはエディンバラの会議（エディンバラ世界宣教会議）で対話がはじまる。プロテスタントの宣教師団体が集まり、共通の関心事について話しあった。1938年には100団体にものぼる教会の指導者が、国際連盟をモデルとした世界教会協議会の設立について投票を行った。1939年に第2次世界大戦がはじまると、その目標は棚上げになる。だが、1948年に世界教会協議会の最初の会議が開かれ、147の教会の代表が参加した。2013年現在、会員は345の教派にわたるが、この数字はキリスト教が依然としてそれほど分裂していることを思い起こさせる。

初期の頃のエキュメニカル運動は、再統一を願い、分裂したキリスト教団体を全体でひとつの教会にまとめることを目指していた。そっくり同じではないが、競合する複数の会社が合併してひとつの企業になろうと考えるようなものだ。この統一は工学的モデルだった。こちらを少し削って、あちらに少しつけ足して、まとめてボルトで留めれば、統一された教会のできあがり！　少数ではあるが、実際にそのような統合に成功したプロテスタント教会もある。たとえば1957年にアメリカのふたつの教派からキリスト合同教会が生まれ、1977年には3つの教派からオーストラリア合同教会が誕生した。一部の地域での少数の成功例を除くと、こうした統一の模索は失敗している。それでも教会間の雰囲気は変わった。

統一の模索は、工学的モデルよりゆるい方法によってつづけられた。教会同士がおたがい結婚したいとは思わないが、友だちになればよいと判断したのだ。すでに共通点があり、相違点は無視する心構えがあれば、簡単だった。エキュメニカル運動の用語で言えば、「コミュニオン（相互交流）を行うようになった」のだ。そして、1992年にイギリス諸島の国教会が北欧のルーテル教会とコミュニオンの関係となった。統合して新しい教派になったわけではない。どちらも自分たちの家に留まりながら、たがいに門戸を開放して、ひとつの拡大家族となったのだ。

こうしたエキュメニカル運動のすべてがキリスト教をどこかに導くと言うのはまだ早すぎる。今まで見てきたことからの推測ではあるが、工学的な統一の模索はおそらくもはや下り坂だろう。工学的な模索に代わって優勢なのが、もっとゆるい考え方で、教会間の相違をたたえるべきものと見なすアプローチだ。結局のところ、どの家族にも独自のスタイルや物事のやり方があるが、すべて同じ世界規模の人間社会に属している。教会間の多様性をたたえるアプローチが新たに台頭しているのだ。キリスト教の膨大な数の教派を一体化できる見込みは小さいだろう。しかし、多種多様であることの長所や美点が理解されつつある。何百もの花々が咲き乱れる庭のように、神をさまざまな方法で理解し、崇拝することができるのだ。

このようなとらえ方は、西洋というより東洋、キリスト教というよりヒンドゥー教のように聞こえる。まさにそのとおりだ。エキュメニカル運動がキリスト教に初めて登場したのは1910年かもしれないが、そうした運動を推し進める力ははるか以前から存在していた。本書ですでに紹介したように、シク教ではほかの宗教的伝統に対して「開かれた態度」をとることによってすでに実践されていた。開かれた態度は、多くの流れが集まって海へと流れ込むというヒンドゥー教のたとえを反映したものだった。このような考えは、預言者ムハンマドには理解されなかっただろう。ムハンマドにとってイスラーム教は多くの宗教のなかのひとつではなく、それらの宗教を進化させた完成形だった。

ところが面白いことに、現在世界でもっともエキュメニカルな宗教が、ヒンドゥー教ではなく、イスラーム教から派生したのだ。その宗教はバハイ（バハーイー）教と呼ばれる。1844年にペルシャ、現在のイランで生まれた。キリスト教やイスラーム教と同様に、バハイ教も古典的な預言者による宗教だ。預言の重要な本質は、特別に選ばれた人々に、通常は男性に、神の心が啓示され、彼らが見たこと、聞いたことを広めるという点だ。そしてその新しい教えを世界にもたらすために、コミュニティが形成される。イスラーム教は、アブラハムからイエス、そしてムハンマドにつづく預言の伝統をたたえている。だがムハンマドが最後の預言者であり、啓示の流れの集大成または完成形として、預言者を封印したと信じられている。川の流れがついに湖に達したのだ。そして預言は終わった。

ところが、バハイ教では預言が終わったとは考えられていない。バハイ教徒にとって湖はない、神の啓示をせき止めるダムなどないのだ。その川は今も流れている。預言は今もつづいている。歴史が終わるまで流れはつづく。そして時折、啓示の泡が表面に浮かび上がり、新しい預言者が登場する。バハイ教では、19世紀半ばのイランに預言者が現れたと考えられている。神が地上に送った最新の預言者だ。福音書によれば、イエス・キリストの前に洗礼者ヨハネと呼ばれる先駆者がいたことを覚えているだろうか。人々はヨハネにあなたはメシアなのかと尋ねた。ヨハネは違う、自分はあとから来られる方のために道を整えに来たのだと答えた。

1844年のイランでも同様の出来事があった。門という意味のバブ（バーブ、1819～1850）と自称する若い男が、新しい預言者の来られる道を整えるために神から遣わされた使者だと宣言した。バブ自身は預言者ではないが、預言者と同様の運命に苦しむ。新しい預言者が通る門だという彼の主張は、ムスリムの正説に対する異説だった。ムスリムにとってムハンマドが最後の預言者だった。新たな預言者などありえない。そしてバブは1850年に逮捕され、処刑された。

何年か後、ミルザ・ホセイン・アリ・ヌリ（1817～1892）という男が、バブを信奉し、予言された預言者を熱心に待ち望んで投獄されていたが、探し求めていたその預言者は彼自身だという啓示を受けた。彼はバハオラ（バハー・ウッラー）と名乗る。「神の栄光」という意味だ。そしてバハイ教が生まれた。バハオラはバブより少しよい運命をたどる。イラン当局は彼を処刑こそしなかったが、その後の40年間、投獄や追放の生涯を強いた。バハオラは1892年、パレスチナの監獄のあった都市、アッカ（現在のイスラエルのアッコ市）で亡くなった。彼もまた新しい宗教を興すことで健康を著しく損ねたという例だ。

彼の息子、アブドル・バハ（1844～1921）も同様に投獄されていたが、指導者としてあとを継いだ。1908年に釈放されると、エジプト、ヨーロッパ、アメリカを広く旅してまわり、新しい啓示の言葉を広めて、信者を集めていった。アブドル・バハが1921年に亡くなると、孫のショーギ・エフェンディ（1897～1957）があとを継いだ。バハイ教は世界中で拡大をつづける。そしてショーギ・エフェンディが1957年にロンドンで亡くなると、活動の指導権は預言者の継承による個人から万国正義院と呼ばれる信者のグループにゆだねられた。

バハイ教のすぐれた点は、複雑な面がないことだ。基本となるのは、累進的啓示という考えだ。神は預言者を送りつづけており、もっとも新たに遣わされたのがバハオラであるのにすぎない。だからといって、バハオラが最後の啓示という意味ではない。バハオラが人類の学べる最新の啓示なのだから、当面は彼に注目する必要があるという意味なのだ。彼の教えは簡単でわかりやすい。その時代のエキュメニカル精神に同調した教えだ。神は唯一だが、その存在は人間の理解を超えている。預言者たちがとらえるのは、神の考えの一端だ。残念なことに、このような一端を中心として形成される宗教は常にある点で誤っている。しかもいつも同じ誤りだ。彼らはその教えが神の最終的な言葉だと考えるのだ。

バハイ教では、世界のどの宗教も神の何らかの神秘を教えとして把握したものであり、したがってどの宗教も敬うべきだと考えられている。宗教がとらえる教えは正しいものだ。だが、どれも完全な姿をとらえてはいない。バハイ教もとらえているわけではない。バハイ教がたまたま最新の教えだというだけだ。その教えには簡潔さという美点がある。バハイ教では、多数存在する宗教がすべて同じ神を見ていると考えられている。その意味で、宗教はすでにひとつだ。宗教が見ている「対象」が同じだから一体となるのであり、見ている角度は同じではない。宗教はその点を忘れる。見ている対象と見ている主体を混同する。群盲とゾウのたとえ話にまた戻るが、今度は別の方向から考えよう。ゾウは同じゾウかもしれないが、見ている人がそれぞれ異なる角度で見ているのだ。

では、バハイ教はどのような角度から見ているのか？　神が唯一の存在だという考えは何も新しいことではない。バハイ教はさらに進んで、人類もひとつだと指摘する。人類の一体性は、神の一体性と同様に重要な教えだ。そして人類の一体性は確固とした実践的意味をもつ。宗教の悲劇は、自分たちの教えこそが神の最終的な言葉だという考えによって、人類が相争う集団に分断されてしまうことだ。そして宗教が人類にとって最大の敵となる。しかし、どの宗教も神をそれぞれ別の角度から見てはいるが、見ているのはすべて同じ神だと理解すれば、宗教は分断よりも統一を推進する力となる可能性がある。

だからこそ、バハイ教は万国宗教会議（現在は世界宗教会議〔Parliament of the World's Religions〕と呼ばれる）という世界規模の新たなエキュメニズムに、世界中の宗教から参加してもらおうとする運動で有名になった。最初の会議が1893年にアメリカのシカゴで開かれ、100年後の1993年にもシカゴで開催された。最近の会議は2015年にアメリカのソルトレイクシティで開催された（2018年11月1～7日にカナダのトロントでも開催された）。この会議は現代において、一部の宗教が分断と疑いの年月に背を向け、友愛と対話の新しい時代を開こうとしていることの印だ。

バハイ教の信者は、神の一体性と人類の一体性を世界規模で証言するだけでなく、簡素な独特の形態で宗教活動を行っている。バハイ教には専任の聖職者はいない。ほかのメンバーに教義の統一を強制することもない。彼らの信仰は家庭が中心であり、礼拝もおもに個人の家の居間で行われる。ただし、礼拝にはバハイ教の原点となるイスラーム教が反映されている。バハイ教では手と顔を清めたあとに、特定の方角を向いて祈る。メッカのほうではなく、イスラエルにある預言者バハオラの墓所の方角を向く。祈りの言葉は簡潔だ。「神様、あなたが私を創り給いましたのは、あなたを知り、あなたを崇拝するためでありますことを証言いたします……あなたの他に神はいまさず、あなたは危機の中の御救いおわし……」

バハイ教が示しているのは、過去の分裂から離れて、これまでとは違った統一の形に進もうとする、現代の宗教内の流れだ。ハンマーでたたかれて新しい機関に組み込まれるような統一ではない。そこにすでにある一体性、人類に共通の一体性を明らかにすることによるものだ。一体性は話すことより聞くことで明らかになる。雑音よりも沈黙によって表現される。

だが、バハイ教の考えは普遍的な流れにはほど遠い。しかもバハイ教の考えとバランスをとるような正反対の流れがある。自分たちを神の真理の唯一の所有者と見なす、怒れるファンダメンタリストによる流れだ。現在の世界で非常に醜悪な争いのいくつかは、彼らが原因となる。次章では彼らの話を紹介しよう。

Chapter 38

怒れる宗教

ファンダメンタリスト（根本主義者、原理主義者）という名称は、現在、複数の宗教団体につけられているが、最初に使われたのは、20世紀初頭、アメリカの特定のプロテスタントに対してだ。プロテスタントのなかでも聖書を文字通り解釈しようとするキリスト教徒は、近代科学の発展につれて、次第に悩みを深めるようになった。聖書は彼らに、神が6日間かかって宇宙を創造され、7日目に休まれたと告げている。そしてそのまさに6日目に神は人類の完成形を創られた。19世紀までは、神によるこうした創造が実際に起こったことだと多くの人々が考えていた。その後、現実の科学者がその話を取り上げて問題にするようになる。このような科学者のひとりが、信者たちの頭痛の種となった。

その科学者の名前はチャールズ・ダーウィン（1809〜1882）だ。ダーウィンは自分の研究において、地球上のすべての生物種は非常に長い年月をかけて、環境に少しずつ適合するプロセスを経て進化してきたと結論づけた。6日間の天地創造が否定された。その否定だけでも十分に悪い。もっと悪いことに、人類の完成形は、6000年前のある1日に特別に創造されたものではないと主張した。人類も何百万年もかけて徐々に進化したのだという。しかも、直接の祖先は類人猿だ！　ダーウィンの著書『種の起源』が1859年に出版されると、聖書を神の天地創造を賛美する詩ではなく、神が実際に行ったことの正確な描写として読んでいた人々に危機が訪れる。キリスト教徒はさまざまな形でダーウィンの本に反応した。

その本を読んでダーウィンが正しいと納得した人も多かった。ダーウィンが正しいなら、聖書が間違っていることになる！　信仰の家がガラガラと崩れ落ちた。信仰を失うことは悲しい。サンタクロースを信じなくなった子供のような気分だ。それでも信者のなかには、ダーウィンの本に感化されて、自らの信仰を新しい科学に合わせて変えた人々もいた。聖書の新しい読み方を学んだのだ。聖書は文学であり、科学ではない。聖書は人生の意味について考えさせるものであり、生命の構造についての情報源ではない。彼らの宗教は生き延びたが、今までの確信は失われた。実はその時点で、初めて信仰となったと言えるのだ！　確実だと見なすことは信仰ではなく、信仰とは対極にあるものだ。ある物事が確実なら、その物事を信じる必要はない。その物事を知っているというだけだ。2＋2＝4とわたしは信じてはいない。正しいと知っているだけだ。はっきりわかっているのだ。指を使って確かめることもできる。だが、人生に何よりもまさるような意味があることや、世界を慈しむ創造主が存在することは確かめられない。死後の世界があることも。こうしたことはどれも確実だと知ることはできない。確かめられないことは信じるか、信じないかのどちらかだ。信仰をもつか、もたないか。近代科学は、宗教に対する理解を深め、宗教についての説明の仕方を変える手助けをすることで、宗教のために役立ったと言える。

しかし、一部のキリスト教徒は近代科学を受け入れることを拒否する。受け入れることによって信仰を放棄することも、信仰について今までとは違う理解の仕方を探すこともしようとしなかった。彼らは戦うことに決めた。科学が彼らを悲しませることはなかった。考えさせることもなかった。ただ怒らせたのだ！ そして怒りがファンダメンタリズムの大きな要素となる。彼らの怒りを理解するには、怒りをかき立てる激しい焦燥感を感じる必要がある。

正常に動かない機器にカッとなって、部屋の向こうに投げつけたくなったことはないだろうか？ たった今ショットをミスしたのはこれのせいだと言わんばかりに、ラケットをコートにたたきつけるテニスプレーヤーを見たことはないだろうか？ 人生には絶えずさまざまな変化が起こり、わたしたちを快適な場所から振り落とそうとする。中には変化の扱いがとりわけ上手な人がいる。新しい難問に簡単に順応できる人がいる。こういう人は「新し物好き」と呼ばれる。最新のスマートフォンやiPadを手にするのを待ちきれない人だ。一方、しかたなく順応する人がいる。そして順応することを完全に拒否する人もいる。変化を嫌い、怒って抗う。特に、大切にしてきた信仰が問題になる場合だ！ 近代以降、変化の最大の担い手だった科学が、変化に不意打ちされたかのように感じた信者たちの怒りの標的となった。アメリカでは1910年から1925年のあいだに彼らの怒りが沸騰する。その戦いのきっかけとなったのがダーウィンの進化論だ。

最初の集中砲火は、「世界キリスト教根本主義協会」と自称する団体が発行した一連の小冊子だ。根本

（ファンダメンタル）とは、確固とした基礎のことだ。その基礎の上に家を建てれば、洪水のときにも流されることはない。この小冊子の著者たちにとって、キリスト教が築かれている基礎は聖書の絶対に確実な真理だ。神が聖書の一字一句を書き取らせたのであり、神が間違えることはない。聖書に書かれていることはすべて正しく、神ご自身の言葉だ。神の言葉に反論する人は誰であれ間違っている。ダーウィンは聖書に反論した。したがって、ダーウィンが間違っている！

ファンダメンタリストは科学が間違っていると証明しようとしたのではなかった。反論したのではなかった。間違っていると「宣言した」のだ！　親が子供との言い争いに決着をつけようとして、「正しいと言ったら正しいんだ」と叫ぶのと同じだ。ファンダメンタリストの宗教団体はまさに同じことをする。証拠によってではなく、権威によってやり込めるのだ。ダーウィンがなぜ間違っているのかって？　聖書が間違っていると言ってるからだ！　しかも彼らは尊大に宣言するだけではなかった。科学そのものを禁じようとした。そこで、科学が反撃する。

キリスト教の聖職者たちの怒りの抗議にうながされて、1925年、テネシー州が進化論を学校で教えることを法律で禁じた。「神による人間の創造という聖書が教える説明を否定するいかなる理論を教えることも、代わりに人間を下等な動物からの子孫だと教えることも」罰すべき罪となった。その新しい法律に、ジョン・トーマス・スコープス（1900~1970）というひとりの若い科学教師が挑もうとした。彼は生徒に進化論を教えたとして逮捕された。その計画は、裁判になることで、創世記を引用して進化論への反論を試みることがどれほど馬鹿げているかを示すことだった。アメリカ公民権連合という団体の支援と、当時アメリカでもっとも有名だった弁護士、クラレンス・ダロウ（1857〜1938）の弁護により、スコープスの裁判はモンキー裁判として有名になる。ダーウィンが人間は類人猿の子孫だと主張していたからだ。スコープスは進化論を教えた罪を認め、100ドルの罰金が科された。ダロウはその弁護を利用して、ファンダメンタリストの姿勢の矛盾を明らかにし、彼らの代表者が自分でもよくわからないままに話をしていることを証明した。スコープスは裁判に負けるが、ダロウは議論に勝った。だが学校での進化論の授業を禁止する法律が合衆国連邦最高裁判所で覆されるには、1968年まで待たなければならなかった。

スコープスの裁判は新しい知識がどれほどファンダメンタリストの怒りをかき立てるかを示した。どのような種類のファンダメンタリストも、歴史と歴史がもたらす変化を嫌う。彼らは未来からやってくるものに対応するのではなく、コートにラケットをたたきつける。望んでいるのは過去だけだ。「なぜ未来の話ばかりするのか？」と彼らは叫ぶ。ファンダメンタリストは癇癪《かんしゃく》持ちだ。発作的に叫び、新しい現実を受け入れることを拒む。

だが、ファンダメンタリストの心にとって科学の進歩と進歩がもたらす新しい知識が受け入れにくいものなら、社会の仕組みの変化はさらに受け入れがたいものになる。現代では、科学の圧力より社会の変化のほうが宗教上のファンダメンタリズムを激しく動揺させる。そしてファンダメンタリズムの形態によっては、怒りを募《つの》らせるだけではない。暴力的になるのだ。

20世紀と21世紀に世界に訪れたもっとも革命的な変化は、女性の解放だ。聖書やクルアーンは男性が管理する社会から生まれた。その事実は驚くことではない。つい最近まで、世界中どこでも男性が支配していたのだ。そしてこの問題をもっと掘り下げる前に、注意しておくことがある。歴史が示すとおり、支配権を握った男性が自らの特権を自発的にあきらめることは決してない。ある日彼らが目覚めて、「わたしが他者を管理し、支配するのは間違っていると突然気づいた。この方法は変えなければならない。だから、わたしの権力を他者と共有しよう。彼らに選挙権を与えよう！」と言い出すことはない。そんなふうに事が進むことは絶対にない。歴史が示すとおり、権力は権力を握る者から必ず奪い取らなければならない。女性の選挙権や参政権を勝ち取った参政権拡大論者が学んだのはそのことだ。男性は自発的に女性に投票権を与えたりはしなかった。女性が闘って手に入れる必要があった。

権力について、宗教が絡む場合、もうひとつ注意することがある。権力者は権力そのものを好むが、権力を正当化する理論でその欲望を覆い隠す。女性による投票を拒むために用いた説は、女性の頭脳では政治の複雑さが理解できないというものだった。政治は男性のものであり、出産は女性のものだった。そして、こうした権力者が地位を保つための理由を、宗教が常にもっとも豊富に提供してきたのだ。本書では、奴隷制度についての考察で実際に宗教がそう機能してきたことを紹介した（第32章参照）。聖書もクルアーンも奴隷制度を当然のこととしていた。女性の従属も当然のこととしていた。そのため人々を支配下に留めようとする者たちの防衛手段に、聖なる書物が利用されてきたというきまりの悪い事実にぶつかる。

そしていまだに宗教が利用されることがあるのだ。キリスト教ファンダメンタリストにとって、男性による支配からの女性の解放はとてつもない問題だ。何といっても聖書が、女性は男性に従属し、男性に対してまったく権限をもたないと言っているのだから。今もキリスト教のほとんどの教会が、正式な聖職者に女性を加えるのを拒んでいる。カトリック教会は10億人を超える信者をもち、[※1]世界で圧倒的に最大の教会組織でありながら、その問題を議題にすらしない。キリスト教界のもっともリベラルな教派ですら、決着がつくまでに何年もかかった。[※2]イギリス国教会に女性主教がようやく誕生したのは2015年だ。リベラルな教派はダーウィンの説に順応することを学んだように、痛みをともなおうとも、女性の解放に順応することを学ぼうとしている。だが時代は立ち止まることなく、今やさらに大きな痛みをともなう、同性愛者の解放に取り組まなければならない。

このような解放はすべて、キリスト教界にとって非常にむずかしい問題だ。そしてイスラーム教にとっては、いくつもの理由でさらに難問になる。イスラーム教では、変化を受け入れるための抗争が暴力的になってきた。ムスリムの原理主義者は怒るだけではない。もっとも極端な形をとるとき、怒りは冷酷な殺人の形となった。イスラーム教でのこうした危機にはさまざまな要因が関与しており、多くは本書の対象とする範囲を超える。だが宗教上のファンダメンタリストは、イスラエルも含めてどこにおいても、共通の問題点を抱えている。イスラエルにはユダヤ教のファンダメンタリストがいて、聖地をパレスチナ人と共有するなどのような試みも拒否する。彼らの主張によれば、パレスチナは何千年も前に神から与えられたものであり、盗まれたものを取り返そうとしているだけだ。こちらがその姿勢の危険性を指摘しようとすれば、彼らはキリスト教のファンダメンタリストがダーウィンに対して言ったことをそっくり返す。聖書がわれわれにそう告げているのだから、われわれが正しく、あなたたちが間違っている。

こうした状況で利用されるのが聖書やクルアーンだから、聖書やクルアーンが問題であり、紛争の根源であるかのように思える。または次のように言うこともできる。問題は、聖書やクルアーンが神の啓示とする考えだと。つまり、わたしは女性や同性愛者が置かれている状況についてあなたと議論して、双方が同意するとか、同意しないとか言うことができる。ところが、こうした論題に対して、あなたの見方はあなた自身のものではなく、神の考えだと言うなら、議論は不可能になる。モンキー裁判に逆戻りだ。

ファンダメンタリストは議論をしない。彼らは証拠を吟味することもない。判決を下すだけだ。そして常に「有罪」とする。なぜなら、彼らの聖なる書物がすでにその問題に判断を下しているからだ。したがって、現代のファンダメンタリズムがもたらす危機は、その暴力的な考え方も含めて、神から直接受けた啓示に基づくと主張することで宗教の核心に迫るひとつの問題を突きつけているのだ。もし無知への愛だけでな

※1　現在の統計では、カトリック11億人、キリスト教全体で23億人に対して、イスラーム教が15～16億人。
※2　イギリス国教会で女性主教を認める議案が可決されたのが2014年7月、リビー・レーン師が初の女性主教として任命されたのが2014年12月、着座式が2015年1月。

く、暴力への愛を正当化するのにも宗教が利用されるならば、彼らの言葉を借りて、何か根本的に間違っているものがあると言える。間違っているなら、宗教は特にこうした罠からどのように抜け出せばよいのか？

次章では、宗教の暴力的な歴史を詳しく見ていくことで、この問題について考えてみよう。

Chapter 39 聖戦

多くの人が示唆してきたように、人類の歴史上、宗教は暴力のおもな原因なのだろうか？　宗教が暴力と無縁ではないのは確かだ。暴力は過去に用いられてきたし、現在も用いられている。だが、暴力の原因は宗教だろうか？　思慮深い多くの人が原因は宗教だと考える。その上で、世界から暴力をなくす方法は、宗教をなくすことだと提案している。その主張をもっと進めて、人類にとって災いとなってきた暴力を命じたのは神だから、人類をその災いから救う最善の方法は神を排除することだと言う人もいる。非常に強力な非難であり、無視しがたいものだ。

その議論を、アブラハムの宗教であるユダヤ教、キリスト教、イスラーム教の3つに限れば、非難は当たっているようだ。ユダヤ教の初期の歴史には、多くの暴力がふるわれた。エジプトの奴隷制度からのイスラエル人の解放は、暴力なしには成し遂げられなかっただろう。だからここで立ち止まって、暴力が必要だったかどうかを問わざるをえない。他者への暴力は決して正当化されないと今まで主張した人は少ない。暴力は常に悪ではあるが、時にはふたつの悪のうちでましなほうとなる。奴隷制度は悪だった。男女を人間としてではなく、持ち主の気まぐれで捨てられるような家畜として扱っていた。奴隷が持ち主に対して立ち上がり、自由を得るために戦う権利を、現代人のほとんどは支持するだろう。その戦いがイスラエル人のしたことだ。持ち主に対して立ち上がり、砂漠に逃げたのだ。だが、次に起こったことは判断がむずかしくなる。

紀元前1300年頃、イスラエル人がカナン（現在のパレスチナ）に住んでいた種族に対して、つまりイスラエル人が神に対する罪人と考えていた種族に対して行ったことは、19世紀にキリスト教の入植者がアメリカ先住民に対して行ったことだ。ひとつの民族を根こそぎ全滅させることを現代の言葉では「ジェノサイド」という。はるか昔の状況にもぴったりの言葉だ。そして、その責任を誰に負わせるべきかは聖書に記されている。歴史家ならばパレスチナ人の土地でのイスラエル人の入植が実際に何年かかり、暴力が実際にどの程度だったかについて、まず議論するのかもしれない。だが、聖書では殺戮が行われたことは明白だ。しかも神が命じたと書かれている。記されている書物は「ヨシュア記」と呼ばれる。「ヨシュア記」には、「滅ぼし尽くさなければならない」とか、「滅ぼし尽くした」とか、「息のあるものは一人も残さなかった」というような文があちこちに見られる。「ヨシュア記」はイスラエル民族の約束の地への入植が、神から命じられた暴力行為によって成されたことを告げている。

キリスト教について見てみると、やはり初期には暴力の記録がある。だが暴力の被害者であって、加害者ではなかった。初期の頃は、世俗的権力に関与するほど長くつづくとは予想されていなかった。だからといって迫害が終わることはなかった。キリスト教徒は十字架につけられた神を崇拝し、自らが苦しむことを受け入れていた。迫害の時代が終わったのは、コンスタンティヌス帝がキリスト教を採り入れて自分のために利用することにしたときだ。それ以後、教会は暴力を好むようになり、支配の道具として用いる方法を学んだ。何世紀ものあいだ、ユダヤ人に対して暴力がふるわれ、イエスを十字架につけたことを理由に、彼らを「神の殺害者」と呼んだが、その過程でイエスから山上の説教で教えられたことはすべて忘れていた。十字軍の時代にはムスリムに対して暴力がふるわれた。異端審問所では、異端のキリスト教徒に対して暴力が用いられた。そして宗教改革につづく宗教戦争では、キリスト教徒のなかでいがみあうグループがたがいに戦い、社会がその暴力に疲弊して、やめさせようと介入するまで争った。

イスラーム教の誕生も暴力にまみれている。「ジハード」(奮闘)という考えは、非暴力的意味でも汲み取ることができるが、異教徒や不信心者への暴力を正当化するためにも用いられてきた。キリスト教徒と同様、ムスリムも信仰の解釈が異なる仲間の信者をすすんで殺害してきた。シーア派とスンナ派の殺し合いは、キリスト教のプロテスタントとカトリックのあいだで起こった争いと同様に激しかった。そしてそのあいだの憎悪は、現在の中東における争いのおもな原因のひとつとなっている。

したがって疑問となるのは、歴史上の多くの暴力の原因が宗教にあるかどうかではなく、宗教に原因があることをなぜ悩むのかだ。本書で奴隷制度について触れたように、暴力が正当な道義的選択肢となる状況もある。暴力を道義的選択肢とすることを、ほとんどの国が内政上も、対外政策上も原則としている。統計上、アメリカ合衆国は世界中でもっともキリスト教徒の多い国だ。そしてもっとも暴力的な国のひとつでもある。アメリカは死刑を認めている。自己防衛のために一般市民が武器を所有して使用する権利があると考えている。その結果、毎年多数の国民が殺されている。[※1] アメリカはさらにほかの国々と同様に、敵に対する自国の防衛のためだけでなく、他国の問題の介入にも暴力を用いてきた。こうした状況での暴力を正統化できるなら、なぜ宗教がその目的をはたすために暴力を用いることにこれほど動揺するのか？　わたしたちは暴力的な種族なのだ。それならなぜ、宗教による暴力にそれほどショックを受けるのか？

　理由はふたつある。ひとつは、争いに宗教が絡むと、宗教以外の争いでは必ずしも含まれない有毒な成分が混入されるからだ。人類はとかく暴力に陥りやすいが、神にしたがった暴力だと確信できると、慈悲や節度の歯止めが一切なくなってしまう。17世紀のスコットランドでの宗教戦争は、「殺戮時代」として知られており、一方の側の鬨《とき》の声は「God and no quarter（神とともに容赦なく）」だった。捕虜として生かさずに容赦なく打ちのめすという意味だ。夜のテレビのニュースで、中東で爆撃しあうムスリムの宗派同士の抗争を見ていると、たがいにミサイルを発射しながらアッラーを賛美しているのが聞こえてきそうだ。

　この世界の道徳的判断にしたがって行動しているなら、道を誤るはずはない。「神とともに容赦なく！」こそ、宗教の熱狂的信者間の抗争が、何世紀にもわたって、双方とも和解を求めることなくつづく理由だ。そして古くからの確執が新たに盛り上がる状況は、「アイデンティティ・ポリティックス」という言葉で説明されることがある。劣勢だったグループが自分と相手をはっきり区別する信仰を振りかざすことで、目的意識とアイデンティティ充足の感覚を得ることができるという。その感覚によって、疎外される者の居場所のない気持ちが救われる。その感覚によって、怒りに酔いしれることができる。そして、2005年ロンドンの混雑を極めた地下鉄で自爆する理由が与えられるのだ。※2

宗教による暴力がショックである理由のひとつ目が、人間の争いに理不尽な激しさをもたらすからであるなら、ふたつ目はその中核に、はなはだしい矛盾があるからだ。その矛盾は、信者よりも不信心者のほうがよくわかることが多い。その矛盾の名前は神だ。ほとんどの宗教が、神は最高の存在だという主張に基づいている。そして、神は道徳規範の作成者だ。表現の仕方はそれぞれ違うかもしれないが、どの宗教も神を宇宙の創造主として見ている。人間は神の子だ。新約聖書に書かれているとおり、「我らは神の中に生き、動き、存在する」（「使徒言行録」17章28節）。

しかし、わたしたちが皆神の子なら、なぜ神は歴史上それほど多くの時間を費やして、自らの普遍の家族のひとつの家系に別の家系を一掃せよと命じるのか？　なぜ神はユダヤ人の神の子への愛を、パレスチナ人の神の子の絶滅によって示さなければならなかったのか？　なぜのちにカトリックの神の子をひいきしてユダヤ人の神の子を捨て、新たなお気に入りに対してその兄や姉にあたる民族を苦しめるようながしたの

※1　2016年、2017年の統計では、アメリカで銃によって殺害された人は約1万4000人。
※2　ロンドン同時爆破事件のこと。地下鉄のトンネル内3箇所とダブルデッカーバスの爆弾テロで56人が死亡。イスラム主義武装組織アルカーイダが関与していた。

か？　なぜ神を唯一の存在として崇めるムスリムの神の子に、神を多数の神として崇める異教徒の神の子を迫害せよと命じたのか？　なぜ宗教史上あれほど多くの暴力がすべて、神が自分たちの側にあると主張するグループによって行われるのか？

神がある種の気が狂った暴君のように実際にえこひいきすることを受け入れる心構えがない限り、このジレンマから抜け出す方法はふたつしかない。ひとつは明らかで、神はいないと判断することだ。神と呼ばれるものは人間が作り出したものであり、人間が暴力を好んでよそ者を憎むことを正当化するために、とりわけ利用されるのだ。神を排除しても、人間の暴力の問題は解決しないが、その言い訳のひとつを取り除くことにはなる。

だが神を捨てられないなら、真剣に考えなければならない。次のどちらのほうが可能性が高いかを自問しなければならない。神とは宗教がしばしば印象づけるように、一種の殺人狂なのか？　あるいは宗教が神を誤って解釈し、宗教自身の残酷さを神の意志と取り違えているのか？　説教師が時に印象づけるような怪物を神とするより、宗教そのものが神を誤解している可能性のほうが高いと思うなら、ひとつ問題がある。

その場合、宗教のほうが無神論よりも神にとって強大な敵となるのかもしれない。無神論では、神は存在しないという。神がもし存在するとしたら、無神論者の無礼には激怒するよりも面白がるだろう。無神論者はまもなく思い知るだろうと！　一方、神がもし怪物でないなら、怪物であるかのように印象づける宗教の指導者のことを面白がるとは思えない。ここでわたしたちはひとつの結論に達する。宗教は神の本質を世の中に明らかにすると主張しているが、実際には宗教自身の残酷さという濃い霧のなかに神を隠していることが多いのだ。

聖典のなかに時折、宗教が神のもっともおそろしい敵だという考えが垣間見える。邪悪なことをする理由だけでなく、よいことをしない理由にも宗教がどれほど安易に使われるかに気づいていたイエスの言葉に、このような考えが見られる。追いはぎに遭って倒れていた男を、通りかかった祭司と従者が同胞ではないという理由で見捨てるようにうながしたのは悪い宗教なのだ（第19章「善いサマリア人のたとえ」参照）。

確かに宗教は時に歴史上最悪の暴力を引き起こしてきたし、その暴力は今なおつづいている。そして確かに宗教は神をその正当化に利用してきた。もし「神」を慈愛深い宇宙の創造主という意味で言うならば、神は存在しないか、宗教が神を誤って解釈してきたかのどちらかだ。いずれにしろ、宗教には注意が必要だ。それは必ずしも宗教をすべて捨てろというわけではない。宗教に忠実でもよいが、宗教が善だけではなく悪もなすことを認めて、謙虚さを保つ必要がある。わたしたち自身に判断が任されているのだ。

一方、宗教の残忍な歴史にショックを受けて、宗教を抑制し誤りを正そうとした人たちもいる。最終章では、どのように誤りを正そうとしたかを紹介しよう。

Chapter 40
宗教の終わり？

[※1]うちの犬は11月の最初の週がやってくるのを嫌っている。うちの近くの庭や公園で、皆が夜遅くまで花火をするからだ。デイジーはその音が怖くてぶるぶる震える。追ってくる敵から隠れるために、書斎のカーペットに穴を掘ろうとする。デイジーに危険はないが、わたしは彼女にそのことを納得させられない。彼女にはエージェント過剰検出装置（ＨＡＤＤ）と呼ばれるものがあり、存在しない脅威を検出するのだ。これは誰にでも起こることだ。屋根裏部屋の床がきしむと、わたしたちは侵入者を想像する。次に理性が働いて、突風が吹き込んで古い床を震わせたのだと気づく。デイジーはそんな推論ができない。だから11月初めの火薬の季節は、彼女にとって悪夢なのだ。大きな音には逃げる反応を示すようにプログラムされており、誰も追っては来ないとわたしがいくら説明しても納得しない。

ＨＡＤＤが発達している生き物は、歴史上デイジーだけではない。ＨＡＤＤは何世紀ものあいだ、ほとんどの人間に影響を与えてきたのだ。宗教は人々に、世界は自然の法則ではなく、超自然の力で制御されていると伝えてきた。これを表す言葉を「迷信」という。物事が自然の原因ではなく魔法によって起こることがあるという信念だ。この考え方は、17世紀からはじまった啓蒙時代と呼ばれるあいだに変わっていく。その時代に、この世で起こったことを説明する最善の方法として、科学が迷信にとってかわるようになった。すべての物事に自然の原因がある。起こることすべてに理由がある。啓蒙運動のモットーは「知ることに果敢であれ」だった。迷信にとらわれるな。物事の真の原因を知ることに果敢であれ。啓蒙運動の成果のひとつは、超自然的説明にとらわれていた人の心を自由にしたことだ。人々の頭のなかに明かりがともり、自分で考えるようになったのだ。

自然の仕組みを果敢に知ろうとすることが啓蒙運動からの衝動のひとつだとすれば、何世紀もの宗教による暴力への嫌悪感もまたそのひとつだ。迷信だけでも十分に悪いが、さらに悪いのは戦争だ。啓蒙運動の思想家たちは、宗教同士で常にどれほど意見が対立してきたかに気づいた。それぞれが神から真理の啓示を受けたと考え、相手が間違っていると考えた。そして宗教がひとつの国を支配すると、全員をその主義主張のドラムに合わせて行進させようとした。そのような強制だけでも十分に悪い。さらに悪いのは、ひとつの国でふたつの宗教が競いあった場合だ。宗教改革以降のヨーロッパで起こったことのように、両方が激しく争いつづける。ところが、宗教の数が30種類にもなると、状況が一転してすべて平和に共存できるようだ！

※1　イギリスではガイフォークスデーと呼ばれる11月5日と、地域によってその近辺の週末に花火が上げられる。

啓蒙思想はそのことからふたつの結論を引き出した。ひとつは宗教の数が多いほど、その社会は誰にとっても安全になることだ。したがって、平和への最善の保証は差別を法律で禁止し、信教の自由を守ることによる。ふたつ目の結論は、社会のなかで宗教の自由が守られる一方で、宗教に社会の支配権を与えてはならないことだ。宗教の指導者の権限は、その宗教集団のなかに限る必要がある。

この原則がかつて徹底されたのは、アメリカ合衆国だけだった。アメリカの憲法の起草者は、啓蒙思想下での宗教についての考えに影響を受けていた。彼らはアメリカの最初の入植者がヨーロッパでの宗教上の迫害から逃げてきたことを忘れなかった。そして自分たちの新しい約束の地でこのようなことは避けようと決意していた。そのため、アメリカ独立宣言の起草者のひとりであり、共和制初期の第3代大統領であるトマス・ジェファーソン(1743~1826)はアメリカの人々に、「国教を定める法律、および宗教の自由の行使を禁止する法律を制定しない」ことを勧めた。教会と国家のあいだを分離する壁を設けるべきだ。そしてその分離はアメリカ合衆国建国の原則のひとつとなった。

教会と国家が何世紀にもわたって絡みあっていたヨーロッパでは、物事はもっと複雑だった。だが、啓蒙思想が解き放った考え方が国家の政策における宗教の権限を揺るがすようになった。やがて、アメリカよりさらに急進的に教会と国家を分離しようとする制度がヨーロッパで実現される。アメリカの宗教は、正式には何の権限もないが、今なお社会的にも政治的にもかなりの影響力がある。

ヨーロッパで出現したのは、現在「世俗国家」と呼ばれるものだ。secular(世俗)は期間を意味するラテン語の saeculum が語源だ。この言葉は「永遠」の対義語となる「期間」を表すようになり、教会に対して俗世を、宗教的啓示に対して人間の考えを表すようになる。宗教から生じる原則にしたがって人生を営む者に対して、世俗国家は干渉しないことを選択した。そしてこの俗世から生じる原則のみに基づいて国家独自の決定を行うと決めたのだ。この選択が現在どのように機能しているかの例をいくつか挙げよう。

本書で見てきたように、多くの宗教が女性を差別している。各宗教の聖なる書物には、神が女性を男性の補佐とし、男性に対して女性は何の権限ももたないと定めたと記されている。世俗社会では女性に対する差別を道徳的に誤っていると見なし、場合によっては裁判所で裁かれる罪とする。とはいうものの、宗教集団内では集団独自の判断を許すという世俗的原則によって、一般社会では罪となることが宗教集団内で行われるのを国家がしばしば見て見ぬふりをすることがある。

もうひとつの例は、同性愛に関する問題だ。同性愛も各宗教の聖なる書物では禁止されている。同性愛者の性交はすべて罪であり、処刑されることもある。世界の一部の地域では、今なお同性愛の性交を行ったために殺されることすらあるのだ。だが、現在では世俗社会のほとんどにおいて、同性愛者の迫害のほうが罪と見なされる。同性愛者は現在、異性愛者と同様の権利が与えられ、多くの国では結婚する権利もある。ところが多くの宗教集団内に実在する同性愛者への差別に、世俗国家は目をつぶってしまう。

世俗国家が宗教集団内での性差別や同性愛者への差別を無視することがある一方で、市民の多くはそのような差別に多大な注意を払い、目にした差別を嫌う。なぜなら、世俗国家が生まれたのと同様に、啓蒙運動は世俗的精神も生み出したからだ。世俗的精神とは、神を基準とせず、世界がどのようにあるべきかという神の考えを参考にせずに、人生について考えることだ。世俗的精神は、自分の人生に宗教的原則が適用されるのを拒絶するだけにとどまらない。宗教が他者の人生に及ぼす可能性のある影響にも愕然とする。はるか昔の後期青銅器時代からの聖なる書物を根拠に、女性や同性愛者を差別する人たちに異議を唱える。世俗的精神の出現は、西洋での宗教の権限を次第に低下させることにつながった。その結果、何世紀にもわたってヨーロッパを支配してきたキリスト教への信仰が衰退しはじめ、その傾向が止まる兆候はほとんど見られない。

信仰の衰退は、自ら信仰をやめた者も含めて、多くの人々を悲しませている。彼らは教会が歴史上の長い航海のあいだに多くの悪徳を生んだことを知っているが、同様に美徳があったことも認めている。教会は人類の敵であるだけでなく友であり、苦しめるものであるだけでなく、癒《いや》すものだった。一方、人間の本質は真空を嫌う。そのため、西洋ではキリスト教の衰退によって残された隙間を埋めるかのように、世俗的ヒューマニズムと呼ばれる運動が生まれた。世俗的ヒューマニズムは宗教として定義されるようなものではないが、宗教のもっともすぐれた考え方をいくつか拝借しているので、この運動を紹介することが、この宗教史の最後を締めくくるのにふさわしいだろう。

名前が示すように、世俗的ヒューマニストは宗教が押しつける原則にはよらず、人間が自分たちで考え出した原則に基づいて、人々がよい人生を送る手助けをしようとする。彼らは人類が成長した今、自分自身で責任を追うべきだと考えている。人類の幼少期には宗教から、つまり神から、何をすべきか、何をしてはならないかを教えられていた。中には衝撃的だった教えもある。奴隷制度、女性への抑圧、同性愛者への石打ちの刑、誤ったものへの信仰に対する強制改宗や刑罰など。人類は宗教よりもっとうまくやれるはずだ！人間なのだから、人間にとって何がよいかがわかる最適な立場にいるのだ。信教の自由はよいことだ。迫害は悪いことだ。親切はよいことだ。残酷は悪いことだ。善悪を理解するために神を信仰する必要などない。隣人を愛し、自分がしてほしいように隣人に接することが道理にかなうと、宗教に教えてもらう必要はない。

世俗的ヒューマニストは、宗教グループも含めて、世界をよりよい場所にしようと望むグループであれば相手を選ばず、協力関係を喜んで築いた。宗教的装いを流用することもいとわなかった。ヒューマニストはよいことも宗教の衰退によって失われようとしていることに気づいたので、宗教の一部を回復させてヒューマニズムの方法で利用しようと最善を尽くした。宗教は人生の大きな転機に立つ人を助けるのが得意だ。生まれるとき、結婚するとき、死ぬとき。宗教にはこのような機会のための儀式があった。その儀式に世俗的ヒューマニストが信じていない天界が関与しようとすると、問題が起こる。赤ん坊の罪を清める必要がある。カップルは否応なしに結婚は一生のものだと言われる。そして死者は必ず来世に行く。ヒューマニストはそのどれも信じなかった。

そこで彼らは独自の式を企画するようになった。現代の世俗国家は彼らが式を行うことを許可した。現在スコットランドでは、ヒューマニストの式の執行者が教会の牧師と同じぐらい多くの結婚式を行っている。葬式も行う。赤ん坊の名づけ式も行う。こうした式を望む人の特別なニーズに合わせて、儀式をあつらえるのもうまくなった。ヒューマニストの執行者はそのイベントに当人たちの独自の意義や好みを加える手助けができる。それによって、当人に個人的な意義を与えるのだ。人生の大切な時を、かつては従来の宗教が独占していたが、今や宗教とは違った精神性を与えることができる。世俗的精神性がこの世の人生に意味と美点を見つける。この人生はわたしたちにとって唯一のものだからこそ、感謝してよりよく生きなければならない。

世俗的ヒューマニストが宗教から拝借したのはこのような儀式だけにとどまらない。彼らは信仰をもつ人々が礼拝のために集まり、ともに過ごす経験をすることを称賛する。礼拝がなければ会うこともなかったかもしれない人々と交流し、しばしば支えあう。礼拝に毎週参列することは、自分が歩んでいる人生について真面目に考える機会になる。何かを変えようと決意することもあるかもしれない。世俗的ヒューマニストはこうした価値を認識していた。そこで彼らは独自の日曜集会を企画した。この日曜集会は「無神論者の教会通い」と言われることもある。反省とお祝いのために集まる。世俗的な説教や演説を聞き、歌を歌う。沈黙と反省の時間を確保する。超自然によらない宗教、人間による宗教だ。

このようなヒューマニズムが生き残って発展するか、あるいは次第に廃れてなくなるのかを予測するのは時期尚早だ。世俗的宗教の試みは以前も存在し、短期間で消えていった。批評家は皆、彼らはノンアルコールのビールか、カフェイン抜きのコーヒーを飲んでいるようなものだと言う。その批評はどういう意味だろうか？

ヒューマニズムの試みのすべてが証明するのは、世俗的精神をもつ人々が宗教に対して感じる魅力と難点の両方だ。彼らは宗教が成し遂げたことの多くを称賛することもあるが、その土台となる超自然的な信仰を受け入れることはもはやできない。人間による是正よりすぐれていると主張する権威の形式には懐疑的だ。宗教が人間の行動のよい変化に適応するのがいかに遅いか、さらに新しい知識の結果を受け入れるのもいかに遅いかに気づいている。新しいことを果敢に知るどころではなく、宗教はたいてい古いものにしがみつくことを好む。

それでも本書ですでに見てきたように、宗教は多くの鉄槌をすり減らす鉄床だ。世俗的ヒューマニズムよりも生き延びるかもしれない。現在宗教は多くの地域で凋落傾向にあるが、まだ地上での最大のショーであり、あなたの近くでも礼拝が行われている。だが、そのチケットを買うかどうかはすべてあなた次第だ。

訳者あとがき

本書は、Richard Holloway, *A Little History of Religion*（Yale University Press, 2016）の全訳である。

著者リチャード・ホロウェイは宗教の夜明けから21世紀にいたる宗教史全体を見つめなおし、世界各地で発生し、今も存続する宗教を公平な視点からわかりやすく解説する。扱う宗教はユダヤ教、キリスト教、イスラーム教、ヒンドゥー教、仏教といった主だったもののみならず、ジャイナ教、ゾロアスター教、中国の儒教、道教、日本の神道、ローマ帝国の密儀宗教に加えて、シク教、クエーカー派、アメリカの先住民や黒人の宗教、モルモン教、セブンスデー・アドベンチスト教会、エホバの証人、キリスト教科学、サイエントロジー、統一教会、さらにはバハイ教、ファンダメンタリズムといったところまで取り上げている。キリスト教の東西教会の分裂や、宗教改革がもたらしたプロテスタントとカトリックの対立といった問題などにももちろん十分にページを割いている。リチャード・ホロウェイはスコットランド聖公会のエディンバラ主教を務め（1992から2000年には首座主教）、ほかの宗教に関しても大変な知識をもち、現在は著作のほか、メディアを通じて国際的なコメンテーターとして活躍しているが、この人物だから書き上げることのできた力作と言えるだろう。

語り口は非常にわかりやすく（「宗教史に関して詳細で奥深く、かつ読みやすい解説を求める読者にとって本書は最適な導入書である」『ブックリスト』）、まるで物語を読むように興奮して読み進めることができる（「読者が世界の宗教について今までより深く理解できる名著……時代小説のような独特の魅力がある」［ジョン・チャームリー、『タイムズ』］）。

だが本書の大きな魅力は、これまでの宗教入門書では各宗教の比較や評価については何も述べないか口ごもるものがほとんどであったのに対し、それぞれを堂々と比較し、論理的に判断したうえで、必要に応じて問題点をずばり指摘していることだと思う。たとえば物議をかもす新興宗教については、荒唐無稽の一言で片づけず、きちんと整理、分析、さらにはほかの宗教と比較しつつ紹介し、そのうえで批判している。実に画期的なことであるし、宗教について真剣に考えようとする読者は快感に近いものを覚えるはずだ。

さらに、「人類はとかく暴力に陥りやすいが、神にしたがった暴力だと確信できると、慈悲や節度の歯止めが一切なくなってしまう」（324ページ）として、宗教と暴力の問題も深く考察する。アブラハムの宗教であるユダヤ教、キリスト教、イスラーム教において行われた暴力からはじまり、宗教間の関係が硬直し一触即発の危険のある今の時代にもつながるこの問題に、冷静に目を向けようとするのだ。本書を読むことで、なぜ今も中東でムスリムの宗派同士が激しく爆撃しあっているのか、さらにはイスラーム原理主義からISIS（イスラム国）のような過激派が出てくるのか、読者はおのずと理解できるだろう。

この訳書は上杉隼人と片桐恵里の共訳である。たがいに分担個所を訳したのちに、相互のやりとりを経て、全体を上杉の責任で統一した。

原文に忠実に訳すことを心掛けたが、インターネットや関連文献で事実を慎重に確認したうえで、適切な訳語を充てた。言うまでもなく、『旧約聖書』『新約聖書』『クルアーン』など各宗教の聖典はできるかぎり参考にした。『旧約聖書』『新約聖書』の著者の引用はThe King James Version (Oxford Crown Edition) で常時確認し、日本語訳は日本聖書協会の「新共同訳」にあわせた。『クルアーン』(コーラン) に関しては、中公クラシックス『コーラン I』『コーラン II』(藤本勝次、池田修、伴康哉訳、中央公論新社) を参照し、必要に応じてこのすぐれた訳業を引用、紹介した (この2冊は非常に信頼できるもので、本書翻訳中に大変お世話になった。記して関係者諸氏に謝意を表する)。イスラーム教の用語に関しては日本ムスリム協会のウェブサイトを、同じくバハイ教やキリスト教科学などで用いられる語についてはそれぞれの教団のウェブサイトを参考にした。『ウパニシャッド』や『ヴェーダ』は日本で手に入るものにはできるかぎり目を通し、引用する際には本文中に出典を記した。こうした先人たちの偉大な仕事がなければ、この翻訳は到底成りえなかった。各方面の関係者の方々に深く感謝申し上げる。

大衆小説から映画のノベライズ、ノンフィクション、ヴィジュアル図鑑、学術書と、上杉は幅広く訳させていただいているが、本書の翻訳はもっとも困難な仕事のひとつとなった。実際、膨大な調査が求められたし、聖書にある表現を意識した言い方もあちこちに出てくることで、それを踏まえた適切な訳語を充てなければならなかった。予想以上にきびしい仕事になったが、こうして訳し終えてみると、予想をはるかに超えるものが学べたと感じている。日々英語の文献やニュース記事を読んだり聞いたりするうえで、宗教は英米人のみならず、世界の人々の文化、社会、思想の根底にあることがわかるし、それに関する知識を拡大することで、質の高い訳業が可能となる。

本書を刊行する上で、多くの方にお世話になった。共訳者の片桐がキリスト教に通じていることにずいぶん助けられたが、フリー編集者の上原昌弘さんに念入りに校正刷りを確認していただいたおかげで、訳文の質を飛躍的に向上させることができた。上原さんは新書館の編集者として、『世界の宗教101物語』をはじめ、國學院大学名誉教授の井上順孝氏の宗教史関連の書籍を何冊も刊行されたほか、現在は日本宗教学会会長で筑波大学の山中弘教授の企画も進められているという。その上原さんの校閲とアドバイスは、まさに訳者にとっては神の声にほかならなかった。深甚なる謝意を捧げる。『若い読者のためのアメリカ史』につづいて、本書の訳者に抜擢してくださった田中智子編集長にも感謝申し上げる。田中さんのおかげで、本書を訳しながら、こんなにわかりやすく、そして正しく宗教の歴史を教えてくれる本はこれまでなかったと何度も感じた。同じく今回も担当編集者の中野幸さんに大変お世話になった。企画段階から編集、校正、組版、索引作成まで、膨大な煩雑作業を完璧にこなしてくださり、建設的なコメントもいくつも与えてくださった中野さんに、厚く御礼申し上げる。

生きている限り悩みはある。苦しい、悲しいこともたくさんある。世の中も不安定だ。だからこそというべきか、祈るしかないことも多く、神頼みの神がいなくては困る。だが、日々の生活に追われる人たちは、宗教が成し遂げたことの多くを称賛することもあるものの、その土台となる超自然的な信仰を受け入れることはもはやできない。

著者は宗教が現在多くの地域で凋落傾向にあることに憂いを抱いているが、このように感じている現代人が現在どのように宗教に取り組んでいるかを紹介しつつ、本書の幕を閉じる。

世俗的ヒューマニズム。著者が最終章で紹介するこの宗教観は、すでに日本で実現している。たとえば親から教えられた宗教があったとしても、知識が増えるにつれてもはや子供の頃のように無心に教会には通えなくなり、それでも神社や仏壇の前では自然と手を合わせるという人たちも少なくないように思う。

本書はさまざまな宗教を紹介する歴史物語として楽しめるだけでなく、このように現代の宗教のあり方についても一歩踏み込んで論じている。宗教を持つ人にも、持たない人にも、多くの方に興味を持っていただけたら、訳者としてとてもうれしい。

訳者代表　上杉隼人

2019年3月

そ

た

ち

つ

て

と

な

に

ね

の

さ

索　引

著者——**リチャード・ホロウェイ**（Richard Holloway）
神学者、著作家。スコットランド聖公会の元エディンバラ主教であり、1992～2000年には首座主教を務める。同性愛者の結婚や女性聖職者を支持するなど、進歩的で人気のある主教だった。現在は、著作家およびコメンテーターとして国際的に活躍。著書は20冊を越え、『教会の性差別と男性の責任―フェミニズムを必要としているのは誰か』(新教出版社、*Who Needs Feminism? Male Responses to Sexism in the Church* [1990])、*Doubts and Loves: What is Left of Christianity* (2001), *How to Read the Bible* (2006), *Between the Monster and the Saint* (2008), *Leaving Alexandria: A Memoir of Faith and Doubt* (2013)など。スコットランド、エディンバラ在住。

訳者——**上杉隼人**（うえすぎはやと）
翻訳者（英日、日英）、編集者、英文ライター・インタビュアー、英語講師。早稲田大学教育学部英語英文学科卒業、同専攻科（現在の大学院の前身）修了。訳書にマーク・トウェーン『ハックルベリー・フィンの冒険』（講談社青い鳥文庫）のほか、ジェームズ・ウエスト・デイビッドソン『若い読者のためのアメリカ史』、チャーリーウェッツェルほか『MARVEL 倒産から逆転No.1となった映画会社の知られざる秘密』、マット・タディ『ビジネスデータサイエンスの教科書』、ニア・グールド『21匹のネコがさっくり教えるアート史』（すばる舎）、「スター・ウォーズ」「アベンジャーズ」シリーズ（講談社）など多数（日英翻訳を入れて80冊以上）。

訳者——**片桐恵里**（かたぎりえり）
出版翻訳者、IT関連翻訳者。東京大学工学部計数工学科卒業（数理工学専攻）。コンピューターメーカーでソフトウェアの研究開発に従事したのち、1993年から翻訳業。IT関連の雑誌、マニュアル、ウェブサイトなどのほか、英語学習誌の連載、特集記事の翻訳も多数担当。

若い読者のための宗教史

2019年4月13日　第1刷発行
2022年5月20日　第3刷発行

著　者——リチャード・ホロウェイ
訳　者——上杉隼人、片桐恵里
発行者——徳留 慶太郎
発行所——株式会社すばる舎
〒170-0013 東京都豊島区東池袋3-9-7 東池袋織本ビル
TEL　03-3981-8651（代表）
03-3981-0767（営業部直通）
FAX　03-3981-8638
URL　http://www.subarusya.jp/
振替　00140-7-116563

印　刷——シナノ印刷株式会社

ISBN978-4-7991-0804-8